시간과 공간 속

경제학자의 여정

시간과 공간 속

경제학자의 여정

2022년 2월 15일 인쇄
2022년 2월 25일 발행

지은이 | 김일태
펴낸이 | 정성택
펴낸곳 | 전남대학교출판문화원
주소 | 61186 광주광역시 북구 용봉로 77
전화 | (062) 530-0571~3 팩스 | (062) 530-0579
등록 | 1981. 5. 21. 제53호
홈페이지 | http://www.cnup.co.kr
이메일 | cnup0571@hanmail.net

값 18,000 원

ISBN 978-89-6849-855-8 (03040)

命江 金逸泰 自傳 에세이

시간과 공간 속

경제학자의 여정

전남대학교출판문화원

■ 머리말

어느 덧 정년퇴임의 길목에서 서성거리고 있는 나를 본다.

경제학자로서 대학 강단에서 후학을 가르치고 학문을 연구하고 사회 현상을 고민했던 세월이 벌써 30여년이 흘렀다.

문득 공자의 말씀이 떠오른다. 공자는 중국 춘추시대 노(魯)나라를 떠나 몇몇 제자들과 함께 정치를 통해 그의 이상을 실현해 줄 제후를 만나기 위해 14년 동안 주유천하(周遊天下)를 했지만 뜻을 이루지 못하는 현실에 직면하고서 68세(서기 전 484)의 나이에 노나라로 돌아왔다. 공자는 세월이 흘러가도 꿈을 성취하지 못한 애석한 심정을 흐르는 시냇물에 빗대어 자신의 삶을 회상하면서 "子在川上(자재천상), 曰, 逝者如斯夫(서자여사부)인저! 不舍晝夜(불사주야)로다(論語 子罕 편)" (시냇가에 있으면서 말하기를 세월이 지나가는 것이 흐르는 물과 같구나! 밤에도 낮에도 그치지 않는구나)라고 자신의 처지를 탄식하였다. 그럼에도 낙심하지 않고 후학을 양성하고 사상을 정립하였다. 이런 공자의 심정을 헤아리면서 그동안 쉴 새 없이 달려온 경제학자로서 삶을 반추해보니 부족함과 아쉬움 뿐이다.

본인의 인생을 되돌아보면서 지금까지 낳고 기르신 부모님, 지지해 준 가족과 스승들, 그리고 제자들과 지인들의 이야기를 쓴다는 것이 어떤 의미를 주는가를 고민했다. 그렇게 주저하고 망설일 때 아내 채명애는 "12월 흰 눈 속에 선명하게 찍힌 사랑과 열정적 삶의 발자국들이 따듯한 봄비와 여름 폭우로 씻어 없어지는 반복된 삶이 아니었나 싶었다. 이제 와서 나의 가장 오래된 동지이자 사랑하는 사람이 자서전을 쓴단다. 그래서 언뜻 뒤돌아보니 놀랍게도 돌비석에 새겨진

한 권의 책처럼 꿋꿋이 서있는 우리의 역사, 당신의 삶이 암각화(巖刻畵)처럼 피어났다. 그래서 '활짝 피어나라'고 힘차게 응원한다."라고 조언해 주었다.

아마도 자전적(自傳的) 이야기는 시간과 공간 속 흔적의 풍경들로부터 극히 개인적일 수도 공적일 수도 없는 균형을 찾아가는 동태적 과정이어서 지나온 삶의 좌표를 전해 줄 수 있을 것 같아 집필할 용기를 낼 수 있었다. 젊은 시절 학문의 길을 걷고자 할 때 지적 호기심을 경제학적 사고로 일깨워주시고 학자로 성장하도록 격려를 해 주신 지도교수 로널드 워렌(Ronald S. Warren, Jr.)을 잊을 수 없다. 박사학위 논문심사를 마치고 축하의 말을 전하면서 본인에게 "이제 알에서 갓 깨어난 병아리와 같은 경제학자로서 세상에 발을 딛게 되었구나." 라는 멘트는 평생 학문하는 과정에서 큰 힘이 되었다. 만남 자체도 본인에게는 행운이었고 시간이 지남에 경제학자로서 궤적을 이어가는 인생의 좌표가 시작되었다.

지난날을 회고해보니 인생의 자취와 그것을 끌고 온 동력이 경제학이었고 본인의 삶을 일관성 있고 견고하게, 더 나아가 아름답고 풍성하게 키워 준 것이 아닌가 생각한다. 그 열매로 연구석좌교수 선정의 영예도 받았으니 미진하나마 경제학자로서 아직 끝나지 않은 과제를 다 하라는 격려로 알고 겸손히 받아들인다. 그래서 젊은 시절 흥얼거렸던 70년대 인기 절정의 스웨덴 출신 혼성 4인조 보컬그룹 아바(ABBA)의 "Thank for the Music"이 생각난다. 노래 가사에서 "내가 부르는 노래들, 음악에게 감사한다고 말 할래요."의 한 구절 가사처럼 나도 가르치고 연구하고 고민했던 사회현상들을 해결하려고 매달린 경제학에게 감사한다고 말할 수 있어서 "Thank for the Economics"라고 불러본다.

새삼스럽게 경제학이란 학문이 무엇인지를 경제학자로서 되물어본다. 학문(學問)이란 물음(問)을 통해서 배움(學)을 깨치는 것으로 안으로는 자신의 도리를 익혀서(修身), 밖으로는 세상을 구제하고 백성을 편안하게 하는 것(濟世安民)이라는 가르침일 것이다. 이것은 19세기 저명한 경제학자 알프레드 마셜(A. Marshall)이 말한 "경제학은 인류의 일상적인 삶을 연구하는 학문"이다. 이런 의미에서 경제학자는 경제학적 사고를 익혀서 세상을 이해하고 사람을 행복하게 하는 실천의 학문을 가르치고 연구하고 기여하는 길을 걷는 것이다. 이제 철이 들고 나서야 경제학자로서 경제학을 연구하고 실현하는 것이 쉽지 않는 길이었음을 알게 되었다. 위대한 경제학자 케인즈(John Maynard Keynes)가 지적한 경제학자의 길을 가려면 "수학, 역사, 정치, 철학 등 매우 희귀한 재능의 조합이 필요하다"는 충고를 되새겨본다.

이 책은 경제학자로서 삶의 행로를 반추하는 '명강(命江) 김일태(金逸泰) 자전(自傳) 에세이'의 성격을 지니고 있다. 낳아 길러주신 부모님과 함께 지내온 가족들, 그리고 학자로 지낸 교수 시절의 이야기를 주로 담고 있다. 제1부는 정기적으로 실린 광주매일의 시론을 중심으로 일상의 삶에서 만나는 정치, 경제, 사회, 지역의 현상들을 진단하는 시대정신을 전하고자 하였다. 제2부는 삶을 반추하는 수구초심(首丘初心)으로 돌아가 낳아 길러주신 부모님과 장인어른, 장모님을 기리는 "父生我身(부생아신), 母鞠吾身(모국오신)"의 마음으로 사모의 정을 담았고 사랑하는 아내와 자녀들과 가족의 이야기를 실었다. 개인적으로 철모르고 지낸 어린 시절, 입시에 얽매인 학창 시절, 우왕좌왕하면서 가족과 부대끼며 살아온 젊은 시절, 학업에 매진했던 미국 유학 시절, 학문의 길을 걸어온 교수 시절과 제자들의 이야기를 담았다. 부모님을 사모하는 마음에서 주고받은 서간문, 꾸밈이 없던 자녀들의 어린 시절 일기와 감사 편지, 그리고 선후배 교수들과 제자들의 인연을 담은 편지, 학회와 해외 교류의 인사말, 사랑하는 가족, 동료교수, 제자, 지인들과 함께 한 추억의 시간과 공간을 담은 장면을 남겼다. 마지막 부록은 주요 경력과 대외 활동, 그리고 연구업적을 담은 연보를 실었다.

이 책은 자전적 이야기로 하서(賀書)를 싣는 것이 참으로 부담스러운 마음이 앞섰다. 이런 부끄러운 마음에도 俞江으로 아호를 지어주셨고 시인이자 교육자로 평생을 살아오신 서영수 선생님께 축하 글을 부탁드리려고 했지만 애석하게 세월은 기다려주지 않았다. 지면으로나마 삼가 고인의 명복을 빈다. 이 책은 학문의 여정에서 경제학자의 길을 갈 수 있도록 지도해 주시고 동반자로서 존경하는 Warren 지도교수님, 수년 간 우정을 쌓아 온 선배이자 동료 경제학자로서 일본의 Hosoe 총장님, 꾸준하게 한국과 중국의 지역 발전을 함께 고민한 중국의 Cai 교수님, 그리고 항상 용기와 조언을 아끼지 않았던 최석신 명예 교수님과의 인연과 회고를 축하의 글로 대신하려고 한다.

이 책의 집필은 주위 분들의 힘찬 격려와 도움이 있었기에 가능했다. 먼저 낳아서 철들 때까지 키워주셨지만 이제 고인이 되신 부모님, 영감과 에너지로 가득 찬 나의 뮤즈이자 반려자 아내, 잘 자라준 아들들과 딸, 사랑하는 동생들과 그 가족들, 대학과 학회 활동에서 큰 힘이 되었던 선후배와 동료 교수들, 국가와 지역사회 공헌에 도움을 준 지인들, 학문의 길을 걷고자 함께 열정을 쏟은 제자들과의 인연이 큰 힘이 되었다. 모든 분께 고마움을 전하고 특히 기고해 주신 분들께 감사를 표한다. 힘든 직장 생활 중에도 아내 채명애는 자서전을 집필하는데 동기부여를 주었고 날카롭게 비판하면서도 차분하게 읽어주었다. 마지막으로 자료를 정리해 준 경제학과 정소은 조교와 학생들에게 고마움을 전하고 섬세하게 편집하고 출판을 해 준 전남대학교출판문화원에 감사드린다.

2022년 2월

정년의 문턱 용봉로 연구실에서

저자 쓰다

Major Professor Ronald S. Warren, Jr.

(University of Georgia)

I first met Iltae Kim in 1986, when he arrived at the University of Georgia as a first-year student in the Ph.D. program in economics. I had begun teaching at the University of Georgia only one year earlier, after having been on the faculty at the University of Virginia during the prior eight years. I was also the Graduate Coordinator for the Department of Economics, so I was responsible for recruiting Iltae to our Ph. D. program. I recall being very impressed with his qualifications for admission to the program, since he had received his undergraduate training and a master's degree at the prestigious Seoul National University.

Iltae was a student in my graduate microeconomic theory course during the Fall 1986 quarter. I remember that he was an excellent student, with near-perfect scores on the problem sets, tests, and final exam for the course. Because of his performance in this course, I selected Iltae to be my graduate assistant for the next academic year. His primary duty as my assistant was to grade the weekly problem sets and help prepare answer keys for the tests and the final exam. He performed these task promptly and skillfully. At the time, I was on the editorial board of the *Atlantic Economic Journal*, and I was responsible for handling between twenty and twenty-five submitted papers each year. Most of these submissions were sent to referees for evaluation, but I personally reviewed five or six of them annually. Because Iltae had demonstrated both a keen attention to detail and considerable skill in mathematics, I asked him to check the mathematical derivations and proofs in the manuscripts I assigned to myself for evaluation. His careful reviews of these papers saved me an enormous amount of time over a two-year period.

When Iltae began searching for a dissertation topic, I was working on several papers with my colleague, Art Snow, on uncertainty and economic behavior. Art and I had already published a paper in *Economic Inquiry* on the effect of price-level uncertainty on individual saving and labor supply, and we were interested in extending our analysis to an examination of the effects of uncertain tax policy (specifically, uncertainty about the tax rate and the tax base). We discussed this topic with Iltae, and he quickly agreed to focus his doctoral research on these questions. The result was a superb dissertation, *Uncertain Tax Policies, Saving, and Labor Supply*, which Iltae completed in late 1989. The dissertation is comprised of six chapters, including a comprehensive and insightful review of the literature, a chapter describing a general theoretical model that distinguishes carefully between the effects of tax-base and tax-rate uncertainty, a chapter analyzing the welfare effects of tax-base uncertainty, and a chapter examining optimal taxation (under, alternatively, certainty and uncertainty) when the returns to saving and labor supply accrue and are taxed contemporaneously. The main results of the latter chapter were published as "Optimal Taxation with Deferred Compensation" in the *Southern Economic Journal* in 1996. The principal findings of the two preceding chapters were combined and published as "Tax-Rate Uncertainty, Factor Supplies, and Welfare" in *Economic Inquiry* in 1995.

Upon graduation in December 1989, Iltae remained at the University of Georgia for six months as a post-doctoral student in the Department of Economics. He then returned to South Korea after accepting a position on the economics faculty at Chonnam National University. This placement was considered to be exceptional, as Chonnam National University is one of only ten flagship national universities in the country. Because of his research achievements, Iltae was promoted through the professorial ranks at Chonnam and he is presently a full professor in the Department of Economics there. Iltae has also exhibited admirable administrative skills, serving as Dean of the College of Business Administration.

Over the years, Iltae kept me informed about his research projects and he occasionally tried to get me involved in them. I regret that most of these attempts were unsuccessful, primarily because I was often busy with other projects or administrative duties. However, in the mid-1990s Iltae sent me a rough draft of a paper that addressed the interesting topic of free riding in a voluntary contributions model of public good provision when there is uncertainty either about the contributions of others to the public good or about the response of others to an individual's own contribution to the public good. Iltae returned to the University of Georgia for the 1997-98 academic year as a visiting scholar, and we were able to collaborate on this paper during his stay. To extend some of the results Iltae had initially obtained for these two types of uncertainty to an equilibrium, game- theoretic setting, we enlisted the help of a colleague of mine, Don Keenan, who became a coauthor of the paper. After a lengthy period of revisions, prompted by encouraging feedback from presentations at several conferences, the *Journal of Public Economic Theory* published the resulting paper, "The Private Provision of Public Goods under Uncertainty: A Symmetric- Equilibrium Approach" in 2006; it is one of my favorite publications. I recently learned that Iltae edited a book, with coauthor Moriki Hosoe, on the economics of information and risk. This volume is a fitting capstone to Iltae's very productive research career, and I look forward to reading it.

In recent years, I have enjoyed seeing Iltae and his family on his infrequent trips to the United States to attend a conference or visit his children. These occasions always involve a lunch or dinner with our families, during which we share memories, celebrate accomplishments, and plan for a future meeting. I am very proud of Iltae's academic achievements, and I am grateful that he has maintained a professional and personal relationship with me over these many years. I look forward to learning about the next phase of his life at it unfolds in the coming years.

Ronald S. Warren, Jr. 지도교수

(미국 조지아대학교 경제학과)

나는 김일태를 1986년 박사과정 1학년으로 조지아대학교에 입학하면서 처음 만나게 되었다. 나는 조지아대학교에서 불과 1년 전에 교편을 잡기 시작했는데, 8년 동안 버지니아대학교에서 교수로 근무한 후였다. 또한 당시 나는 경제학과 대학원 주임교수로 일태를 우리 대학의 박사학위과정에 입학시키는 업무를 담당하였다. 그가 서울대학교에서 학부과정과 석사학위를 받아 박사과정 프로그램 입학을 위한 그의 자질에 매우 큰 감명을 받은 것으로 나는 기억한다.

일태는 1986년 가을 학기 나의 미시경제학을 수강한 대학원생이었다. 나는 그가 과목의 문제 풀이, 시험, 기말고사에 거의 완벽한 점수를 받은 훌륭한 학생으로 기억한다. 이 과정의 성과로 다음 학기에 일태를 나의 대학원 조교로 선발하였다. 내 조교로서의 주된 임무는 매주 문제 풀이를 채점하고 시험과 기말고사의 정답을 준비하는 것이었다. 그는 이런 일을 신속하고 능숙하게 수행했다. 당시 나는 *Atlantic Economic Journal*의 편집위원으로 매년 투고되는 20-25편의 논문을 처리해야 했다. 이 논문들의 대부분은 심사를 위해 심사위원들에게 보내졌지만, 나는 개인적으로 매년 5-6편의 논문을 심사하였다. 일태는 수학에 대한 세밀한 기술과 예리한 관심을 보여 주었기 때문에, 나는 검토를 위해 배정된 논문의 수학적 도출과 증명을 그에게 확인해 달라고 부탁했다. 그의 신중한 검토는 나의 2년 동안의 엄청난 시간을 절약하여 주었다.

일태가 논문 주제를 정하기 시작했을 때, 나는 동료인 Arthur Snow

교수와 불확실성의 경제적 행위에 관한 몇 가지 논문을 작업하고 있었다. 아서와 나는 이미 가격 수준의 불확실성이 개인의 저축과 노동공급에 미치는 효과의 논문을 *Economic Inquiry*에 게재했고, 우리는 불확실한 조세정책(특히 세율과 과세표준의 불확실성)의 효과에 대한 검토로 분석을 확장하는 데 관심이 있었다. 우리는 이 주제에 대해 일태와 논의했고, 그는 재빨리 박사학위논문의 연구를 이 질문들에 집중하기로 동의했다. 그 결과는 일태가 1989년에 완성한 뛰어난 박사학위논문, 「*Uncertain Tax Policies, Saving, and Labor Supply*」(불확실성 조세정책, 저축 및 노동공급)이었다.

일태의 학위논문은 문헌의 종합적이고 통찰력 있는 검토, 과세표준과 세율의 불확실성 효과를 세심하게 구분하는 일반적인 이론적 모형을 기술한 장, 과세표준 불확실성의 후생효과를 분석하는 장, 저축과 노동공급의 대가가 발생하고 동시에 과세될 때 최적 과세(대안적으로 확실성과 불확실성하에서)를 검토하는 장으로 구성되었다. 후반부의 주요 결과는 후에 보완하여 1996년 *Southern Economic Journal*에 "Optimal Taxation with Deferred Compensation"로 게재되었다. 앞의 두 장의 주요 결과도 1995년 *Economic Inquiry*에서 "Tax-Rate Uncertainty, Factor Supplies, and Welfare"로 보완하여 게재되었다.

졸업 후 1990년 상반기에 조지아대학교 경제학과 포스트 박사과정에 있었으며 귀국 후 전남대학교 경제학과 교수직을 수락하였다. 전남대학교는 전국의 대표적 국립대학 10곳 중 하나이다. 그의 연구 성과로 일태는 교수로 승진하여 현재 경제학과 정교수로 재직하고 있으며 경영대학 학장을 역임하면서 존경할 만한 대학 행정의 기술을 보여주었다.

몇 년 동안 일태는 나에게 그의 연구 과제에 대해 계속 알려 주었고 그는 때때로 나를 그 과제에 참여시키려고 했다. 나는 이러한 시도들이 대부분 성공하지 못한 것을 후회한다. 주로 내가 다른 연구와 행정 업무로 종종 바빴기 때문이다. 그러나 1990년대 중반 일태는 공공재에 대한 타인의 기여와 공공재의 개인 기여에 대한 타인의 반응에 대한 불확실성이 있을 때 공공재의 자발적 기여 모형에서 무임승차라는 흥미로운 주제를 다루는 대략적인 논문 초안을 나에게 보냈다. 일태는 1997-98년 방문교수로서 조지아대학교에 지내게 되어 그의 방문기간 동안 이 논문에 대해 협력할 수 있었다. 일태가 처음에 두 가지 유형의 불확실성에 대해 얻은 결과 중 일부를 균형과 게임이론의 설정으로 확장하기 위해 나는 논문의 공동저자가 된 내 동료 Don Keenan 교수의 도움을 받았다. 여러 번의 학회 발표를 통해 피드백에 참여하여 오랜 기간의 수정 후 2006년 *Journal of Public Economic Theory*에 "The Private Provision of Public Goods under Uncertainty: A Symmetric-Equilibrium Approach"로 게재하였다 이것은 내가 가장 좋아하는 논문 중 하나이다. 나는 최근에 일태가 공동 저자인 Moriki Hosoe 교수와 함께 "Applied Economic Analysis of Information and Risk(정보와 위험의 응용경제분석)"의 책을 저술했다는 것을 알게 되었다. 이 책은 일태의 매우 생산적인 연구 경력에 적합한 이정표로서 나는 그것을 읽기를 고대한다.

최근 몇 년 동안, 나는 학회에 참석하거나 그의 아이들을 방문하기 위해 미국에 오게 될 때 일태와 그의 가족들을 보게 되어 즐거웠다. 이런 만남들은 항상 본인의 가족과 점심이나 저녁을 함께 하는 것이고 그동안 우리는 기억을 공유하고, 성취를 축하하며, 향후 만남을 계획한다. 나는 일태의 학술적 업적을 매우 자랑스럽게 생각하고, 그가 수년 동안 본인과 공적이면서 사적인 관계를 유지해 준 것에 감사한다. 나는 다가오는 시절에 펼쳐질 그 인생의 다음 단계에 대해 배우기를 고대한다.

President Moriki Hosoe

(Kumamoto Gakuen University and Emeritus Professor, Kyushu National University)

Academic exchange with Dr. Iltae Kim

It is a great honor for me to have the opportunity to write about my interaction with Dr. Iltae Kim. I first met Dr. Kim when he attended the 2006 Autumn Meeting of the Applied Economics Society of Japan (Hiroshima Shudo University, Japan). His personality is characterized by generosity and friendliness. This feature has fascinated me from the first time I met him. In addition, since my specialty is information economics, his specialty is risk economics, and the two specialties are adjacent fields, we have quickly warmed friendships and promoted academic exchanges.

In 2007, Dr. Kim invited me for "Regional Decentralization and Regional policy in Japan", Invited Lecture, in International Conference, Korean Regional Economics Association, Chonnam National University. On the base of our academic exchange, international academic exchanges between the Japan Association for Applied Economics (JAAE) and the Korea Economic Business Association(KEBA) began in 2009. Since then, Dr. Kim has made a great contribution to the development of this international exchange as the president (2009-2010) of KEBA and as the coordinator of the international delegations. In 2019, JAAE bestowed him the Academic Lifetime Achievement Award with former president Chongung Kim (2013-2014) of KAAE for this achievement. In addition, in commemoration of the 10th anniversary of international exchange between the two academic societies, in 2020, a book "Growth, Trade, and Public Policy" was published by Springer Press, edited by several members in two societies including Dr. Kim and me.

Then, Dr. Kim and I published a book “Applied Economic Analysis of Information and Risk” from Springer Press to commemorate our friendship and academic exchange in 2020. This book is our collected papers with various topics concerning the economics of information and risk in applied fields.

Last but not least, a few years ago I moved from Kyushu National University where I worked for many years, to Kumamoto Gakuen University. Incidentally Kumamoto Gakuen University has made an academic exchange agreement with Chonnam National University, where Dr. Kim had worked for many times and he often has visited Kumamoto Gakuen University. Currently, we cannot interact with each other due to the COVID-19, but when the corona infection disappears, we would like to visit each other’s universities and warm up our old relationships.

I pray for Dr. Iltae Kim’s future success and health.

Moriki Hosoe 총장

(구마모토학원대학교 총장 / 큐슈대학교 명예교수)

김일태 박사와의 학술 교류

김일태 박사와의 학술적 상호 교류에 대해 쓸 수 있는 기회를 갖게 되어 영광입니다. 김 박사를 처음 만난 것은 2006년 일본응용경제학회 가을 학술대회(일본 히로시마 수도대학 개최)였습니다. 그의 성격은 관대함과 친근함이 특징이었습니다. 이런 성격은 그를 처음 만났을 때부터 나를 매료시켰습니다. 또한 나는 정보경제학, 김 박사는 리스크 경제학에 몰두하여서 인접 분야인 만큼 빠르게 친목을 다지고 학술 교류를 도모해 왔습니다.

김 박사는 2007년 전남대학교에서 개최된 한국지역경제학회 국제학술대회의 초청강연 '일본지역분권 및 지역정책'의 발표를 위해 저를 초청하였습니다. 우리의 학술 교류를 바탕으로 2009년부터 일본응용경제학회(JAAE)와 한국경제통상학회(KEBA) 간의 국제 학술교류가 시작되었습니다. 이후 김 박사는 한국경제통상학회 회장(2009~2010년)과 국제 학술대표단 코디네이터로서 국제 학술교류 발전에 큰 기여를 했습니다. JAAE는 2019년 KEBA 김 박사와 김종웅 회장(2013~2014)과 함께 학술평생업적상을 수여했습니다. 또 2020년 두 학회 간 국제교류 10주년을 기념해 스프링거 출판사에서 김 박사와 본인 등 두 학회 회원 여러 명이 편집한 책 『**성장, 무역, 그리고 공공정책**』을 출간하였습니다.

이후에 김 박사와 나는 2020년 우리의 우정과 학술 교류를 기념해 스프링거 출판사의 『**정보와 위험의 응용경제분석**』이라는 책을 출간했습니다. 이 책은 정보와 위험경제학의 다양한 주제를 담은 우리의 책입니다.

그리고 몇 년 전, 나는 내가 수년간 근무했던 큐슈 국립대학교에서 구마모토학원대학교로 옮긴 후에 총장으로 취임하였습니다. 우연히 구마모토학원대는 김 박사가 여러 차례 근무했던 전남대와 학술교류협정을 맺고 구마모토학원대를 자주 방문했습니다. 현재는 COVID-19로 인해 서로 교류할 수 없지만 코로나 감염이 사라지면 서로의 대학을 방문하여 옛 인연을 따뜻하게 하고 싶습니다.

나는 김일태 박사의 미래 성공과 건강을 위해 기도합니다.

Professor Cai Ning

(Zhejiang University, China)

在朴寅星教授积极倡导和牵线下, 2008年 12月 14日 浙江大学与 韩国地域经济学会签署协议, 开始了双方的合作与交流. 韩国地域经济学会历任会长和教授们 Park Chul Soo, Park Tae-Sik, Kim Tae-Myung, Mo Sung-Eun, Song Boo-Yong, Im Bae-Geun, Kim Iltae, Song Haean, Lee Choon-Keun, Kim Dong-Ju, Ko Young-Koo, Eum Soo-Won, 了我深刻的印象, 产业发展及其双方投资和贸易研究是永恒的话题, 韩国的历史和文化与中国有如此的渊源, 以至于每次在韩国交流, 并没有去欧美交流的那种距离感, 而有的是那种熟悉和亲近. 尤其是 Kim, Iltae 教授, 认识他至今已10多年了, 但似乎还是那么年轻和富有朝气, 热心、幽默和开朗. 2015年 的交流会是在 Chonnam National University 召开的, Kim教授作为东道主给予了我们一行热情和周到安排, 在享受学术盛宴和韩国美食的同时, Kim还专门安排我们拜会了文在寅总统的第一任总理, Nak-Yeon Lee(李洛渊), 当时的全罗南道知事. 2019年 的交流会安排在 忠北清州, Kim专程驱车几百公里赶往清州赴会, 当天晚上还赶回光州, 更令人感动的是, 当天会议结束后已经晚上9点多了, 我们从水龜尾首尔, 人龜尾还没到宾馆, Kim的问候短信已经到了。遗憾的是, 本来计划 2020年邀请Kim来浙江大学讲学, 因疫情一直延期到今天仍然没有如愿, 期待恢复正常后在杭州与Kim再叙旧.

韩国是除中国以外我到过最多城市的国家, 从2008年开始已经访问过韩国10次, 对韩国印象非常不错。记得2008年夏天我与陈建军教授经釜山去了浦项, 商定交流事宜, 之后除了隔年的交流去韩国外, 还跟随学校贸易自由港调研团去过济州岛, 2012年7月与浙江大学王志凯教授在高丽大学访学

10天，首尔，大田，大邱，光州，昌原，釜山，济州岛都有我的足迹，可以说从北到南横跨韩国整个国家. 惊讶于韩国地域经济学会教授们识汉字的能力，我可对韩国语一窍不通，只记得'烧酒'，'干杯'、'交杯'几个词，好在人类的肢体语言帮了我的大忙，记得有一次在首尔新世界百货买牛皮衣服，销售小姐热情万分，被我问到皮衣是羊皮还是牛皮时，尽管没有听懂，但也知道了我的意思，就用嘴模仿牛的声音，我一听就明白是牛皮，立马买了一件给夫人，至今这件牛皮衣服还挺好. 2012年去韩国餐馆吃烧烤，餐谱上满是韩文，我知道这是猪肉不同部位，但不能确定是哪个部位，情急之下用手在自己身上一指，请服务员点着菜单上条目，一一对应知道了菜单上每个条目所列的猪的部位. 不过这个技能在大商场可是用不上的，哪里销售员都会基本的中文，有些还是中国的朝鲜族人，购物交流毫无问题.

2021年6月韩国驻上海总领馆与浙江省企业社会责任促进会联合在杭州举办了有300余人参加的中韩企业社会责任论坛，我作为促进会会长主持了论坛，总领事 Seung-Ho KIM 在论坛上作了'企业社会责任与外交的建设性互动'精彩演讲. 借用总领事的话"民相亲、心相通"，祝愿中韩两国人民的友好交往常在！祝愿我与Kim教授的友谊长青！

Cai Ning 교수

(중국 절강대학교)

우리의 인연은 박인성 교수의 적극적인 주선으로 2008년 12월 14일 절강대학교가 한국지역경제학회와 협약을 체결하고 협력과 교류로 시작되었습니다. 한국지역경제학회 회장, 박철수, 박태식, 김태명, 모성은, 송부용, 임배근, 김일태, 송해안, 이춘근, 김동주, 고영구, 엄수원 교수님들은 제게 깊은 인상을 주었습니다. 산업발전과 양측의 투자와 무역은 영원한 화두이며, 한국의 역사와 문화는 매번 한국에서 교류하고 경북 구미에서도 교류할 정도로 중국과 가깝다는 인상을 받았습니다. 특히 김일태 교수는 그를 알게 된 지 10년이 넘었지만 여전히 젊고 씩씩하고 열정적이며 유머러스하고 밝은 것 같습니다. 2015년 교류회는 국립 전남대학교에서 열렸으며, 김 교수는 주최국으로서 일행의 열정과 안배를 베풀어 학술의 향연과 한국음식을 즐기면서 문대통령의 초대 총리였던 이낙연 당시 전라남도지사를 방문하도록 했습니다. 2019년 충북 청주시에 마련된 교류회에서 김 교수는 특별히 몇 백 킬로미터를 달려 청주로 가서 회의에 참석했고, 그날 밤에 바로 광주로 돌아갔습니다. 더 감동적인 것은 이날 회의가 끝나고 오후 9시가 넘어 청주에서 서울로 올라왔는데 호텔에 도착하기도 전에 김 교수의 안부 문자가 도착했다는 점입니다. 안타깝게도 2020년 김 교수를 절강대학교에 초청할 예정이었지만, 지금까지 팬데믹 사태로 연기돼 오늘까지도 뜻을 이루지 못했고, 정상화되면 항저우(杭州)에서 김 교수와 다시 이야기를 나눌 것으로 예상합니다.

한국은 제가 중국을 제외하고 가장 많은 도시를 다녔으며 2008년부터 10차례 한국을 방문할 정도로 한국에 대한 이미지가 좋습니다. 2008

년 여름에는 진건군(陈建军)교수와 부산을 거쳐 포항에 가서 교류하기로 합의한 기억이 있습니다. 이후 격년의 교류 외에도 한국에 다녀왔고, 학교무역자유항 조사연구단을 따라 제주도에도 다녀왔습니다. 2012년 7월 절강대학교 왕즈카이(王志凯) 교수와 함께 열흘간 고려대를 방문했을 때 서울·대전·대구·광주·창원·부산·제주도, 북에서 남으로 대한민국을 가로지르며 저의 발자취를 남겼습니다. 한국지역경제학회 교수들이 한자를 아는 능력에 놀라 저는 한국말에 대해서는 아무것도 할 줄 모릅니다. '소주', '건배', '러브샷' 이라는 단어만 기억합니다. 다행히도 바디랭귀지가 큰 도움이 되었는데, 언젠가 서울 신세계백화점에서 소가죽 옷을 살 때 판매원에게 가죽옷이 양가죽인지 소가죽인지를 물었더니 못 알아들어서 소의 울음소리를 흉내 냈더니 듣자마자 소가죽인 줄 알고 골라주었습니다. 바로 부인에게 사다줬는데 지금도 그때 구매한 소가죽 옷이 매우 좋다고 합니다. 2012년 한국식당에서 한국어로 된 메뉴판을 가리키며 고기를 시켜먹었는데, 메뉴에 한글로 가득 차 있어 부위별로 표시된 돼지고기를 정확히 어느 부위인지 알 수 없어 손으로 가리키며 종업원에게 메뉴판마다 돼지의 부위를 일일이 알려주었습니다. 하지만 이 손으로 짚는 기술은 대형마트에서는 쓸모가 없었습니다. 왜냐면 어느 판매원이든 기본적인 중국어를 할 수 있고, 일부는 중국동포들이기 때문에 쇼핑에 문제가 없었으니까요.

2021년 6월 상하이 주재 한국총영사관이 절강성 기업사회책임추진회와 공동으로 항저우에서 300여 명이 참석한 가운데 열린 한중 기업사회책임포럼에서 저는 추진회장으로서 사회를 보았고, 김승호 총영사는 '기업의 사회적 책임과 외교의 건설적 상호작용'이라는 특강을 했습니다. "국민이 서로 친하면, 마음이 통한다."는 총영사의 말을 빌어 한중 양국 국민의 우호를 기원합니다! 끝으로 김 교수님과 나의 우정이 영원하길 바랍니다!

백두대간의 들풀처럼 강건하시라

최석신 (전남대 명예교수, 2015년 정년)

김일태 교수가 곧 정년을 맞이한다. 그가 우리 대학에 1990년에 부임했으니 32년 정도 봉직한 셈이다. 긴 세월이다. 나는 1980년대 후반(아마 1986-88) 교무과장을 하면서 당시의 양귀현 학장 (회계학과)을 설득하여 앞으로 초빙하는 교수는 가급적 미국 박사를 고르기로 설득하였다. 미국 대학의 역량은 논문의 양과 질에서 독일, 일본, 영국 등에 비해 훨씬 앞서 있다. 그래야만 경영대학 전체의 논문의 양과 질이 좋아지고 대학 경쟁력도 당연히 강해지기 때문이다. 다행히 김 교수는 미국 내 5대 경제계열 대학에 든다는 조지아대학에서 박사학위를 받고 바로 응모한 34세의 젊은 학자였다. 고향도 초중고도 이 지역 출신이라 그의 임용은 당연했다.

그러나 김 교수가 바라던 캠퍼스의 정치적/사회적 풍토는 조지아대학의 그것과는 판이했을 것이다. 사실 1980년대 전남대 캠퍼스는 질풍노도적 과도기였다. 정권의 정체성이 취약한 5공 정부에 대해 가장 비판적인 집단이 대학가였고 그중에서도 저항 세가 강했던 곳이 광주 민주화운동의 발상지 전남대였다. 유신정권의 독재정치에 분노한 대학생들은 '학자추'(학원 자율화 추진위)를 만들어 우선적으로 어용교수의 퇴진을 요구했다. 어용교수의 연구실 문에 나무기둥 두 개를 크로스로 세워 못 박아 폐쇄하였다.

대학 당국은 '대학 민주화 추진위'를 구성하여 어용교수의 자진사퇴를 촉구하였다("교수들의 현명한 판단을 촉구한다."는 우회적 표현으로 나타냄). 당시 나는 추진위원으로 서너 차례 회의에 참석하였다.

주니어 교수대표로 전임강사인 내가, 시니어 교수대표로 정 무동 교수(상법)가 선임되어 나갔던바 회의 분위기는 몹시 살벌하였다. 지금은 모두 고인이 되셨지만 정 익섭 교수(국어교육과)가 의장이 되고 이 방기(법학과), 김 동원 (사학과) 교수 등이 부의장, 간사를 맡았었다. 토론이나 회의라기보다는 거의 일방적 요구에 가까운 의사 진행이었다.

그러한 상황 속에서 여러 명의 교수가 수도권으로 이동하였고 5공 정권의 선심성 T/O 확대배정으로 김 교수의 자리가 생겨난 것이다. 1980년대 교수 정원이 유사 이래 가장 큰 폭으로 늘어났고 그때 부임한 30대 초반의 교수들이 2020년까지 한꺼번에 정년을 맞이하게 된 배경이다. 210만 명이 타살되고 1,000만 명 이상이 해고되며 대학이 아예 폐쇄되어 버린 중국의 문화대혁명(1966-1976)과는 비교할 수 없지만 캠퍼스의 민주화 운동은 한국의 대학사에 커다란 전환점이 될 것이다. 그때부터 대학사회에 지금까지 남아있는 대표적 제도가 총학장직선제이다. 그것은 장점도 있었지만 교수 사회가 합리적 근거 없이 파벌화되는 결정적 한계를 보이게 된다.

김 교수가 안식년 휴가차 교환교수로 미국에 가지 않았더라면 나와 더불어 학장/부학장으로서 외환위기 이후의 대학 회생 작업에 헌신했을 것이다(1998-2000). 당시의 대학은 연구소나 교수의 외부 연구비 수주와 외부 강의 프로그램 수입 등의 매출액으로 수월성을 평가받기 때문이었다.

김 교수 내외를 처음 만난 것은 1990년대 중반이었을까! 일고 재직 동문회 주관의 당일치기 나들이 때였을 것이다. 부인이 상냥한 서울 말씨에 장신이고 약사라는 것이었다. 나는 그 이후 김 교수에게 상당한 빚을 졌다. 김 교수가 미국 파견 근무 중 부친상을 입었는데 당시 학장은 당연직으로 교수상조회장을 겸임하게 되어 있었다. 그때 나는 호상 역할을 충실히 하지 못했던 점이 대단히 걸린다. 그것을 만회하고자 담양군 내 선산 하관식에 동행하였으나 결과적으로 나는 크게 결례한 셈이다.

내가 김 교수와 많은 대화를 나누기는 김 교수의 학장 재임기(2008-2009)일 것이다. 김 교수의 대학운영 비전이 내 생각과 유사했을 뿐 아니라 나의 연구실이 학장실과 가까워 자주 내 연구실에 자주 들린 탓이다. 학생들의 연구 의지와 시야를 넓히기 위해 일본의 오사카시립대학, 사가대학, 중국의 길림대학 등에 동행하여 영어로 논문 발표하던 기억이 생생하다. 일본 오사카 나가이 경기장 앞 회식 집, 원로 다바타 교수, 사가 대학 측의 후한 접대, 중국 길림대의 젊은 장신 학장의 65도 마오타이주 회식도 잊히지 않는다. 그 학장이 선물로 준 문진은 지금도 내 책상에 놓여 있다.

내 생각에 김 교수는 천성이 경제학자이다. 지역사회의 경제적 저변에 흐르는 여러 현상을 지속적으로 치밀하게 관찰하여 추론하고 비판하되 애정을 가지고 대안을 제시한다. 김 교수는 60대에 들어서서도 국내외 학술지에는 물론 여러 언론에 지역경제에 관한 시론/평론을 기고하고 있다. 지역경제에 대한 그의 깊은 애정과 관심이 원천이리라. 그러한 열정과 관심의 열매가 최근의 석좌교수 임명의 배경일 것이다. 그의 임명을 미리 치하하는 바이다.

전남대가 김 교수의 학적 능력과 열정을 아쉬워하면서 연구실에 붙잡아 모신 셈이다. 학자로서 해결사로서 지역과 대학에 좀 더 헌신하라고 하는 간절한 부탁이다. 사실 석좌교수직이 사회과학 교수에게 주어지는 경우는 퍽 드물다. 인문/사회계는 자연 과학계에 비해 학적 대상의 중요성, 예산 규모, 연구방법, 사회적/시대적 영향력 등이 훨씬 작기 때문이다.

친구에는 어릴 때부터 사귀게 된 죽마고우와 나이 들어 성인이 된 후 직장에서 사귄 만년지우 두 종류가 있다. 객지 벗 10년이란 말도 있다. 김 교수는 나의 광주일고 7년 후배이며 당연히 후자에 속한다. 나와 알고 지낸 지난 30여 년간 거창한 장소에서, 화려한 식단으로 만나거나 밤새워 통음 한다거나 그런 적이 한 번도 없다. 그러나 대화는 언제나 소박하고 간결하며 상식적이고 그래서 평범하다. 그래서 비범한 것인지도 모른다. 상선약수처럼 담담하고 유장하다. 고요히 그러나 깊게 흐르는 볼가강이고 달빛 속 섬진강이다.

일부 전문가에 의하면 향후 10년 이내에 남북이 자유 왕래가 될 것으로 보기도 한다. 하기는 베를린 장벽이 무너지는데 걸리는 시간은 물리적으로는 잠깐 사이였다. 천지창조처럼 어떤 절대자의 의지와 능력으로 하루아침에 이루어질 수도 있을 일이다. 그 날이 오면 나는 김 교수 부부와 부부동반으로 백두대간으로 달려갈 것이다. 설악산, 금강산을 거쳐 원산, 함흥을 지나 개마고원에서 2박 3일 한 후 삼지연을 거쳐 백두산에 오를 것이다. 그해 여름 금강산 만폭동에서 탁족하고 개마고원의 들풀 같은 쓸쓸함도 즐기면서 한 달 여행을 다녀오리라!

그때까지 김 교수 내외분, 건강을 잘 유지하기 바라면서 정년퇴임을 거듭 축하하는 바이다.

차 례

제1부 시대정신

제1장 정치의 기술

■ 미국 대선 후보 경선의 교훈

총선 후 우리 정치권도 개헌 요구와 맞물려 급속하게 대선 정국으로 가는 형국이다. 여야는 물론 정치권 밖의 잠룡들이 대권을 향한 행보를 시작하고 있다. 유권자들은 대선 후보 경선 레이스를 벌이고 있는 미국의 대선 정국을 통해서 진정한 정치 혁명을 실천할 수 있는 후보들을 지켜보고 있다.

오는 11월 8일이 미국 제45대 대통령 선거일이다. 올 2월부터 아이오아주 코커스와 뉴햄프셔주 프라이머리로 동시에 시작된 미국 민주당과 공화당의 경선 레이스를 통해서 2016년 대선의 양당 후보로 공화당 도널드 트럼프와 민주당 힐러리 클린턴이 사실상 확정되었다. 이제 7월에 개최되는 공화당과 민주당 전당대회를 통해 공식 후보로 지명되는 절차만 남겨진 상황이다.

미국 정치권에서 벌어진 경선 레이스는 폭로와 비방, 그리고 독설이 가득한 정치적 쇼로 일관하였다. 공화당은 주류 후보와 유력인사들이 아웃사이더 트럼프 후보 간의 끊임없는 충돌과 마찰로 당을 분열시키려는 증오심마저 보여주었다. 민주당의 경선은 주류 후보 힐러리 클린턴을 추격하는 아웃사이더 버니 샌더스 연방 상원의원의 돌풍으로 이어진 한편의 드라마였다. 오바마 대통령마저도 샌더스 후보가 경선 과정에서 경제적 불평등을 해결하려는 노력으로 수백만의 미국인에게 활기를 불어넣은 점을 인정하고 있다.

미국 정치권의 주류에 벗어나 있었던 아웃사이더 후보들의 돌풍은 정치 무대에서 신선한 충격을 던져주었고 경선 과정에서 코커스와 프라이머리에 참여하는 대의원과 유권자들을 열광하게 만들었다. 트럼프는 당당하게 공화당 경선에 참여하여 후보로 확정되었고 무소속 연방 상원의원 샌더스는 민주당 대통령 후보지명 경선에 참여하여 미국 민주당 정강정책을 변경할 정도로 선전하였다. 이런 현상은 유권자들이 미국 정치시장에서 보수와 진보의 기득권층들이 독식하는 거대 양당을 심판하려는 상황을 반영하는 것이다.

미국 정치도 최초 대통령제라는 권력구조를 근간으로 정당의 통합과 분열을 반복하면서 지금의 민주주의를 지켜왔고 경제성장을 이룩하였다. 건국 초기는 강력한 중앙정부를 지향하는 애덤스의 연방주의와 주의 독립과 자유를 보장하는 토마스 제퍼슨의 반연방주의 투쟁이 있었고 반연방주의자들이 미국 최초 정당인 민주공화당을 창당하였다. 그 후로 미국 정치는 서민적이고 진보적인 성향의 민주당과 귀족적이고 보수적인 성향의 휘그당의 양당 체제를 지나 남북 갈등의 과정에서 지금과 같은 공화당과 민주당의 정치 구도로 유지되고 있다.

이런 미국의 양당 구도에서 소수 기득권층과 이익단체는 정치인과 정당에 기부하면서 적극적으로 투표권을 행사하지만 저소득층의 근로자들이나 청년층은 정치적 무관심으로 투표율이 극히 저조하거나 아예 참여하지 않아 정치적 의사결정에서 거의 소외되었다. 그러나 이번 경선에서는 정치적으로 배제되고 소외받은 그들이 변화를 위해 움직인 것이다.

샌더스와 트럼프의 지지는 미국 주류 사회의 일원이 아닌 일자리와 복지를 위협 받는다고 생각하는 99%의 미국민의 분노를 반영하고 있다. 그러나 그들의 지지는 근본적으로 다르다. 트럼프 후보의 지지는 인종과 이민자들에 비해 상대적으로 소외받고 있다고 여기는 저학력, 저소득층인 백인 근로자들의 불만과 두려움에서 나오고 있다. 샌더스 후보는 세금 감면과 조세피난처를 통한 탈세를 자행하는 대기업과 억

만장자 계층의 탐욕으로 고통을 받는 흑인과 백인, 이민자와 비이민자 구분 없이 해고 위험에 노출된 흑백 근로자들, 취업에 목매는 청년들, 학비에 쪼들리는 아르바이트 대학생들, 생계와 보육을 걱정하는 여성 근로자들, 노후 보장이 어려운 은퇴 노년층으로부터 지지를 받고 있다.

이번 미국 대선 경선 아웃사이더 후보들의 돌풍을 볼 때 우리 여야 정치권의 대선 후보들도 기성 정치 행태와 여의도 정가의 낡은 사고를 탈피하는 것이 유권자들의 지지를 받는다는 것을 알아야 한다. 그러나 여권은 계파의 이익에 따라 내부 후보들이 경쟁력이 약하다고 외부 인사를 영입한다고 야단들이고 야권은 패권으로 후보를 만들고 또 다른 야권은 셀프 정당을 창당하여 후보를 꿈꾸고 있다. 이미 지난 총선에서 유권자들의 숨은 의도가 절묘하게 투표로 반영된 것으로 보아 기득권 정치에 대한 정치 혁명은 시작되고 있다.

우리는 지역과 낡은 이념, 계층, 이미지의 정치에 기대는 후보를 배격하고 국민을 위한 정치가 없으면 성공할 수 없다는 무신불립(無信不立)과 국가의 생존을 위한 부국강병(富國强兵)의 정치 철학과 신념을 실천하는 후보를 원한다. 그런 후보만이 민주주의를 지키고 사회적 및 경제적 정의로 중산층을 살리고 안전하고 건강하며 풍요롭고 여유로운 삶을 누릴 수 있는 국토를 수호하고 보전할 수 있다.

■ 2016.7.5

■ 추락하는 공직자

고위 공직자들의 추락이 끝없이 이어지고 있다. 특히 고위 공직자들이 언행과 비리로 낙마하거나 파면되고 구속되는 상황이 연일 발생하고 있다. 최근 교육부 고위 관료 나향욱 정책기획관은 "민중은 개·돼지와 같다. 신분제를 정했으면 좋겠다"라는 취중 발언으로 국민들을 분노하게 만들었다. 또한 진경준 검사장의 뇌물 수수 등으로 검찰 조직의 비리는 더욱 심각하다. 정치권은 김영란법 시행을 계기로 공직자의 윤리를 강하게 주문하고 고위공직자비리수사처의 신설 등으로 권한을 분산하는 강도 높은 검찰 개혁을 부르짖고 있다.

과거 검찰은 공안과 사정의 칼날을 휘둘러 정권의 시녀라는 비판을 받은 적은 있지만 지금의 검찰은 검은 돈을 챙기기 위해 부정부패와 비리를 저지르는 오명(汚名)의 기관으로 전락한 것이다. 검찰은 김광준 부장검사의 뇌물수수 사건을 비롯하여 검찰의 비리가 발생할 때마다 개인적인 일탈로 치부하고 감찰 활동과 자체 개혁을 통해 청렴의 노력하겠다고 몇 번이고 국민 앞에 사죄하였다. 그동안 국민들은 검찰이 정치권과 공직자, 그리고 기업들의 비리 의혹을 밝히려는 수사 의지와 노력을 믿어보고자 했으며 검찰의 자긍심으로 도덕성과 윤리의식을 발휘할 것으로 기대하였다.

그러나 검찰은 국민의 기대를 저버렸다. 정운호 게이트에 연루된 검사장 출신 홍만표 변호사의 탈세 혐의, 넥슨 김정주 대표와의 주식 뇌물 거래로 진경준 검사장의 100억대 시세 차익을 챙기는 뇌물 수수 혐의, 우병우 민정 수석을 둘러싼 각종 의혹 등 전 현직의 검찰 고위층 인사들의 비리 의혹이 끝없이 나오고 있다. 그들은 모든 의혹에 대해서 모른다고 하거나 관련성이 없다고 일관되게 부정하였다. 모든 것들이 거짓말로 드러나고 있다. 국민들은 검찰을 극도로 불신하고 분노하고 있다. 검찰은 셀프 개혁을 말하지만 국민들의 반응은 냉담하다. 국민의 믿음이 없는 조직은 권력으로 군림할 수는 있지만 존경과 명예를 얻을 수 없다.

이런 거짓된 모르쇠 행동은 검찰의 막강한 권력으로부터 초래한다. 검찰은 수사권과 수사지휘권, 기소권, 공소유지권, 형집행권 등을 행사하고 있으며 외부의 견제 기관이 없는 권력집단으로 막강한 권한을 행사한다. 검찰 개혁의 핵심은 권한 분산과 권력 감시 시스템의 구축이다. 우리와는 다르지만 미국 연방 정부의 검찰 조직에서 검찰은 공소 기관, 경찰은 수사 기관으로 분리하여 권한을 분산하고 있다. 또한 연방 법무부의 장관을 비롯한 고위 관리(부장관, 차관, 차관보)와 94개 지역 연방 지방검사장은 상원의 인준을 받아 대통령이 임명하는 정무직으로 대통령과 임기를 함께 하며 주 정부의 검사장은 선거로 선출되어 권력 감시 시스템이 가능하다.

소수의 고위 공직자들은 고시 합격이라는 엘리트주의와 전관예우라는 특권 의식에 젖어 살고 있으며 세상을 변화시킨다는 망상으로 정책과 법을 집행하고 지배층으로 군림하려고 한다. 그들은 법 위에 존재하고 힘없는 국민들에게는 법과 질서를 세우기 위해 막강한 권한으로 엄격한 잣대를 적용하지만 자신을 둘러싼 가족과 특수 이해관계자에게는 한없이 관대하다. 이것은 한국 사회에서 국민 신뢰와 국가 책무에 대한 일부 위정자들의 그릇된 인식을 여실하게 보여주고 있다.

일찍이 공자는 '공자가어(孔子家語)'의 시주(始誅)에서 "첫 번째는 마음이 국민과 국가에 있지 않고 음흉한 사리사욕에 있는 것이고, 두 번째는 의사결정이 편협하고 아집에 집착하는 것이고, 세 번째는 거짓말로 잘 둘러 되는 것이고, 네 번째는 약점이나 추한 것만 들추면서 넓게 아는 것이고, 다섯 번째는 그릇된 출세 가도를 따르면서도 은덕이라고 여기는 것이다"라는 위정자의 다섯 가지 대악(大惡)을 지적하면서 위정자의 책무를 강조하였다.

진정한 공직자는 "不患人之不己知(불환인지불기지)요 患基不能也(환기불능야)니라, 夫我則不暇(부아칙불가)니라(논어의 헌문)"라고 공자가 말한 것처럼 "사람들이 나를 알아주지 않음을 걱정하지 말고 나에게 능력이 없을까를 걱정하고 자신의 맡은 바 임무에 전념하게 되면 남이나 국민들을 비하할 틈이 없다" 공직자들이 국민의 존엄을 지켜주고 국가의 민주적 가치를 수호하는 공공의 일꾼으로 봉사함으로써 국민으로부터 존경 받고 국가로부터 명예를 얻는 것이 공직의 대가이다.

■ 2016.8.2

■ 아시아와 일본

지난 8월20일부터 개최된 "제26회 아시아 경제 심포지엄 2016" 발표를 위해 스리랑카 캔디 소재의 페라데이나 대학을 방문했다. 이 심포지엄은 한국의 전남대학교 지역개발연구소, 중국의 사회과학원 세계경제정치연구원, 일본의 사가대학 경제학원, 태국의 카셋삿대학교 경제학과, 스리랑카 페라데이나 대학교이 공동 협의체를 결성하여 글로벌 경제에서 중요한 역할을 수행하는 떠오르는 아시아 경제의 잠재성을 상호 이해하기 위해 각국의 경제 현안과 미래 발전 전략을 발표하는 학술의 공간이다.

올해는 스리랑카 페라데이나 대학이 협의체에 가입하여 처음 개최하는 심포지엄으로 나에게 개발도상국 스리랑카를 방문하게 된 뜻깊은 기회이었다. 심포지엄은 '떠오르는 아시아: 포용적 성장을 위한 기회와 도전'이라는 주제로 5개국과 인도가 참가하여 열리게 되었다. 경제협력개발기구(OECD)는 포용적 성장(Inclusive growth)을 사회 구성원의 모든 영역을 위한 기회를 창출하고 금전적 및 비금전적인 면에서 달성된 번영의 과실을 온 사회에 공정하게 분배하는 경제 성장으로 규정하고 있다.

이번 심포지엄은 포용적 성장을 달성하기 위한 다양한 발전 전략을 다루고 있다. 이런 전략은 아시아 각국의 지속적인 성장과 일자리 창출을 위한 도전과 사회적 포용을 위한 균등한 기회로 나타났다. 구체적으로 발표된 논문들은 6개국 아시안 국가들의 특정한 이슈들에 대한 기회와 도전의 모형과 사례로서 지속적인 성장을 위한 외국인 직접투자(FDI), 포용적인 고용 성장, 사회보장과 사회적 기업가 정신,

농업 및 지속적인 개발의 주제를 담고 있다.

심포지엄 참가 중 뜻밖의 행사에 초청되는 경험을 하게 되었다. '제4회 스리랑카-일본의 공동 연구' 컨퍼런스에서 주최하는 만찬에 초대되었다. 컨퍼런스는 '협력: 성공을 향한 경로'라는 주제로 자연 및 기초과학, 공학, 정보기술, 수학, 통계, 농업, 임업, 기후와 환경, 인문사회과학, 건강과 위생 등 전 분야를 망라한 협력의 장이었다. 만찬장은 컨퍼런스를 축하하기 위해 양국의 관련 학자와 전문가, 그리고 일본 정부 관계자들로 가득하였다.

컨퍼런스는 스리랑카-일본 연구센터가 주최하지만 스리랑카 일본 대사관, 국제교류기금(일본재단), 일본 국제협력기구가 후원하고 있다. 일본 정부가 남부 아시아의 작은 섬나라 개발도상국 스리랑카에서도 적극적으로 민간 활동을 돕고 있다는 현장을 보고 충격을 받게 되었다.

스리랑카는 주민의 70%가 신할리족이 차지한 불교 국가이고 남부 아시아 인도의 남쪽 인도양에 위치한 섬나라로 1815년 캔디에 근거한 신할리 왕조를 멸망시킨 영국의 식민지이었다가 1948년 영연방 자치령으로 독립하였고 1972년 국명을 실론에서 스리랑카 공화국으로 변경하고 영연방에서 완전 독립하였지만 타밀족과 내전으로 힘든 상황을 직면하였다. 일본은 대동아공영론 주창으로 제2차 세계대전 중 영국 식민지 인도를 점령하기 위해 실론 섬을 공습하였다. 그러나 지금의 스리랑카는 달라지고 있다. 일본제 자동차가 거리를 넘치게 활보하고 있는 것을 보고 만감이 교차하였다. 그들은 과거 자신의 영토를 점령하기 위해 공습을 감행한 일본의 제국주의를 경계하기 보다는 협력과 동반자 관계를 유지하고 있다.

일본은 중국, 대만과 센카쿠 열도(댜오위다오), 러시아와 쿠릴 열도

(북방 4개 섬), 한국과 독도의 영유권 분쟁으로 첨예하게 맞서고 있다. 한편으로 일본은 아시아를 비롯한 세계 전역의 개발도상국에 대한 경제 및 사회적 협력을 위해 일본 국제협력기구와 국제교류기금을 통해서 노동자 연수나 전문가 파견 등의 기술협력, 무상자금 협력, 기계 공여로 국가적 영향력을 키워 나가고 있다. 특히 일본은 아시아의 개발도상국들에 대한 원조와 협력을 통해서 과거의 침략과 지배를 넘어 패권을 행사하려고 있다.

이번 경제 심포지엄을 참가하면서 아시아의 각국이 과거의 역사보다는 자국의 이익을 우선하는 협력과 공여로 실리를 추구하는 국제정치의 현실을 보게 되었다. 최근 중국과 필리핀 간 남중국해의 영유권 분쟁에 대한 국제상설중재재판소(PCA)의 판결은 우리에게 많은 시사점을 던져주고 있다. 미국 등은 센카쿠 열도와 쿠릴 열도에 대해서 일본과 러시아의 실효적 지배를 인정하지만 독도는 그렇지 못한 상황이다. 그러나 우리는 아시아 각국의 상황과 다르다. 그들은 제2차 대전 중 서구 열강의 식민지로서 일본에 의해 침략으로 일시적으로 점령을 당했거나 전쟁터이었지만 우리는 36년간 일본의 식민지 지배를 당한 상황에서 일본 정부에게 위안부 문제에 대한 진정한 사죄가 우선되면서 정신적 및 물질적 배상을 요구하고 독도의 주권을 절실한 심정으로 지키고 있다.

이런 냉엄한 국제적 현실에서 우리나라는 영토를 보전하고 국제사회에서 세계 전역의 개발도상국에 대한 경제 및 지역 발전의 협력과 동반자 관계를 굳건함으로써 아시아에서 리더십을 당당하게 발휘해야 한다.

■ 2016.9.8

■ 법과 혹리(酷吏)

아마도 대부분 국민들은 지극히 하찮은 일이나 사건도 법과 관련되어 통제되는 질서 속에서 생활한다고 느낀다. 법은 평범한 국민들이나 기업들이 일상생활에서 직면하고 있는 재산권이나 계약에 관한 사항, 불법행위 등에서 중요한 역할을 한다. 이런 점에서 법은 국민들에게 올바르고 정확하게 적용되기 위해서 효율성, 공평성, 순응성이 요구된다. 이것은 법을 집행함으로써 국민들이 효율적으로 생활하고 공정하며 평등하게 적용되어 법의 보호로부터 소외되지 않으며 국민들에게 정확하게 공지되어 불이익을 받지 않아야 한다는 것을 의미한다.

이제 개헌 정국이다. 당장에 대부분의 국민들은 미르 재단과 K 스포츠 재단의 설립과 모금 경위, 그리고 운영을 둘러싸고 연일 국회와 언론에서 제기하는 의혹과 개입의 관련 당사자에 대한 엄정한 법의 적용이 부족하다고 느낄 것이다. 재단 설립 과정에서 기업을 통한 수백억의 자금이 모금되는 과정과 운영에서 비선 실세가 개입하고 각종 비리와 횡령의 의혹이 난무하지만 여전히 검찰의 수사는 초점을 향하지 못한 채 진행되는 듯하다.

이런 의혹의 상황에서 법가의 한비는 법치의 원칙을 지키기 위해 백성들의 신뢰성을 확립 차원에서 신상필벌의 후한 상과 혹독한 벌로 일관적이며 엄정하게 법을 집행하라고 주문하였다. 사마천은 <사기>의 '혹리(혹독한 관리)열전'에서 왕족이건 고위층이건 지위고하를 막론하고 법을 냉혹하게 적용하고 결과적으로 자신이 해를 당할 수도 있거나 다칠 수도 있다는 것을 알고 있으면서도 타협하지 않고 집행하는 혹리로 질도(郅都), 영성(寧成), 주양유(周陽由), 장탕(張湯) 등의 인물들을 열거하고 있다.

혹리들은 극단적인 법질서를 확립하여 왕족과 왕후, 관료, 호족에게 단호한 법의 제제를 가하였다. 그러나 혹리 본인도 스스로 부정부패와 청탁의 수렁에 빠져 법을 어겨 자결하거나 형장의 이슬로 사라진 경우가 허다하다. 사마천은 후세에게 반면교사(反面教師)의 가치를 심어주고 있다. 그러나 국민과 국가를 위해 권력과 재력에 단호하게 대처하는 가혹한 관리들의 모습은 찾아보기가 힘들고 권력에 집착하거나 비리로 구속되고 재판을 받는 일부 검찰의 모습만 보여 씁쓸할 뿐이다.

반면에 2015년 3월 27일 공포되어 지난 9월 28일부터 시행된 '부정청탁 및 금품 등 수수의 금지에 관한 법률' 일명 '김영란법'은 시행부터 국민들의 일상생활을 혼란스럽게 만들고 있다. 또한 국민권익위원회를 비롯한 관련 기관조차도 법의 적용 범위에 대해서 허둥거리는 양상이고 캔커피법, 조각케익법, 카네이션법 등으로 사회적으로 큰 파장을 일으키고 있다. 원래 법안은 공직자의 부정한 금품 수수를 봉쇄하고 투명한 공직 활동을 보장하는 선의의 취지에서 출발하였다. 모든 국민들은 찬성하고 이제 올바르고 투명하고 공정한 공직 사회의 기틀을 만들 것으로 기대하여 우리 사회에서 관행으로 여겨졌던 접대와 청탁의 문화가 사라지고 건전한 상식과 기본이 통하는 기부와 대접의 문화가 올 것으로 기대하였다.

그러나 입법 과정에서 적용 대상이 언론인, 사립학교 교직원 등으로 확대되어 직접적인 적용 대상이 배우자를 포함하여 약 400만 명에 이르렀다. 이제 선량한 공직자와 관련 기관의 당사자, 공직이나 관련 기관과 관계없는 국민들조차도 일상생활을 마비시켜 모든 국민을 잠재적 범죄 행위의 가능성을 지닌 법의 적용 대상자로 만들어버렸다.

실제로 법 시행으로 알쏭달쏭한 위반 사례를 서로 감시하고 적발하며 구속영장을 신청하는 등 신속하게 법의 적용을 서두르고 있다.

중국 춘추전국시대의 백가쟁명(百家爭鳴)에서 법치의 근본은 법 집행보다는 입법의 취지에 있다고 논하고 있다. 이것은 법률의 제정과 시행이 국민들의 경제적 행위는 물론 일상적인 행동에 막대한 영향을 미치고 있기 때문이다. 사마천은 <사기>에서 실제로 법령이 제정되고 정비될수록 백성들이 법망을 빠져나갈 궁리만 하게 되고 관리들의 수사 방식도 답습하게 되며 도둑은 많아진다는 지적하고 있다. 이것은 법이면서도 법을 제대로 적용하지 못한 것을 혹리열전을 통해서 일깨워주고 있으며 법이 아닌 법이 '악법'으로 존재하기 보다는 입법의 취지를 살리는 방향으로 개정하는 것이 바람직함을 말하고 있다.

일찍이 공자도 <논어>의 '위정(爲政)'편에서 "道之以政(도지이정)하고 齊之以刑(제지이형)하면 民免而無恥(민면이무치)니라(백성들을 법령으로 이끌고 형벌로 다스리면 형벌을 면하겠지만 부끄러움이 없어진다). 道之以德(도지이덕)하고 齊之以禮(제지이례)하면 有恥且格(유치차격)이니라(덕으로 인도하고 예로 다스리면 백성들은 스스로 부끄러움도 알게 되고 올바르게 된다)."하여 법치의 타당성을 말하면서도 인간의 본성을 올바르게 이끌어내는 덕과 예의 교화를 강조하였다.

법은 인간의 존엄성과 자유를 존중하고 국가의 민주적 가치를 수호하는 입법이 필요하고 국민들의 풍요로운 삶을 최소한의 범위에서 제한하면서 재산이나 신분의 차별 없이 공정하고 투명하게 적용되고 만민에게 공평하게 준엄한 심판을 내려야 한다.

■ 2016.10.25

■ 1퍼센트를 위한 국가권력시스템

최근 공정거래위원회의 불법 재취업 의혹, 사법부의 재판거래 의혹과 사법행정권 남용, 국군기무사의 비상계엄 선포 대비 계획 의혹, 공공기관과 금융기관 채용비리, 경찰과 결탁한 삼성의 노조와해 공작 등 일련의 사건들을 보면서 국가권력은 헌법 제1조 2항에서 '대한민국의 주권은 국민에게 있고 모든 권력은 국민으로부터 나온다'라는 형식적인 선언에 불과하고 1퍼센트를 위한 시스템으로 전락되었다. 이것은 1퍼센트에게 집중된 비정상적인 국가권력이 시장경제 시스템을 왜곡시켜 비효율적이고 불안정하게 작동되고 정치 시스템을 돈과 조직으로 움직이게 하고 권력과 부에 의해 판결이 거래되어 법치주의와 사법 시스템마저도 흔들리게 하여 민주주의의 위기를 자초하고 있는 것이다.

이런 상황에 대해서 노벨 경제학상 수상자 조지프 스티글리츠는 '불평등의 대가(The Price of Inequality)'에서 언급한 '배너티 페어(Vanity Fair)' 잡지의 기사 제목인 '1퍼센트의, 1퍼센트를 위한, 1퍼센트에 의한' 시스템으로 궁극적으로 사회 전반에 극심한 불평등을 초래했다고 강도 높게 비판하였다. 이것은 국가의사결정 과정에서 대다수의 사회구성원을 희생시키고 오직 1퍼센트만의 부와 권력을 누리기 위해 국가권력을 동원하여 국민 99퍼센트를 불행하게 만드는 상황인 것이다. 한국경제는 시장과 정부의 균형과 견제로 압축 성장을 달성하였다. 성장 기간 중 시장은 효율성이라는 명제로 정부는 공평성과 공정한 기회라는 명제로 대다수 국민의 후생복지를 증대시켜왔다. 그러나 한국경제는 IMF 외환위기와 글로벌 금융위기를 겪으면서 국내총생산은 2~3%대 저성장과 더불어 일자리도 줄어들고 있어 대다수 서민들의 생활수준은 나아지지 못했지만 부는 상위층으로 더욱 집중되고 부동산시장은 매우 불안정하고 실업을 양산하는 고용시장은 불평등의 원천이 되었다.

이런 상황에서도 시장의 독과점 방지와 공정거래를 감시해야 할 공정거래위원회의 고위 관료들은 퇴직 간부들의 불법적인 재취업을 기업들에게 청탁하는 의혹으로 수사를 받고 있다. 이것은 1퍼센트만을 위한 시스템으로 시장의 정상적인 작동을 국가권력으로 차단한 것이다. 이런 와중에 대기업과 수입자동차 업체는 돈으로 국가권력을 매수하여 노조를 와해하는 공작을 펼치고 권력과 결탁하여 각종 인허가를 받아내고 결함투성인 자동차를 판매하여 소비자들의 안전을 무시하며 공공기관과 금융기관은 공정한 채용 기회마저도 박탈하여 경쟁시장을 무력화시키고 있다.

그나마 사법시스템은 국가권력에 대항하여 사법부의 독립과 개혁을 요구하는 사법파동을 겪으면서 양심적인 재판으로 명맥을 유지하여 왔다. 그러나 민주주의 마지막 보루인 사법부마저도 국가권력에 의존해서 법관사찰, 재판거래라는 초유의 의혹으로 검찰의 수사를 받고 있는 상황으로 이미 법치주의와 사법시스템은 무너졌다. 현실적으로 사법시스템의 접근은 긴 시간과 많은 비용이 소요되므로 대기업과 권력층이 비교우위를 점하고 있다. 특히 권력기관이나 대기업은 힘없는 서민, 근로자와 여성 등을 상대로 협상할 때는 합의를 종용하거나 소액의 금액을 제시하면서 회유하지만 합의하지 않으면 재판으로 서민들에게 감당할 수 없는 시간과 비용을 부담지게 하고 끝내 죽음으로 내몰곤 하였다.

지금까지 정권이 교체될 때마다 개혁의 어젠다는 매번 제시되었다. 그러나 개혁은 이념, 지역, 세대의 차이로 정치권, 관료집단, 이익단체들의 지대추구로 상당수는 사장되고 일부는 미완성 형태로 이루어졌다. 이런 시스템 상황에서 관련자 처벌 및 재발방지, 사법부의 자정 노력, 국군기무사의 기관명칭 변경 및 권한 제한, 고용 촉진을 위한 대기업의 투자 분위기 조성 등의 처방은 일시적인 방편에 불과하다.

지금은 대다수 국민들을 위한 대한민국의 진정한 개혁이 필요한 시점이다. 우선 개헌이 이루어지 않는 상황에서 정치 개혁은 현재의 대통령제에 대한 상호 견제를 위해서 다양한 계층의 목소리가 반영하고 소수의 이익도 대변하는 경쟁적인 정당이 출현할 수 있도록 소선거구의 선거제도 개편하고 유럽형의 비례대표 시스템도 도입하는 것이다. 또한 최근 드루킹 일당의 댓글 조작 사건에서 보듯이 현재와 같은 낮은 투표율에서는 자금과 조직력으로 당락을 결정하게 된다. 이런 점에서 투표율이 현저하게 높은 호주, 벨기에, 룩셈부르크 등에서 시행하고 있는 투표에 참여하지 않는 유권자들에 대한 제재 방안도 마련하여 높은 투표참여로 정치적 의사결정이 대다수 서민들의 관심사가 되도록 해야 할 것이다.

경제개혁은 정경유착을 근절하여 차입 투자 규제와 약탈적 금융부문의 규제, 독과점 방지의 강화, 대기업 오너와 최고 경영자들의 기업권력을 제한하는 기업지배구조의 개선, 조세회피와 조세포탈 차단 등으로 과도한 부를 지닌 상위 1퍼센트에게 유리한 경제게임의 규칙을 바꾸는 것이다. 사법개혁은 권력과 부로부터 법이 모든 국민들을 공정하게 적용되고 판결은 사법적 정의에 입각하여 불법과 탈법을 자행하는 국가권력과 기업, 이익단체에게 엄한 처벌과 보상의 책임을 부과하는 것이다.

이제 한국사회는 민주주의, 자본주의, 법치주의를 회복하기 위한 근원적 개혁의 어젠다를 실천함으로써 공평하고 공정한 기회 균등으로 모든 국민의 생명과 행복을 지켜주는 국가권력 시스템을 회복시켜야 한다.

■ 2018.8.21

■ 비리(非理)의 경제학

한국 사회가 비리로 얼룩져 있다. 지난 MB정권의 사자방(4대강, 자원외교, 방위산업) 비리에서부터 최근의 어린이집과 유치원의 국가지원금 비리, 고등학교 교원의 자녀 성적 비리, 대학 직원의 자녀 채용비리, 공공기관과 공기업의 채용비리, 금융기관 임직원의 자녀 특혜 채용비리, 특히 공공기관의 비정규직에서 정규직으로 전환 과정에서 친인척의 고용세습 비리 의혹 등 헤아릴 수 없을 정도이다. 비리는 국가는 물론이고 일부 공적 및 사적 기관이나 단체, 개인에게서 가리지 않고 발생하고 있다.

특히 유치원의 지원금 비리는 시도교육청 감사로 1,878개의 유치원이 비리 혐의로 의혹을 받고 있다. 이런 상황에서도 그들은 유치원 비리의 근원이 국가제도의 미비 탓으로 돌리고 법적으로 무혐의라고 항변하고 있다. 국민들과 학부모들은 일부 사립유치원이 모든 수단과 방법을 동원하여 지원금을 가로채는 탐욕과 폐원을 거론하는 비도적적인 작태에 분노를 금할 수 없는 상황이다. 그럼에도 불구하고 양심적인 유치원이 운영되고 있다는 사실이 중요하다.

비리는 수단과 방법을 가리지 않고 법과 제도, 규정 등을 올바르게 적용하지 않음으로써 금전적, 물질적, 비윤리적인 이득을 챙기는 부정부패로 귀결되어 국가나 사회, 공공기관에 막대한 손실을 끼치는 행위이다. 비리행위는 시대와 국가를 초월하여 비양심적인 인간들에 의해서 행해지고 있는 것이 사실이다.

국가적으로도 비리행위에 대해서 미국은 부정청구법으로, 한국은 부정청탁 및 금품 등 수수의 금지에 관한 법률(일명 김영란법)으로 척결하고 근절하고자 끊임없이 노력하고 있다. 중국 역사학자 둥예쥔의 「치국(治國)」에서 왕조시대인 청나라의 옹정제는 "수백 년 동안 유지되어 온 잘못된 기풍을 바로 잡기 위해 근본을 세우는 과감한 통치(振數百年頹風, 以端治化之本)"로 비리를 척결하고자 하였다. 그는 비리(부정부패)를 저지르는 탐관오리는 관직에서 영원히 추방하고 축적한 재산을 강력하게 환수하며 은닉 재산과 관련된 친인척들에게 국가의 빚을 갚을 의무가 있으므로 재산을 몰수하고 죽음으로 모든 죄를 덮으려는 자는 결코 용서하지 않는다는 강력한 비리 근절책을 실시하였다.

우리는 이런 비리행위에 대해서 미국의 경제학자 스티븐 레빗과 작가이자 저널리스트 스티븐 더브너가 「괴짜경제학(Freakonomics)」에서 가장 기본적인 경제행위라고 해석하고 있는 점에 주목한다. 이런 의미에서 저자들은 비리행위란 '적은 노력으로 더 많이 획득하는 행위'로 대가만 충분하게 주어진다면 누구든 비리를 저지를 수 있다고 주장한다. 따라서 비리행위는 뇌물 수수나 특권 남용의 정치인이나 관료, 탈세나 횡령의 대기업 회장, 탈세나 약물복용의 연예인이나 스포츠선수 등 유명인뿐만이 아니라 보통의 시민들도 저지를 가능성이 있다.

비리행위는 경제적 관점에서 인간의 본성일 수도 있지만 윤리적 관점에서 아닐 수도 있다. 인간은 환경과 조건에 의해서 정치적 및 경제적 권력으로 공적기관과 집단, 이익단체를 이용하여 개인의 이득을 챙기게 된다. 그럼에도 불구하고 저자들은 무인 베이글(딱딱한 도넛형 빵의 일종) 판매대의 교훈을 통해서 일부 사람들은 베이글을 부당하게 취득했지만 대다수는 아무도 감사하지 않는 상황에서도 정직하게 값을 지불하는 데이터를 보여주었다. 이 실험은 사람들이 천성적으로 정직하려고 하거나 본성적으로 선하려고 노력하는 것을 증명한다. 이것은 맹자의 관점에서 인간의 본성이 선을 지향하는 것으로 사람이면 누구나 측은지심(동정심), 수오지심(수치심), 공경지심(공경심), 시비지심(옳고 그름을 구별하는 마음)을 갖고 있는 것이며 애덤 스미스의 「도덕감정론(The Theory of Moral Sentiments)」에서 "인간은 이기적이지만 타인에게 관심을 가지고 기쁨과 행복을 줄 수 있는 인간의 본성이 존재한다"는 것을 의미한다.

우리 사회는 대다수 사람들이 애덤 스미스가 지적한 것처럼 "비록 자신은 타인이 기뻐하는 모습을 보는 것 외에는 아무 것도 얻지 못한다."는 것을 자각하는 인간의 본성을 지니고 있으며 또한 본래 가지고 있는 맹자의 인의예지를 애써 실천하려는 의지가 있어 건강한 모습을 유지하게 된다.

■ 2018.11.6

■ 사법농단과 사법불신

헌정 사상 초유로 사법농단 의혹의 정점인 양승태 전 대법원장이 구속됐다. 그는 일제 강제징용 손해배상 소송 재판 등 다수의 재판 개입, 상고법원 도입 반대의 일선 법관 사찰, 재판거래 의혹 등의 사법행정권 남용 등 40여건이 넘는 혐의를 받고 있다. 참으로 부끄럽고 치욕스런 일로 기록된다. 그리고 전직 법원행정처장을 지낸 두 대법관들도 동조하여 재판거래 의혹의 혐의를 받고 있는 상황에서 아래 사람들이 한 일이어서 모르는 일이고 기문이망(倚門而望)의 고사로 구속을 면하는데 급급하였다. 그들은 한국의 사법시스템을 송두리째 망가뜨린 장본인들이다.

이런 사법부의 신뢰 추락은 우리 사회에서 깊은 사법불신으로 표출되고 있다. 최근 정치권과 국민들은 모든 재판에 대한 선고 공판의 결과에 따라 극명하게 대립하고 있다. 특히 여야 정치권은 사법부의 선고를 진영논리로 변질시켜 대선 불복과 재판 불복의 프레임으로 연일 격렬하게 서로를 비난하고 있으며 일부 국민들은 재판부의 사퇴를 촉구하는 청와대의 국민 청원으로 대립이 심각하다. 이제 사법부 신뢰 회복이 필요한 시점이다. 사법부와 법관들 스스로가 가인 김병로 초대 대법원장이 '1954년 10월 전국법원 수석부장판사 회동'에서 "사법관으로서 청렴한 본분을 지킬 수 없다고 생각될 때는 사법부의 위신을 위해서 사법부를 용감하게 떠나야 합니다"라는 훈시를 기억한다면 사법농단의 적폐는 청산될 것이고 사법불신에서 벗어날 수 있다.

한국의 사법부는 자유당, 유신, 그리고 군부 독재에서 조차도 사법파동을 겪으면서 사법부 독립과 만인을 위한 정의를 지키기 위해 법관의 양심에 의해서 판결하려고 하였다. 특히 가인 김병로 초대 대법원장은 자유당 독재시절에도 진정한 법치주의와 법관의 사명을 역설하였다. 사법부와 법관들은 김병로 전 대법원장의 '1954년 법관훈련회동'에서 "법률의 사명이 사람의 도덕적 자유와 권리를 누릴 수 있도록 보장하는데 있다고 하면, 우리가 법률문제를 논의할 때에는 반드시 이러한 도의 및 정의를 염두에 두지 않을 수 없는 것이라고 합니다. 따라서 '법원은 신성한 전당이요, 법관은 정의의 상징이다'라고 하는 것은 법원은 사람의 정당과 부정당, 즉 사람의 선악을 구별하여 선언하는 곳이며, 법관은 이 모든 사람의 선악 시비를 판단하고 결정하고 선언하는 중책을 수행함으로써 사람의 자유와 권리를 보장해 준다는 말인 것인바, 법관은 어디까지나 정의의 상징이라는 자부 밑에 양심을 통해서 양심이 지지하는 대로만 행동하여야 할것입니다"라는 훈시를 뼈 속 깊이 새겨야 할 것이다.

한 국가나 사회에서 시스템을 도입하게 되면 자유와 권리는 충돌하게 되는 상충관계가 발생한다. 어떤 상황에서 개인의 행위가 시장의 메커니즘을 통하지 않고 다른 사람에게 손실을 입히는 외부효과가 발생하면 그 행위는 제약되어야 하고 개인의 행동에 자유를 부여하게 되면 다른 사람이 누릴 수 있는 권리는 침해당하게 된다. 이것은 자유의 제약이며 권리의 침해로 분리될 수 없는 것이며 판단의 문제에 직면한다. 이런 문제를 해결하기 위해 법률과 규정을 만들고 집행하지만 제정과 적용과정에서 누군가는 이익을 얻고 누군가는 피해를 당하게 된다. 이런 상황에서 대기업, 이익 단체, 언론, 사법부 등의 '특수이익 집단'들은 정치적 및 경제적 권력을 이용하여 자신에게 유리한 시스템을 설계하여 적용시키려고 개입하는 것이다.

노벨경제학상 수상자 조지프 스티글리츠는 '불평등의 대가'에서

“법규는 약자를 강자로부터 보호하고 보통 사람들을 특권층으로부터 보호하려는 목적에서 고안된 것이다. 그러나 현재의 사법시스템은 사회의 중하위계층을 희생시켜서 부유층을 위한 엄청난 지대를 창출한다”라고 지적하고 있다. 이런 의미에서 사법부는 법과 원칙에 입각하여 잘못된 국가권력시스템(일제 위안부 피해자 문제 등)과 경제권력(일제 강제징용 피해자 배상 등)으로부터 억울하게 희생당했거나 피해를 당한 사람들을 보호할 수 있도록 사법시스템의 과감한 개혁이 요구된다.

이번 사법농단 사건을 계기로 사법부의 불신을 벗어나기 위해서 법관은 대한민국 헌법 제103조항 ‘헌법과 법률에 의하여 그 양심에 따라 독립하여 심판한다’는 사명으로 만인의 자유과 권리를 보호하는 판결로 한국사회에서 사법부의 독립과 사법적 정의를 세워야 한다.

■ 2019.2.12

■ 탓만 하는 공직자

최근 청와대 고위 공직자의 재개발 상가 구입 투기 의혹, 부처 장관과 헌법재판관의 인사청문회 과정에서 나타난 후보자들의 자질 논란과 재산 불법 의혹, 그리고 일부 후보자들의 자진 사퇴와 지명 철회로 드러난 청와대의 부실한 인사 검증에 대해 여야 정치권은 연일 책임 공방을 벌이고 있다. 정작 공직자나 후보자 자신은 모르는 일이라고 발뺌하면서 상가 구입 계약은 아내 탓, 주식 거래는 남편 탓으로 돌리면서 궁색하게 변명하고 있다.

이런 상황에서도 여권은 검증 과정에서 드러나지 않는 사항이라고 변명하고 상가 구입이나 주식 거래는 투기 아닌 정상적인 투자로 불법이 아니라고 항변하고 있으며 야권은 인사 검증 실패 책임으로 민정과 인사 라인의 퇴진을 강력하게 요구하고 자진 사퇴를 촉구하고 있다.

지난 박근혜 정부 시절에서도 공직자들의 비정상적인 임명과 그들의 불법적인 처신으로 국가와 국민은 엄청난 재앙에 시달렸다. 위정자를 비롯한 공직자들의 직권 남용과 불법 강요로 저지른 국정 농단, 사법 농단, 정경유착, 민간인 사찰, 화이트리스트 사건들은 국정과 사법 시스템을 망가지게 하였고 국민의 기본권마저도 억압하여 민주주의의 근간을 흔들리게 하였다.

동서고금을 막론하고 공직자 등용의 과정과 그들의 처신에 대한 충언과 경고들이 이어졌다. 르네상스시기에 마키아벨리는 조그마한 이탈리아 피렌체 공화국의 중흥을 도모하고자 리비우스의 '로마사'를 토대로 쓴 '정략론 제3권 제25장'에서 국가가 국정을 수행하고 국민의 자유를 보장하려면 공직자의 청빈이 가장 효과적이라고 역설하고 있다. 중국 청조 강건성세(康乾盛世) 시대(강희, 옹정, 건륭 3대에 걸친 130여년의 태평성대) 건륭제는 인재를 등용하면서 덕(德)을 재(才)보다 우선했고 관리들이 품행이 바르지 못한 인물을 추천하는 것을 금지하였다. 그는 "대저 사람들이 도리를 논할 때는 본래 재능과 인품을 두루 갖추는 것이 가장 훌륭하다 하겠지만 이 두 가지를 함께 지니기는 어렵다. 그러나 재능이 인품을 앞선다면 비록 한동안은 그럴듯하게 꾸며댈 수 있겠지만 분명 그 뜻은 진실하지 않을 것이다. 또 그 근본이 견고하지 못하니 장차 예를 무시하고 방탕하게 굴어 부리기 어렵게 될 것이 분명하다. 만일 인품이 재능보다 낫다면 한동안 부족하겠지만 그 속마음이 진정하고 품행이 청렴결백하기 때문에 장차 오랜 경험이 쌓으면 공무를 중히 여기고 법을 지키는데 손색이 없을 것이다 '둥예쥔 편저 건륭 평천하(승자의 조건)'"라고 명하였다.

당시에도 건륭제는 지금과 같은 인사 추천의 기준을 마련하여 유용한 인재를 국가에 추천하도록 하였다. 등용의 기준은 "평소 아는 바가 깊고 확고한 소신을 가진 자와 품행이 단정하고 재능 있는 자를 품급과 자격에 구애받지 말고 현직에 있건 아니건 상관없이 모두 사실에 근거하여 정확히 추천해 밀주(密奏: 임금에게 몰래 아룀)를 올리고 짐이 헤아려 뽑아 쓸 것을 기다리라"하고 인심을 얻거나 인정에 따라 추천하는 일이 발생하면 부실 검증을 엄하게 처벌하였다.

공직자의 도리에 대해서도 중국 전국시대 순자(荀子)는 공직자를 아첨하는 태신(態臣), 국가와 백성을 배신하는 찬신(簒臣), 나라에 충성하고 백성을 돌보는 공신(功臣), 살신성인의 자세로 나라와 백성을 위한 성신(聖臣)으로 구분하고 위정자의 힘과 권력보다는 나라와 백성을 향한 올바른 도리를 충실하게 따라야 한다고 강조하였다. 또한 한나라 유향(劉向)은 역사 고서 <설원(說苑)>에서 나라와 백성에 봉사하는 육정(六正)의 도와 해악을 끼치는 육사(六邪)의 모략을 제시하여 공직자의 처신에 대해 강력하게 경고하고 있다. 우리 시대로 말하면 육정의 공직자는 살신성인의 성신(聖臣), 사심 없는 양신(良臣), 국가와 백성을 위한 충신(忠臣), 국가의 난제를 해결하는 지신(智臣), 근면 절약의 정신(貞臣), 간언의 직신(直申)으로 올바른 도리를 따르는 것이고 육사의 공직자는 복지부동의 구신(具臣), 아첨의 유신(諛臣), 사익의 간신(奸臣), 참소의 참신(讒臣), 배신의 적신(賊臣), 국정농단의 망국지신(亡國之臣)으로 공직자로서 가지 말아야 할 길이다.

지금에 있어서도 공직의 인재 등용과 공직자의 처신에 대한 기준은 시대와 위정자에 따라서 차이가 있지만 국가의 안위를 유지하고 민생을 위하는 길은 다르지 않다는 점을 되새겨야 할 것이다.

■ 2019.4.16

■ 개혁의 위기

지금의 한반도는 힘든 시기이다. 지난 6월 북미의 휴전선 만남을 계기로 성숙된 3차 북미정상회담의 실무협상은 지지부진하고 한일관계는 군사정보보호협정(지소미아)의 종료, 양국의 화이트리스트 제외 등으로 회복 조짐이 보이지 않으며 경제마저도 저성장과 디플레이션의 양상으로 불황 국면의 조짐을 보이고 있다. 또한 미국은 방위비 분담과 작전권 반환, 중국과 러시아는 군용기의 한국 방공식별구역 무단진입, 북한은 미사일 발사로 한국을 압박하고 있다.

이런 와중에 온 나라가 청와대, 여야 정치권, 검찰, 언론, 심지어 국민 관심마저도 모두 법무부 장관 조국의 캐슬에 갇혀버린 형국이다. 그동안 한국사회는 산업화 과정에서 얻은 성장의 열매가 소수 계층에게 지나치게 집중돼 왔으며 공정한 기회의 보편적 가치가 소수의 탐욕에 의해서 망가지고 법과 제도의 시스템이 불공평하게 작동돼 왔다. 국민들의 여론도 공정한 기회의 박탈감과 분노를 반영하고 있다. 이제 우리 사회는 망가져버린 정치, 경제, 사법 시스템의 개혁을 한 사람에 의존하는 것이 아니라 국민의, 국민에 의한, 국민을 위한 개혁으로 완수해야 한다.

한국 사회는 소수의 대기업에 의존한 수출 주도로 경제성장을 달성했지만 대기업 위주의 독과점으로 시장은 왜곡되고 비효율적이고 불안정해 제대로 작동되지 못하고 소득의 불평등을 초래했고 거대한 권력을 행사하고 있다. 이런 기업권력은 시장실패를 낳게 되지만 정치시스템으로 시장실패를 치유하지 못하게 정치권과 관료에 의해 정치시스템을 무력화시키고 민주적 선거를 오염시킨다. 기업권력은 권력

기관과 언론, 이익단체와 결탁해 사법 시스템마저도 공정하지 못하게 작동시키고 있다. 노벨경제학상 수상자 조지프 스티글리츠의 분석처럼 미국을 비롯한 대다수 국가가 정치, 기업, 사법과 언론, 특수이익집단의 권력에 의해서 민주주의와 시장경제, 사법 정의가 위기에 직면하고 있다.

역사적으로 동서고금을 막론하고 백성을 위한 대다수의 개혁은 순탄하지도 않고 휴지조각이 되곤 했다. 조선 선조 27년(1595년) 임진왜란을 치른 유성룡은 속오군(束伍軍)으로 양반들도 병역의 의무를 치루고 천민들은 군역을 치루면 신분을 해방하고 공을 세우면 관리로 등용하는 군사제도, 지역의 책임자가 지역을 방어하는 지역단위 방어체제의 진관제, 특산물이 아닌 쌀로 농지 단위의 세금을 내는 작미법(作米法)을 도입하는 개혁을 했지만 1598년 실각 후에 모두 폐지되었다. 이런 개혁의 실패는 1636년 병자호란으로 백성들을 처절한 죽음과 고통에 시달리게 했다.

중국 진(秦)나라 효공(孝公)은 부국강병을 위한 개혁을 단행하려고 했으나 여론과 비난에 직면해 위나라 출신 상앙을 등용했다. 상앙은 ~행위든 사상이든 세상의 상례를 벗어나면 무조건 비난의 대상이 되기 쉽습니다. ~강국을 목표로 하신다면 선례를 따르지 마시고 과감하게 결단하고 실행하셔야 합니다. 백성에게 이익이 되는 것이라면 과거의 관습을 좇을 필요가 없습니다. ~정치의 방법은 고정된 것이 아닙니다(사마천의 사기)"라고 백성을 위한 개혁의 필요성을 역설했다. 진나라는 군현제, 연좌제, 생산 장려, 도량형 통일, 공족과 상민의 상벌제, 일정한 세금 징수 등 당시의 획기적인 개혁으로 강국이 되었다. 그러나 정작 상앙은 효공이 죽은 후 모반의 의혹으로 일족까지도 비참한 최후를 맞이했다. 개혁의 대가가 너무나 혹독했다.

또한 중국 북송(北宋)의 신종(1067년)은 왕안석을 등용해 대지주와 대상인의 수탈로부터 중소농민과 상인들을 보호하고 부국강병의 과감한 개혁을 위한 신법(新法)을 공포했다. 단경기에 백성들에게 낮은 이자(2할 이하)로 돈을 빌려 주는 청묘법(靑苗法), 농지 측량으로 대지주 탈세를 방지하고 불균등 조세제도를 고치기 위한 방전균수법(方田均輸法), 지역 물품의 구입과 판매를 통해 정부수입을 증대하는 시역법(市易法)을 실시하고 보갑법(保甲法), 보마법(保馬法) 등의 군사제도를 실시했다. 그러나 1076년 실각 한 후 개혁 정치를 반대하는 구법당의 관료에 의해 모두 폐지되고 말았다. 이런 개혁의 폐지로 송나라는 황제를 비롯한 수많은 백성들이 금나라에 포로로 잡혀가는 수모와 역사상 씻을 수 없는 오욕을 지닌 채 멸망하고 남송 시대로 이어졌다.

한국 사회는 과도한 불평등과 불공정으로 5·18 민주화운동의 부정, 민간인 사찰, 과도한 수사와 피의사실공표 등으로 인한 민주주의의 파괴와 인권의 유린, 국정 농단과 사법 농단 등으로 인한 정의와 양심의 가치 훼손, 일제 잔재 청산의 실패로 국가 정체성의 위기, 채용과 입시 비리 등으로 인한 공정성의 훼손 등 비싼 대가를 치루고 있으며 더욱 악화될 수도 있다. 이제 우리 사회는 진정한 정치 개혁, 경제 개혁, 사법 개혁을 통해 권력의 분산과 견제의 민주주의와 자유와 양심의 권리, 효율적이고 공정한 기회의 시장경제, 공권력의 분산과 공평한 판결의 사법 정의를 회복해야 한다.

■ 2019.9.10

■ 정파(政派)의 딜레마

한 걸음도 내딛지 못한 정국이다. 한반도 완전한 비핵화와 평화 정착을 위한 북미 및 남북대화 단절, 한일 경제전쟁 등 풀어야 할 과제가 산적해 있다. 여전히 한반도는 불확실성이 덮고 있는 상황이다. 이런 힘든 상황에서도 한국 정치는 국민과 국익보다 우선하는 정파의 이익에 몰두하고 있다. 정파적 대립은 패스트 트랙(신속처리안건) 지정부터 시작해서 법무부 장관 후보자 지명과 임명, 사퇴, 그리고 검찰 수사, 국회 회기 동안에도 지속되고 있다. 그동안 국회는 고작 새해 예산안과 민식이 법 등 일부 무쟁점 법안을 통과시킨 것이 전부이다. 국회는 타협과 협상은 없고 비방과 조건만 있다.

이런 정파적 대결은 침묵하는 중도 성향의 무당파 유권자들과 중산층, 그리고 소외계층의 호소는 외면하고 지지층만을 결집하려는 딜레마에 봉착한다. 여권은 일부 야권과 4+1 협의체를 통해서 우여곡절 속에 석패율을 제외한 선거법 개정, 공수처법, 검경수사권 조정 법안을 합의하고 패스트 트랙 개혁 법안과 민생 법안, 예산 부수법안을 일괄 상정하여 통과시키려고 본회의를 개의했다. 제1야당은 광장 정치, 단식, 삭발, 전국 규탄 대회로 맹비난하고 본회의에서 모든 법안에 대해 필리버스터로 통과를 결사 저지하고 있다. 그래도 국회는 마지막까지 여야가 관련 법안들의 합의를 도출하는 것이 최선일 것이다.

역사적으로 미국도 독립 초기에 존 애덤스의 연방주의와 토마스 제퍼슨의 반연방주의(민주-공화당)의 대립, 제7대 앤드루 잭슨 대통령 이후 민주당과 휘그당(반 잭슨 연합), 민주당과 공화당(휘그당에서 분열)으로 정파의 극단적 대립도 있어 왔다. 그러나 최근 이런 현상이

가중되고 있다. 도널드 트럼프 미국 대통령이 권력 남용과 의회 방해건으로 민주당이 다수인 하원에서 탄핵소추안이 통과되었다. 다수당인 공화당은 상원에서 탄핵소추안 부결을 공공연하게 언급하고 있다. 미국 역사상 3번째로 앤드루 잭슨 대통령(1829년부터 1837년까지 재임)은 반대파에게 키친 캐비닛(부엌 내각) 정치라고 매도당하고 의회와의 대립으로, 제42대 빌 클린턴 대통령(1993년부터 2001년까지 재임)은 부적절한 스캔들에 대한 거짓말 요구로 위증과 사법 방해로 하원에서 탄핵소추안이 통과되었다.

일반적으로 주요 국가의 선거제도는 양당제 중심의 다수결 제도와 다당제 중심의 합의제적 제도로 구별된다. 대통령중심제의 미국과 한국은 의원선거에서 득표를 통해서 다수 의석을 차지한 정당이 의회를 장악하는 다수결 선거제를 채택하고 있으며 의회와 정부가 분리되어 있어 야권 정당이 의회선거에서 승리해도 정부를 통치할 수 없다. 미국은 상하원제로 의회 권력을 분점하고 있지만 한국은 지역구와 비례대표제를 병행하는 단원제로 의회 권력을 독점하고 있다. 미국과 한국의 의회는 합법적 의사 진행 방해 행위인 필리버스터(filibuster)를 통해 다수가 동의하는 입법을 지연시키거나 저지할 수 있고 행정부와 관련기관 직책의 임명을 가로 막으며 특수 이익집단의 입법이나 지역구의 예산 증액에도 큰 영향을 미치고 있다. 반면에 유럽의 일부 의회는 합의제적 선거제도로 지역구와 석패율제나 연동형 비례대표제를 혼합하여 각 계층들의 의사를 반영하는 정당들이 의회에 진출하고 연합하여 통치하고 있다. 일본의 중의원 선거에만 적용되는 석패율제나 연동형 비례대표제는 독일, 뉴질랜드, 헝가리 등 의원내각제 국가에서 채택하고 있다.

이런 제도의 도입에 대해 미국의 저명한 경제학자 제프리 삭스는

'문명의 대가(The Price of Civilization)'에서 미국은 방대한 국토와 인구, 그리고 인종, 민족, 문화, 종교의 다양성으로 합의제적 사회가 어렵고 유럽 국가는 미국에 비해서 동질적이고 지리적 범위가 작아 합의제를 채택한다는 점을 지적하고 있다. 이것은 선거제 채택이 국가의 특성을 반영한다는 점이다. 지금과 같은 대통령중심제에서 선거법 개정은 정파의 이해득실에 의한 협상의 산물이 될 수밖에 없다. 이런 정파의 대립이 대의민주주의의 작동을 멈추게 하고 국민들을 거리로 내몰고 있다.

현재의 정치 시스템에서도 정치 신인들이 입후보를 통해서 정치적 과정에 쉽게 참여하거나 유권자들의 투표율을 높이는 정치 개혁의 방안은 가능하다. 이런 정치 개혁 방안으로 선거의 승패가 단순히 후보자의 조직력과 자금력에 의해 좌우되지 않도록 편향되지 않는 공정한 언론 보도와 공약의 객관적인 검토, 가짜 뉴스와 선거사범의 엄격한 처벌, 선거 연령의 조정, 투표 장소와 시간의 편의성을 제고함으로써 정치 신인들의 진입장벽을 낮추고 유권자의 투표 참여를 올릴 수 있는 것이다. 그리고 정파의 이해관계에 의한 선거구 획정의 게리맨더링이나 국회의 원활한 법안처리를 위해서 필리버스터가 시행되는 법안을 제한하는 것이다. 이제 우리 사회는 이번 20대 국회를 돌아보면서 국민과 국익을 위해 자치분권과 권력구조, 그리고 의원 소환제를 포함하는 헌법 개정이 시급하다.

■ 2020.1.6

■ 보수와 진보 이야기

총선이 얼마 남지 않았다. 우여곡절 끝에 공직선거법 개정으로 비례대표 의석 중 30석에 연동형 비례대표제(연동률 50%)가 헌정 사상 최초로 도입되었다. 가보지 않는 길이라 반대쪽은 위성 정당을 창당해 연동형에 맞서고 있다. 이번 총선에서 보수는 혁신과 통합의 기치로 정권 심판을 여권은 세대교체를 위한 인재영입과 서민 공약으로 야당 심판을 또 한축은 제3의 길을 말하면서도 지역의 바람을 들먹이고 있다.

이런 정국에서 유권자들은 여야의 기존 정당들을 선호하기보다는 기존 정당에 실망하거나 무관심하여 무당파의 비율이 늘어나고 있다. 이것은 일부 유권자들이 보수나 진보의 가치를 가지고 있지 않는 것이 아니라 위선의 보수주의자나 진보주의자들의 행동과 운동에 심한 염증을 느끼고 있다는 것이다. 어떤 유권자들도 자신들의 삶에 영향을 끼치는 정치나 정책들에 관심을 갖지 않을 수 없으며 지역, 세대, 계층을 아우를 수 있는 참된 보수나 진정한 진보를 표방한다면 정당을 선택하여 투표하게 된다.

이제 보수와 진보의 철학과 행동에 관해 이야기하고자 한다. 먼저 근대 보수주의는 당시 유럽 전역에 퍼진 프랑스 혁명의 소용돌이에서 헤쳐 나오려는 영국의 에드먼드 버크(Edmund Burke)로부터 시작되었다. 그 후 진정한 현대의 보수주의 철학과 운동은 러셀 커크(Russell Kirk)의 '보수의 정신(The Conservative Mind)'(1953)으로 이어졌고 4년 후 'Concise Guide to Conservatism' (지적인 사람들을 위한 보수주의 안내서: 한국어판)에서 철학적으로 정리되었다. 러셀 커크는 단적으로 '보수주의는 이념의 부정'이라고 정의하고 미국에서 보수적 이념을 지탱하는 10가지의 주요 원칙으로 인간과 국가(도덕), 다양성과 평등, 정의, 재산과 자유, 권력, 시간(과거), 근대 사회의 공동체, 미국 보수주의자의 공정한 정부, 정치 제도(공화국), 변화와 개혁에서 참된 보수주의의 태도를 제시하고 있다. 또한 그는 "보수주의의 원칙들이 우리 사회 구성원 모두의 희망을 지켜주고 보수주의가 평등한 정의, 개인적 자유, 인류의 사랑스러운 과거 모습들을 갈망하는 중요한 사회적 개념"이라고 역설했다.

그러나 보수의 철학을 행동으로 실천하는 보수주의자들은 대다수의 국민들에 의해 장기간 동안에 형성되고 통용된 사회적 계약이나 합의를 지속하고 발전시키기보다 공공정책, 사회보장제도, 고용시장, 사법제도 등에서 민영화하거나 인권과 복지를 축소시키려고 한다. 우리 사회가 참된 보수주의 운동이 특정한 현안, 지역, 인물에 대한 구호보다 보수의 철학을 실천하는 정책에 충실하면 유권자들에게 기존 정당의 영역을 넘는 폭넓은 선택의 여지를 줄 수 있을 것이다.

다음으로 진보의 철학과 행동, 그리고 실천에 대해서 노벨경제학상 수상자 폴 크루그먼은 「미래를 말하다(The Conscience of a Liberal」(2007)의 '진보주의자의 양심'의 장에서 '진보주의'는 철학이고 '진보주의운동'은 행동을 의미하는 것으로 상대적으로 평등한 사회가 존재할 수 있어 "진보주의자들은 불평등과 불공정을 막는 제도를 믿는 사람들이고 진보주의 운동가들은 직간접적으로 이런 제도를 보호하거나 확대하려는 정치적 집단(당파성)에 참여하여 실천하는 사람들이다"라고 정의하고 있다. 폴 크루그먼은 미국의 보수주의자들이 "미국을 극심한 경제적 불평등 시대인 도금시대(1870년대부터 뉴딜정책이 등장한 1930년대까지)로 후퇴시키려고 한다"고 비난하고 "진보주의는 극심한 빈부격차를 제한하는 제도적 장치가 필요하고 민주주의와 시민의 자유, 그리고 법치를 추구하고 복지를 실현한다"라고 역설하고 있다.

이런 점에서 한국 사회의 진보주의는 남북한 대립의 딜레마로 주변국과의 외교적 마찰과 이념적 갈등이 존재하겠지만 사회보장과 의료, 사회안전망, 이민자 수용, 토지와 주택문제 등 공공정책에서 불공정과 불평등을 해소하는 중산층 사회를 실현하는 행동을 보여주어야 한다.

이번 총선에서 모든 정당들은 모든 유권자들에게 맹목적이고 대결적인 이념과 지역, 그리고 특정 현안을 강요하기보다는 모든 국민들이 행복한 삶을 살 수 있도록 보수나 진보의 가치를 실천하고자 하는 정책의 영역을 명확하게 보여줌으로써 공정한 경쟁을 통한 유권자의 선택을 기다려야 한다.

■ 2020.1.28

■ 정직함과 부정직함의 경제학

최근 일본군 강제동원 위안부 피해자 이용수 할머니(인권운동가)는 차마 말하기도 힘든 자신의 삶의 상처를 진솔하게 들려주면서 위안부 피해자들의 명예회복과 일본의 사죄와 배상, 진상 공개를 요구하였다. 그리고 당시 한국정신대문제대책협의회(이하 정대협)과 정의기억연대(이하 정의연) 및 전 대표인 윤미향 국회의원 당선인을 둘러싼 모금과 후원금, 지원금 부정사용의 의혹과 논란, 그리고 30년이나 함께 해온 할머니들을 모금활동에 이용하여 사리사욕을 채운 배신행위를 지적하면서 한일 젊은 세대의 교육을 통한 운동의 방향성도 제시하였다.

일부 정치권과 언론, 누리꾼들은 할머니의 회견을 음모설과 배후설, 건강 문제, 지역비하, 그리고 윤미향 당선인과 공천 갈등의 사적 관계로 궁색하게 변명하고 폄하하고 있다. 또한 이 틈을 타서 친일 극우세력은 토론회와 맞불 집회로 소녀상 철거와 일본의 위안부 사실 자체를 부정하는 역사를 왜곡하는 망언으로 가증스러운 작태를 벌이고 있다. 심지어 윤미향 당선인도 지난 29일 해명 기자회견에서 각종 의혹과 논란에 대해서 시종일관 사실이 아니라고 부인하고 공천 관련 갈등도 92세 할머니는 정확하게 기억하고 있지만 정작 본인은 기억나지 않는다고 얼버무렸다. 이런 행동들이 할머니의 1441차에 걸친 수요 집회와 30년 활동의 본질을 흐리게 하는 참으로 뻔뻔하고 치졸한 변명에 불과하다.

왜 할머니는 처절한 심정으로 그들의 행동을 가짜 눈물이라고 했을까? 정의연과 관련 당사자들은 회계 상의 단순한 오류와 누락일 뿐이고 그간의 단체 활동을 폄하하지 말고 가치를 인정해야 한다고 항변

한다. 그들은 개인적 이익을 추구한 적도 없는 사회 정의와 대의를 위한 선량한 시민단체이고 정직한 운동가들이라고 주장하고 있다. 그러나 할머니는 "활동을 폄훼하거나 소모적 논쟁보다는 진실한 활동을 왜곡시키고 속임수와 부정행위를 저지른 죄의 대가로 벌은 받아야하고 활동의 오류를 시정해야 한다"고 정확하게 지적하고 있다. 지금 벌어지고 있는 위안부 피해자들의 지원을 둘러싼 단체들의 각종 모금과 기부, 그리고 운영 실태를 보면서 그들의 행동이 명백하게 모순되는 인간의 정직함과 부정직함을 보여준다.

이런 모순된 인간 행동에 대해 행동경제학의 대가로 알려진 댄 애리얼리(Dan Ariely)는 '거짓말하는 착한 사람들'(댄 애리얼리 저서 'The Honest Truth about Dishonesty'의 번역본 제목)에서 2011년 미국 '케네디예술센터'의 선물 매장에서 예술을 사랑해 자원봉사로 일하는 대부분 은퇴노인으로 다수가 현금과 물품을 절도하는 충격적인 사례를 인용하면서 '왜 범죄는 저지르면서 자신은 정직하다'라는 상반된 행동을 규명하려고 하였다.

그는 "사람들은 두 종류의 동기부여로 행동을 하게 된다. 하나는 자아동기부여(ego motivation)로 사람들은 다른 사람들이 자신을 정직하고 존경받아 마땅한 인물로 봐주는 것이고, 또 하나는 재정적 동기부여(financial motivation)로 다른 사람들을 속여서 이득을 얻고자 하며 그것이 가능한 한 크길 원한다"는 것이다. 이 두 동기부여는 "상반된 동기부여로 어떻게 남을 속이는 동시에 스스로를 정직한 삶으로 보이도록 하는 것인지 놀라운 인간의 인지적 유연성(cognitive flexibility)이 발휘되어 적어도 부정행위를 저지르면서 이득을 얻는 동시에 스스로를 괜찮은 사람으로 볼 수 있게 하는 균형 잡힌 상태가 '퍼지요인(fudge factor)'이라는 이론적 토대이다."

지금 의혹과 논란이 불거지고 있는 단체와 관련 당사자들은 자신과 단체의 도덕적인 이미지와 대의적인 목표를 우선하여 관련 피해자들의 직간접 지원보다는 방만한 단체 운영과 확대로 단체와 관련 담당자들의 이익을 극대화하고 범죄가 되지 않는 한도 내에서는 어느 정도의 실수와 부정행위를 정당화하려고 한다. 이것은 댄 애리얼리가 "스스로를 정직한 사람이나 단체로 보이고 싶은 욕망과 속임수와 부정행위로 이득을 얻고 싶은 욕망 사이의 미묘한 균형을 이루게 하는 퍼지요인 이론의 내적 작동방식으로 인간의 행동이 경제적 동기보다는 도덕성에 의존한다."는 것을 의미한다.

우리는 사회적 정의와 인권 회복, 사회적 책임을 위해 도덕적이고 투명한 대의명분으로 행동한 시민단체와 관련 당사자들, 심지어 고위관료와 정치인, 대기업 오너들이 시간이 지남에 따라 속임수와 부정행위의 의혹과 논란, 사리사욕의 욕망과 이익충돌로 공익의 역할을 하지 못한 안타까운 사례를 보게 된다. 이번 기회를 통해 먼저 국민에게 과거의 부도덕하고 정직하지 못한 행동을 인정하고 사과와 용서를 구하며 죄를 지었으면 반드시 벌을 받아야 한다.

■ 2020.6.3

■ 독주와 타협의 정치

제20대 대선이 10개월도 채 남지 않았다. 여야 대선후보들의 세 과시 발걸음도 빨라지고 있다. 여권은 4·7 재보선 참패로 새 지도부를 구성하였고 범야권은 자중지란의 형세이다. 정부도 국정의 성공적인 마무리를 위해 국무총리와 5개 부처 장관의 개각을 단행하여 인사청문회를 거쳤다. 그러나 야권은 도덕적이고 윤리적인 면에서 국민들의 눈높이에 닿지 않는 후보자들의 지명철회와 자진사퇴를 압박했다. 여권은 해수부 장관 후보자의 자진사퇴를 명목으로 단독으로 총리 임명동의안을 가결시켰고 2개 부처 장관의 인사청문경과보고서도 채택했다. 이제 대통령은 31명의 장관급 후보자를 야당의 동의 없이 임명했다. 야권은 강력하게 반발하고 여권은 정권 교체라는 민심과 맞물려 상당한 부담감을 안고 있다. 국민은 공직 후보자들이 공사(公私)의 구별을 못하는 몇 후보자들의 낙마를 넘어서 공공의 직책 수행을 우선적으로 바라는 마음일 것이다.

심지어 왕조시대 군주조차도 공적 의리와 사적 의리를 구별해 민심을 이반시켜 나라를 혼란하게 하는 붕당과 패거리를 경계했다. 특히 사상가 한비자는 오두(五蠹) 편에서 민심을 이반시켜 나라를 좀 먹는 다섯 부류를 구체적으로 적시했다. 오두는 나라를 좀 먹는 다섯 부류의 해충이라는 뜻이다. 그는 다섯 부류로서 "학자(學者)들은 인의를 빙자하여 현란한 지식으로 위정자의 마음을 헷갈리게 하고, 언담자(言談者)는 논객으로 외세를 빙자하여 거짓을 앞세워 사적 이익을 취하고 국가의 이익을 버리며, 대검자(帶劍者)는 협객으로 의리를 내세워 도당을 만들어 국정에 간여한다. 근어자(近御者)는 위정자의 측근으로 자신의 편을 등용하고 전문가를 멀리하고, 상공지민(商工之民)은 썩은 기업인들로 품질과 서비스에는 관심이 없고 탈세로 불법으로 이속만을 취한다"라고 하면서 나라의 좀 벌레라고 혹독하게 질책하였다. 한비자는 오두를 방치하면 나라가 망하거나 조정의 주인이 바꾸게 된다고 경고했다.

정치는 개혁의 일방적 독주를 하면서도 때로는 공존을 위한 타협을 가능하게 한다. 대통령제에서 패배한 정당은 국정에 참여하지 못하므로 타협이 더욱 필수적이다. 정치에서 일방적인 독주는 '국민의 마음'에 의해서 제어된다. 국민은 정치에서 다수결 원칙이 적용되지만 일방적인 독주가 작동하게 되면 '민심의 이반(離反)'이 발동하여 궁극적으로 정권 교체의 신호를 보내기 시작한다. 이것은 국민이 대통령 국정수행 지지도로 '국민의 마음'을 보여주고 정당 지지도와 대선후보 적합도로 '민심의 이반'을 표출하는 것이다.

이상적인 정치는 국민의 마음을 다스리는 것이 최선이지만 일방적 독주에서는 타협과 협조의 정치가 작동해야 최악에서 벗어나 백성의 마음을 움직이게 하는 차선의 정치를 추구할 수 있다. 민주주의 사회는 정치를 비롯하여 전 영역에서 다수결 원리가 적용되지만 타협을 통해서 소수의 의견을 반영한다. 타협이란 정치에서는 협조와 조정으로, 외교에서는 협상으로, 기업에서는 동반성장으로, 노사와 지역, 그리고 계층에서는 상생으로 서로 양보함으로써 국민의 마음을 되돌리는 묘책이다.

사마천도 사기(史記)에서 "백성의 마음은 물과 같다. 막으면 넘쳐흐르고 내버려두면 흘러간다"라고 했다. 중국 춘추시대 초나라 재상으로 등용된 손숙오((孫叔敖)의 정치를 통해서 물과 같은 국민의 마음은 강제로 얻을 수 없다는 것을 보여 주었다. 일찍이 공자는 백성의 마음을 얻기 위해 "법률 만능에 의한 정치를 행하면 백성은 법의 허점만을 이용하려는 수치를 모르는 사람이 될 것이다"라고 우려하고 법령의 한계를 지적했다. 우리는 정부의 부동산 정책의 실패를 통해서 법의 제정이 정치의 하나의 수단일 뿐이지 시장을 도외시하여 국민의 마음을 얻을 수 있는 근본적인 해결책이 아니라는 것을 알 수 있다.

정치적 의사결정이 국가의 모든 사안을 해결할 수는 없지만 국민의 마음을 우선적으로 살필 수 있는 것은 정치적 결단에 달려 있다. 이제 국민은 모든 영역에서 일방적 독주보다는 타협으로 나라를 나라답게 건강하게 만들기를 기대한다.

■ 2021.5.19

■ 대선과 유권자의 시간

한국사회는 부동산 정책실패와 지속적인 소득 양극화, 그리고 코로나19의 K-방역과 백신 접종에도 불구하고 코로나19 팬데믹으로 고용, 학력, 업종, 성별 등에서 극심한 격차로 불평등이 심화되고 있다. 또한 부품·소재 등 산업 경쟁력 약화, 한반도 불안정, 백신의 생산능력 부재에 직면하고 있다. 이런 상황에서 대선이 7개월도 채 남지 않았다. 여야 정치권은 물론 제3지대에서도 상당수의 후보들이 대선을 향해 뛰고 있다. 대선 후보나 경선 후보들은 한국의 진로가 잘못된 방향으로 가고 있으면 바꾸어야 할 것이고 헤매고 있다면 빠져나올 수 있는 대국면의 전환을 화두로 임해야 할 것이다. 이런 방향 전환이 없으면 정치적, 경제적 상황이 더욱 악화될 여지가 있는 것이다.

그러나 후보들은 유권자에게 개혁의 어젠다를 제시하기보다는 각 캠프 진영에서 다투어 막말, 의혹 제기, 네거티브 등을 쏟아내고 있다. 말 그대로 상대방을 시샘하고 부족함을 부각하면서 자신만이 대통령의 자격이 있다고 홍보하는 '질투의 정치'를 보여주고 있다. 대선 후보나 경선후보들은 크리스토퍼 콜럼버스가 "모방하는 일은 누구나 할 수 있지만 다른 사람이 하기 전에 먼저 개혁하는 일은 아무나 할 수 없다"는 말을 되새겨봐야 할 것이다.

이번 대선은 역대 대선과는 다르게 괴이한 상황이 연출됐다. 이것은 현 정부의 요직에 기용된 고위공직자들이 현 정권의 핍박으로 검찰권과 감사권이 무너져 정책의 실패로 인한 국민들의 고달프고 불행한 삶을 회복시켜 올바른 국가를 세우겠다는 출마의 변을 던진 것이다. 그러나 그들은 국익과 국민을 위한 평소의 고민보다는 삶의 현장을 누비면서 내뱉은 주 102시간 노동과 대구 민란, 부정식품 논란, 후쿠시마 원전 논란, 그리고 국민의 삶과 정부역할 등의 언행과 실언이 앞서 국민의 행복과 국제사회의 흐름과는 동떨어진 현 정권에 대한 울분만을 토하는 모양새로 유권자들은 인식하고 있다. 지금은 대다수 국민들의 삶 그 자체가 생존이다. 그들은 현 정부의 실정과 무능을 비판하면서 국민의 후보 지지율을 토대로 새정치의 기치도 세워보지도 못하고 그동안 야당이 지켜 온 지지층에 무임승차했다.

정치는 국토의 수호와 국민의 생명과 안전 보장, 경제적 풍요, 그리고 복지와 의료 기회 제공의 사회 안정 등의 구체적인 과제로 국민의 삶과 직결된다. 이것이 정부의 역할이다. 이런 점에서 대다수의 유권자들은 경선 후보들이 내건 국민적 호소가 너무 추상적이고 감성적인 점이 마음에 들지 않는다. 또한 후보들이 감성적인 셀프 디스하는 전략으로 자신의 잘못이나 약점을 희화시키거나 물 타기로 검증을 피하려는 행위는 유권자들을 자신의 팬 정도로 여기는 것이다. 차라리 후보들이 리더십을 갖춘 인간적인 매력으로 다가왔으면 한다.

지금이라도 여야 대선 경선 후보들은 한국사회가 당면하고 있는 제반 문제의 정치개혁과 경제개혁을 통한 격차가 줄어드는 공동체 사회의 방향을 제시해야 한다. 정치개혁은 권력과 감시로부터 모든 국민들이 자유롭게 말하고 표현하고 행동할 수 있는 자유가 보장되는 민주주의를 원활하게 작동시키는 것이다. 우선 대통령제에서 미국의 러닝메이트와는 다르게 대통령의 권력을 분산시킬 수 있도록 대통령과 부통령을 직선제로 각각 선출하는 제도이다. 우리는 이미 경험했던 1952년, 1956년 정·부통령선거에서 직선제로 함태영(무소속), 장면(민주당) 부통령을 선출했다. 제1공화국 당시 국민들은 서로 다른 정당의 대통령과 부통령을 각각 선출해 적절하게 견제하고 부재시 권력의 계승에서도 정당성을 부여받을 수 있는 장치를 마련했다. 그리고 지금도 지사직 사퇴, 임명직 공직자의 선거 출마 제한 등의 공방으로 허송세월을 보내고 있는 공직자의 선거 출마 사퇴 시한에 대한 논의가 필요하다. 모든 선출직과 임명직 공직자들의 선거 출마 자유와 공직자 권한을 제한하는 상충적 관계를 고려해 공정한 경쟁을 보장하는 것이다. 또한 상당수 유권자들이 투표에 참여하지 않으면 직접민주주의 실현은 어렵게 되고 당선자의 낮은 득표율은 정권의 정당성에 부담으로 작용하게 된다. 이런 점에서 일부 선진국에서 실시하고 있는 과반수 획득의 결선투표 도입을 고려할 시점이다.

특히 소득의 양극화는 대부분의 소득이 하위계층에서 최상위계층으로 이전하는 지대에서 창출되고 최상위계층에게 유리한 제도에서 얻어진다. 이런 부동산 지대는 실거래 가격과 공시가격의 이중가격을 지닌 부동산 시장을 심각하게 왜곡시켜 경제의 효율성을 저하시키고 소득분배도 악화시켜 사회를 분열시킨다. 경제개혁은 포스트 코로나 시대를 대비해 경제성장의 동력을 확보하고 국민들의 기초소비와 복지를 아우르는 보편적 삶을 보장하는 소득시스템 도입을 고민하고 시장왜곡과 일탈의 경제·금융 시스템과 부동산시장을 개혁하고 최고 경영자의 기업자산 횡령과 정경유착의 폐단을 막는 것이다. 이것은 노벨경제학상 수상자 조지프 스티글리츠(Stiglitz)가 '불평등의 대가(The Price of Inequality)'에서 "시장이 시장답게, 경쟁을 강화하고 착취를 줄이는 방향으로 움직이면서 시장의 과도한 방종을 완화시킨다"는 것을 의미한다.

이제부터는 유권자의 시간이다. 이것은 정권재창출도 정권교체도 가능하다는 것이다. 스티글리츠의 주장처럼 정치와 경제개혁을 통해서 대다수 서민들에게 충분하고 공정한 기회를 제공하는 '효율성과 공정성, 기회의 공동체 사회'로 이끌 수 있는 대선 후보를 현명하게 선택하는 것이 유권자의 의무이며 승리이다. ■ 2021.8.18

■ 지도자의 길

지금 대한민국은 정치의 시간이다. 집권당은 대선 경선 후보들이 이미 본선 경선에 돌입하여 과반수 획득으로 당의 대선후보를 10월 10일 결정한다. 제1야당은 대선 경선후보들이 경선 버스에 탑승하여 1-2차 컷오프를 통해 4명으로 좁혀 최종 대선후보를 11월 5일 선출하는 스케줄이다. 군소정당과 무소속, 그리고 소위 제3지대 대선 후보들도 결연하게 집권의지를 속속 보여주고 있다. 이런 정치적 결단이 국민과 국가를 위한 후보들의 마음일 것이다. 모든 후보들은 코로나19의 위기에서도 국가와 국민이 버틸 수 있도록 국력을 배양시키고 경제를 부흥시키는 과감하고 강한 리더십을 보여줄 시기이다.

정치가 언어의 매력을 담고는 있지만 여야 가릴 것 없이 막말과 네거티브, 흑색선전, 각종 의혹제기를 넘어서 고소·고발로 이어져 가관이다. 경선이 시작되기도 전에 야권의 소위 '임차인' 경선 예비후보는 부친의 농지 투기 의혹으로 대선 경선 후보직과 의원직 사퇴서를 제출하고 재빨리 의원회관 방을 빼고 정기국회 본회의도 불참하는 행태를 보였다. 결국 국회 본회의에서 사직안이 가결되었다. 그리고 야권의 유력 경선후보도 가족비리 의혹에 덧붙여 검찰 고발 사주 의혹으로 피의자로 입건되는 형상이다. 한편 여권의 유력 경선후보는 당의 가치와 민주주의 가치를 지키기 위해 의원직 사퇴로 배수진을 치고 의원회관 방을 정리하는 모양새이다. 과거 독재시대에는 의원직에서 제명당하는 것이 독재 저항과 민주회복의 길이었는데 이제는 반대로 본인이 정치적 및 도덕적 위기를 벗어나기 위해 스스로 의원직을 사퇴하는 것이 정치인의 진정한 품격을 보여주는 행동이 되어버린 것 같다.

그러나 대의민주주의에서는 유권자들이 투표시장에서 유권자들의 대표인 대리인을 선출직 정치인으로 선출하게 된다. 특히 유권자들은 국회의원 소환제가 없는 불리한 상황에서 직접적으로 지역구 의정보고회에 참석하거나 시민단체의 모니터링을 통해서 의정활동을 감시할 수밖에 없다. 현실적으로 선출직 정치인들이 대선이나 지방선거에서 법률에 정해진 사퇴 기한에 앞서서 선출직을 사퇴하는 일들이 종종 발생하고 있다. 이런 행태는 유권자들의 의사를 무시할 수 있는 선출직 사퇴로 대의민주주의의 원칙을 크게 훼손시킬 수도 있다.

어느 시대나 국가에서도 정치 지도자들은 국가가 위태롭거나 경제가 위기에 처한 상황에서 자신을 희생하고 백성을 지키는 역할을 하여왔다. 난세의 춘추전국시대 맹자는 '진심장구(盡心章句) 하'편에서 "맹자왈(孟子曰) 제후지보삼(諸侯之寶三)이니 토지(土地)와 인민(人民)과 정사(政事)니"라고 말하고 있다. 이것은 백성의 삶이 피폐하고 국가 존망의 위기에서도 지도자들이 소중하게 지켜야 할 것이 영토, 백성, 그리고 올바른 정치이다. 또한 마키아벨리는 정치 지도자들이 "개인의 이익보다도 공동체의 이익을 우선"(정략론)했고, "로마 시민이 어떤 공직에 앉거나 어떤 영광을 누리거나 가난이 불편한 적은 전혀 없었다"(피렌체사)는 청렴으로 로마가 융성한 것이라고 지적하였다.

구체적으로 '로마인 이야기'로 알려져 있는 작가 시오노 나나미는 문예춘추(文藝春秋)의 기고문(2007년 6월)에서 "국가가 존망의 위기에 처한 포에니 전쟁에서 카르타고의 한니발 군대와 전쟁하는 동안 로마의 지도층이 몸소 최전방에서 나아가 싸워서 한니발에게 로마 집정관(최고 통치자) 10명이 죽음을 당했지만 병역 의무가 없는 17세 미만이나 노예, 하층민을 일절 징용하지 않았고 지도층이 스스로 나라를 지킨다는 소임을 다했던 것이다"라고 지적하였다. 이것은 로마지도자들의 희생에 의한 올바른 정치로 영토의 보전과 백성의 생명을 지킬 수 있었다는 것을 여실하게 보여준 것이다. 또한 당시에 로마의 황제는 물론 지도층들은 15만 킬로미터 정도에 달하는 도로 건설과 보수 유지의 공공사업에 참여함으로써 이익의 공동체 사회 환원을 몸소 실천하게 된 것이다.

이제 모든 후보들은 자격과 검증의 시간이 다가오면 올수록 마키아벨리의 지적처럼 "유권자(민중)은 추상적인 상황에 대해서는 잘못 판단할 수 있지만 구체적인 형태로 제시되면 올바른 판단을 내리는 능력을 갖고 있다(정략론)"는 사실을 명심해야 할 것이다.

▪ 2021.9.15

■ 탐욕의 지대추구

이번 대선 정국만큼 각종 의혹과 해괴한 말과 장면들이 난무한 적이 없다. 민주국가의 선거에서 황당하게도 왕조시대조차도 금기시 되었던 손바닥의 왕(王)자 논란, 역술, 무속, 도사 등 상상할 수도 없는 미신적 요소가 등장하고 있다. 1948년 정부수립 이후 19대에 이르는 대통령 선거와 21대에 이르는 국회의원 선거에서도 이처럼 비이성적이며 비과학적인 광경은 거의 없었다. 민주주의 선거의 품격과는 거리가 멀고 국민들에게 감동도 전혀 주지 못한다.

공교롭게도 대선 후보들과 관련하여 고발사주 의혹과 대장동 개발 의혹이 쟁점화되고 있다. 민주주의 국가에서 국민들은 정치적 의사결정과정 시스템과 시장경제 시스템이 정상적으로 작동하지 못하면 정치가와 정부를 불신하게 되고 정치적 행위인 투표에서도 맹목적이거나 무관심하게 되는 경향을 표출한다. 투표는 국민의 의무이지만 이런 의혹이나 주술적 언어들은 유권자들의 판단을 혼란시키고 흐리게 만드는 결과를 초래하게 된다. 민주주의는 위기에 처할 수 있다.

그렇다면 경제개발 과정에서 막대한 돈을 누가 가져가 불평등이 그토록 심화되었는가? 과거 경제개발시대에는 정부가 금융 특혜, 인허가 및 특정 물품의 수입에 대한 독점적 권리를 대기업 등의 특수이익집단에게 제공하였다. 대표적인 사례로 기업은 저금리 융자나 외국차관 등의 금융특혜와 인허가권의 획득으로 약탈적 수익을 올리고 정치권력은 대가로 정치자금을 받는 정경유착이다. 이것이 팀 하포드(T. Harford)의 정부의 도적행위이론이다. 지금의 독점 이권은 민간의 기획 부동산이나 공직자들의 땅 투기를 넘어서는 행위로 법조인, 회계 전문가들, 언론인, 자산관리기업, 금융기관, 그리고 공공기관 등이 참여한 민관 컨소시엄(특수목적법인)으로 막대한 개발이익을 올려 관련 개발업자들이 천문학적인 이득을 얻게 되는 구조이다. 이것은 경제성장에서 생산성 향상과는 무관하게 투기적 시장 기능이 작동하여 부동산 개발과 금융 산업에서 엄청난 부당수익을 챙기게 되는 것이다. 이런 상황에서 성실하게 일하는 대다수 서민들은 부의 분배가 비정상적이고 부당하게 이루어지고 기회의 공정성도 주어지지 않아 불공평한 대우를 받는다고 인식한다.

이런 현상을 경제학 용어로 지대추구(rent seeking)라 한다. 이 개념은 1967년 고든 털럭(Gordon Tullock)이 제시하였고 미국 경제학자 앤 크루거(Anne O. Krueger)에 의해서 정립되었다. 지대는 원래 공급이 제한된 토지를 이용하는 대가로 소유자에게 임대료를 지불하는 것을 의미한다. 지금의 지대는 생산요소의 소유권 자체는 물론 독점 이윤을 포함하여 독점권의 소유로 확장되었다. 지대추구는 단체, 협회, 조합 등 특정이익집단이나 기업, 개인들이 독점적 이권이나 각종 특혜를 얻기 위해 정부와 공공기관을 이용하여 비생산적인 활동을 통해 부당한 이득을 취하는 로비, 소송, 약탈, 방어 등의 행위를 뜻한다. 노벨경제학상 수상자인 조지프 스티글리츠(Joseph E. Stiglitz)는 최상위층과 집단들에게 집중되는 지대추구에 대해서 '불평등의 대가'(the Price of Inequality)에서 "상위 1퍼센트가 누리는 엄청난 부는 그들이 생산에 기여한 것이 아니라 특권과 지위를 이용하여 사회적 생산으로부터 엄청남 양을 빼앗아 간 것에 기인한다"라고 신랄하게 비판했다. 이런 지대추구행위는 경제를 성장시키고 분배에 기여하기 보다는 더 많은 지분을 확보하려고 자원을 낭비하게 되어 자원배분을 왜곡하여 불평등을 심화시키고 경제 전반의 활력을 저하시켜 제로섬 게임을 넘어서 네거티브섬 게임이다.

우리 사회는 경제발전 과정에서 지대추구로 인해 심각한 불평등을 초래하여 불공정성과 불신이 가득하다. 이런 상황에서 스티글리츠의 지적은 우리에게 조언으로 다가올 수 있을 것이다. 스티글리츠는 '거대한 불평등(The Great Divide)'(2015)에서 1930년대 대공황 이후 미국 사회의 불평등 문제를 해결하기 위한 역사적 노력을 보여주었다. 그는 "민주당의 정통 귀족 계층 출신 프랭클린 루스벨트는 자본주의를 구할 수 있는 유일한 방법으로 세금과 사회복지 정책을 통해 부를 고르게 분배하면서 동시에 규제를 통해 자본주의 탐욕을 억제하는 것으로 자본가들의 줄기차고 엄청난 방해를 견디고 성공했다."라고 소개하였다. 또한 1968년 당선되어 재선에 성공했지만 워터게이트 사건으로 사임한 "조작에 능한 공화당의 리처드 닉슨마저도 사회적 통합과 경제안정의 최선책은 투자로 메디케어(공공의료보장제도), 헤드스타트(저소득층 교육지원제도), 소셜시큐리티(사회보장제도)에 투자하였고 연간 기본소득을 보장하자는 안을 내 놓았다"는 사실을 언급했다. 아마도 미국의 정치지도자들은 민주당도 공화당도 아닌 오직 국민들의 행복을 지키는 것에 몰두한 것이다.

이제 우리 사회는 지속적인 성장과 함께 공정을 확보하고 상호 불신을 벗어나 통합으로 가는 길목에서 스티글리츠가 지적한 것처럼 불평등 해소와 지대추구 규제를 실천한 역사적인 노력을 되새겨 보아야 할 시점이다.

■ 2021.10.20

■ 차기정부

이제 第20대 대통령 선거의 대진표가 범여권이나 범야권의 단일화가 없으면 거의 완성된 것 같다. 집권당은 후보가 힘겹게 결정되었고 야당은 민심을 제친 당심으로 입당 4개월도 안된 후보를 선택했다.

이번 선거는 양당 대선후보의 이력과 선거 전략이 판이하게 다르다. 집권당의 후보는 지방정부를 거친 행정가이며, 정당인으로 직접적으로 현안을 챙기는 원톱으로 선거에 임하고 있다. 반면에 야당의 후보는 권력기관의 수장에 이르기까지 평생을 검찰에서 지낸 4개월도 안된 정당인으로 과거 전력의 킹메이커와 흘러간 정치인들을 전면에 등장시키는 전략으로 임하고 있다. 공교롭게도 공통점은 양당 대선후보가 가족 리스크와 의혹투성인 법조인 출신이다.

지난 2년간 지속되고 있는 코로나19 팬데믹과 불확실한 단계적 일상회복(위드 코로나)의 힘든 국내외 환경에서 우리가 탄 대한민국호의 배가 올바른 방향으로 나아가고 있는지 아니면 잘못된 방향으로 나가 더욱 악화될지의 중대한 고비에 있는 것 같다. 이런 상황에서 유력 대선후보들은 차기정부가 올바른 항로로 갈 수 있는 개혁의 나침반을 제대로 제시하지 못하고 사과 발언으로 일관하고 있다. 그럼에도 양당은 특정 세대, 지역, 이념, 성별, 그리고 이익단체 등에 집중하는 인재 영입으로 국민들의 지지를 얻으려고 하고 심지어 동일한 사람을 향해 구애하는 경쟁도 하고 있지만 감동은 없다. 미래 비전과 개혁의 어젠다 없는 인재 영입이나 기용은 결코 성공할 수 없다.

인재의 발탁과 영입은 중요하다. 중국 춘추전국시대 제가백가의 관자(管子)에서도 '쟁천하자 필선쟁인(爭天下者 必先爭人)'으로 '천하를 얻고자 하는 사람은 반드시 인재 얻기를 우선으로 하고 있다'는 것을 강조하고 있다. 그러나 양당은 선대위 구성에서 일명 '저격수'들, 이미 국민의 혹독한 심판을 받은 사람들, 심지어 MZ 세대 마케팅을 위해 고교 학생들마저 자기편으로 영입하는 경쟁을 벌이고 있다.

지금의 현실에서 부동산시장과 고용시장은 소득의 양극화로 소외된 계층이나 노년층과 청년층에게 고통을 주고 있다. 조지프 스티글리츠는 글로벌 경제위기 이후 미국을 비롯한 세계 전역에서 "대다수 젊은이들은 열정과 희망을 품고 새로운 생활을 시작하는 것이 아니라 불안과 공포에 빠져 지내며 독립하지도 못하고 침체된 시장에서 일자리를 찾아다니는 실정이다. 또한 장년층은 시장의 압박으로 조기 퇴직을 고려하는 등 자신의 미래가 두려우며 노년층은 연금으로 노후 생활이 가능할지가 걱정인 것이다.(불평등의 대가)"라고 현실적으로 지적하고 있다.

이제 국민들의 바람은 차기정부에서는 소득의 양극화를 심화시키는 성장, 사람들의 삶을 불안하게 힘들게 지속시키는 성장, 최상층이 개발이익을 착취하는 소수의 성장이 아니다. 이런 점에서 시급한 과제는 고용시장의 일자리 창출과 주택시장의 안정화이며 사회적으로는 공공이나 민간개발 등을 통해 거대한 지대를 추구하는 정치인, 법조인, 회계 및 세무 전문가, 금융기관, 재벌, 그리고 공공기관이 결합한 카르텔을 해체하는 것이다.

우선 주택시장의 불안정은 저소득층과 청년층 주거 안정에 심각한 영향을 주게 된다. 차기정부는 대다수 국민의 삶에 영향을 주는 공시가격의 유연한 조정으로 시장과의 이중가격 격차를 해소시키면서 금리 상항을 고려하여 공급확대와 수요조정을 통해서 보유세와 양도세의 부과 기준과 세율을 탄력적으로 조정하는 제도를 강구해야 주택가격이 시장에 의해 움직일 것이다. 또한 코로나19 이후 오프라인 고용시장은 얼어붙은 상황으로 정규직 일자리를 구하기 힘들다. 정보통신 및 과학기술의 발달하는 과정에서 창출되는 일자리로 사람들을 고용하고 오프라인에서 사라지는 일자리로 희생당하는 사람들의 고통을 줄이는 사회 안전망 일자리 확충이 필요하다. 차기정부는 재정지출을 통한 재정정책과 통화정책을 통한 경기부양책으로 인플레이션을 경계하면서 경제성장과 고용률을 증가기켜 소득분배를 개선하는 것이고 성장, 고용, 가계부채의 안정을 균형 잡히게 할 수 있는 누진성을 강화하는 소득세와 법인세 등의 조세개혁으로 국채와 재정 적자를 경감하는 방안도 강구하는 것이다.

차기정부는 국민이 더 이상 울분과 불행을 국민청원에 호소하기에 앞서서 법과 제도를 통한 부국강병의 강인함과 국민의 삶이 억울하지 않도록 편안하게 해줄 수 있는 사회 안전망을 지켜주는 정책의 유연성을 통한 부드러움 간의 균형을 회복하는 정부가 되었으면 한다.

■ 2021.12.22

제1부 시대정신

제2장 시장의 힘

■ 기본으로 돌아가서 제대로 하는 기업구조조정

'97년 한국의 외환위기는 우리 삶의 양식을 완전히 뒤바꾸어 놓았다. 경제주체로서 가계는 명예퇴직이나 정리해고로 작업현장을 떠나서 정신적 방황과 가정파괴에 직면하고 있다. 많은 기업들은 자산부채이전, 인수합병, 청산의 형태로 역사의 뒤안길로 사라지고, 생존기업은 혹독한 구조조정에 매달리고 있다. 정부 또한 국제통화기금(IMF)의 권고사항과 세계경기흐름에서 자유롭지 못하다. 이제 한국경제의 신화는 사라지는 것 같은 현실에 있다.

이런 위기를 초래한 책임은 모두 기업(특히 재벌)과 기업가에게 있다고 주장한다. 그러나 빅딜로 탄생한 대우자동차는 해외로 매각될 운명이고, 반도체 하이닉스는 채권단의 결심만 남은 상태로 정부개입이 자초한 실패라고 할 수 있다. 그렇지만, 기업은 여전히 고용을 창출하는 최후의 보루이고, 모기업은 세계적인 첨단기술제품을 13개나 보유한 초 일류기업으로 성장하고 있다는 것만으로도 우리에게 아직 도약할 수 있다는 희망을 안겨주고 있다.

그 동안 우리경제가 추진해 온 구조조정에 대해서 근본으로 돌아가 시장과 경제조직의 관점에서 다시 한번 생각해 보고자 한다. 먼저, 대기업의 비판과 규제에 대한 정부의 개입근거를 보면, 기업상 관행은 시장실패를 가져와 비효율적 자원배분을 초래하므로 규제해서 바로 잡아야 한다는 인식이 전제되어 있다. 그러나 은행과 보험사의 공적자금회수가 불가능하고, 공기업의 더딘 구조조정에서 정부실패를 쉽게 볼 수 있다.

또한 학계에서도 비표준적이고 낯선 경영관행을 주로 독점으로 설명하는 경향이 빈번하여 이를 독점규제 및 공정거래의 강화로 해결하려고 한다. 이런 경향에 대해서 노벨 경제학상 수상자 코즈(Coase) 교수는 경제학자 자신이 이해하지 못하는 새로운 기업관행을 독점의 관점으로 설명하는데 주저하지 않는다는 사실을 지적하고, 이에 대한 학자들의 비우호적 태도를 비판하였다.

이들 주장의 근거는 기업이란 존재가 시장을 구성하는 하나의 기술적 단위로 인식하는데서 출발한 것으로, 기업이 시장과 동일하게 거래 혹은 경제행위를 실행하는 선택가능한 대안이라는 코즈적 사고방식을 도외시하는 데서 비롯하고 있다. 실제로 기업에서는 비시장적이거나 준시장적인 거래형태나 기업관행(시장에서 부품을 구매하다가 수직적 결합으로 요소공급을 내부화하거나, 특정업체와 장기간 전속거래계약을 체결하거나, 별개의 회사체제로 장기간 관계를 맺고 있는 모회사-협력회사의 관계적 계약이나 계열형태의 준내부조직 등)은 쉽게 발견된다. 이러한 형태는 거래비용의 절감을 위해 고안된 효율적 거래방식으로 시장을 이용하는 거래보다는 적은 비용이 수반되는 조직(기업)에서 이루어진다. 즉, 기업조직은 효율성을 추구하기 위한 조직의 적응결과이고 진화하는 실체인 것이다.

한 가지 주목할 것은 시장이 경쟁적이 되기 위해서는 교환이나 기업에 대해서 복잡한 규칙과 규제의 체계가 일반적으로 요구된다는 것이다. 그러나 이러한 규제를 독점력의 행사이고 경쟁을 제한하는 것으로 종종 간주하는 경향이 있다. 시장이나 기업에 대한 규제가 거래비용을 감소시키고, 거래량을 증가시키기 위해서 존재하며 이를 통해 시장을 확대시키는 역할을 하고 있다는 사실도 직시해야 한다.

기업조직이나 거래형태는 정부가 자의적으로 결정하는 것이 아니고, 경제활동의 거래비용을 최소화하는 원칙에 입각하여 기업 스스로가 결정한다는 기본으로 돌아가 기업구조조정을 논의하는 자세가 필요한 시점이다.

■ 2001.9.29(전남매일)

■ 성공의 열매와 도산의 씨앗

밀레니엄의 첫 해가 달력 한 장밖에 남지 않았다. 올해는 테러와 보복전쟁으로 얼룩진 우울한 소식에 한국경제도 암울한 그림자가 드리워지고 있다. 국내외 주요기관은 내년 경제성장률을 3.2%에서 4.5%로 전망한다. 대외적으로 중동정세의 불안정, 테러전쟁의 확산, 미국경기의 침체, IT산업의 과잉투자, 반도체 경기의 침체와 같은 경제의 불확실성은 여전히 우리 곁에 놓여 있고, 내적으로는 월드컵, 양대 선거 등 많은 과제가 산적되어있다. 그럼에도 경제적 및 사회적 변화의 시기에 일부기업은 세계기업으로 도약하는가하면 기존의 세계적 초우량기업도 도산하는 실정이다. 최근 대우, 엔론 등의 파산은 언제든지 우량기업도 도산할 수 있음을 보여준다.

우선 성공한 기업을 보면 기업가정신을 바탕으로 시장에서 틈새의 지배력을 확보하기 위해 초창기에는 자원을 축적하고, 틈새의 가능성을 개발할 수 있는 핵심능력의 조직형태를 구성함으로써 성공의 열매를 맺는다. 가령 삼성반도체는 이병철 회장의 강한 애착과 1990년 전후로 메모리 칩 분야에서 미국시장의 공백으로 발생한 틈새를 공략하기 위해서 차세대 반도체를 개발하기 위한 두 개의 팀을 경쟁시켜 메모리칩 사업에서 세계선도기업의 지위를 누리고 있다. 또한 패스트푸드 사업의 맥도날드사는 초반에 미국 푸드시장의 틈새를 공략하고 후반에 세계화를 성공적으로 달성한 능력을 지닌 기업이다.

반면에 세계적 초우량기업의 실패담은 모든 산업에서 찾아 볼 수 있다. 예를 들면, 세계에서 가장 우량유통업체인 시어즈(Sears Roebuck)는 자신의 경영기법인 공급망 관리, 매장 브랜드, 카탈로그 판매, 신용카드 판매 등으로 미국 유통업체 총매출액의 2%를 넘는 성공기업으로 각광받았다. 그러나 현재 시어즈는 지배력을 상실하고 심지어 생존의 위기를 맞고 있다. 이것은 월마트나 K-마트 등과 같은 할인판매점, 샘스마켓과 같은 창고형 할인판매점, 홈 데포와 같은 홈센터 등의 출현을 도외시 한 결과이다. 대우의 경우는 조선과 자동차시장에서 업계의 선도를 유지하면서도 세계경영을 기치로 분식회계를 통해서 해외시장에서 무리한 사업확장을 주도하면서 기업의 구조조정을 무시한 나머지 그룹이 해체되는 비운을 맞이하였다. 이들 모두 세계적 선도기업의 위치에서 치명적 몰락을 경험한 것이다. 이것은 성공기업의 사례에 실패의 씨앗이 담겨있는 것을 의미한다.

이러한 현상에 대해서 밀러(Miller, D)는 성공기업이 성공사례에만 집착한 나머지 환경변화에 견디지 못하고 시장이 진화함에 따라 몰락하는 것으로 설명하고 있다. 그리스 신화에 미궁(迷宮)을 설계한 다이달로스와 그의 아들 이카로스가 등장한다. 크레타 미노스 왕은 테세우스가 미궁에서 탈출하자 다이달로스 부자를 그곳에 가두어버린다. 그들은 깃털을 주워 날개를 만들어 팔에 밀랍을 바르고 빠져 나옴으로써 바라던 성공을 이룩한 것이다. 그러나 이카로스는 자신의 성공에만 집착하여 점차 태양 쪽으로 너무 높이 날아가서 신들의 노여움을 샀다. 이런 성공은 뜨거운 태양열에 밀랍이 녹아버려 바다에 수직으로 추락하여 죽고 마는 불행으로 바꾼 것이다. 밀러가 명명한 이카로스의 역설은 성공한 기업에게 많은 시사점을 던져주고 있다.

기업은 새로운 전략과 기법에 의해서 핵심능력을 구축하여 성공의 열매를 얻게 된다. 그러나 성공을 가져온 사례와 기법이 보다 일상과정이 됨에 따라 기업은 더욱 타성적인 경향을 지니게 된다. 이런 점에서 기업은 환경의 조건이 변하고 적응이 요구되는 때 성공사례가 성공의 기회도 제공하지만 도산의 씨앗도 내포하고 있음을 인식해야 한다.

■ 2001.12.26(전남매일)

■ 국민소득 1만 달러의 교훈

요즘같이 IMF 외환위기 이후 '한국의 위기'라는 단어가 무성하게 오르내린 적도 없다. 이런 위기의 진원은 한국경제가 지난 8년 동안 국민소득 1만달러도 유지하기에 급급한 반면에 국내외적으로 북핵문제, NEIS, 철도민영화 반대, 조흥은행과 화물연대 파업, 평창 동계올림픽 유치 실패 등 일련의 사태에서 보듯이 사회 각계 각층의 이해관계가 분출되고 증폭되는 상황에서 볼 수 있다. 어느 집단이나 누구도 선진국으로 가는 고통보다는 제 몫을 챙기는데 열중하고 있다. 이런 와중에 한국은 과도한 정부규제와 과격한 노사대립, 그리고 집단이기주의로 기업하기 싫은 나라로 인식되어 가고 있다.

지난 6월 5일 "1인당 국민소득을 2만달러로 끌어올리자"라는 국가비전을 공교롭게도 국가지도자와 한국 최고기업인 삼성의 이건희 회장이 동시에 언급하였다. 이런 발언은 국민적 실천과 기업성장만이 한국을 일류 선진국의 문턱에 도달시킬 수 있는 길임을 보여준 것이다. 이런 우려는 이미 1995년 이 회장의 베이징 발언을 통해 "우리나라의 정치력은 4류, 행정력은 3류, 기업능력은 2류다. 현 정권과 국민수준 모두 일류국가에 뒤진다"라는 것과도 일맥상통한 것이다. 불과 2년 후, 우리는 IMF 외환위기를 맞이한 것이다.

우리는 95년 1인당 국민소득 1만달러를 달성한 후 IMF 외환위기 때 6,744달러까지 곤두박질하였고 2002년 8년만에 1만달러를 간신히 회복한 실정이다. 그동안 대다수 국민 모두는 고른 분배에 치중한 나머지 가계신용을 담보로 일류 선진국 수준의 삶의 질을 요구하였다. 이런 결과는 97년 이래로 총저축률의 지속적인 하락으로 나타나 소비가 소득보다 더 많이 증가하는 가계신용위험의 부담을 안고 있는 것으로 나타났다. 반면에 미국은 10년(78년-88년), 일본은 6년(81년-87년), 싱가포르는 5년(89년-94년)에 빠른 속도로 2만달러를 돌파한 것이다. 이런 사실이 우리를 초조하게 만드는 것은 1만달러 신화에서 추락한 남미의 현실이 우리에게도 얼마든지 다가올 수 있음을 의미하기 때문이다.

그럼에도 불구하고 현재 상황은 모든 경제주체가 용의자 딜레마 게임을 벌이고 있다. 정부와 기업, 집권당과 야당, 사용자와 노조, 중앙정부와 지방자치단체, 기업가와 고객, 각종 이익단체 등이 모두 서로에게 이익이 되는 우월한 배분이 있음에도 불구하고 집단이나 지역이익을 추구하여 각자가 독립적인 의사결정을 함으로써 서로에게 불리한 결과에 도달하고 있는 것이다.

이런 현실에서 한국이 소득 2만달러 국가로 가는 성패의 관건은 무엇보다도 우리 사회여건과 소득에 어울리는 국가시스템을 구축하여 이를 토대로 경제주체 모두가 새로운 국부를 창출하기 위한 국민적 합의를 도출하는 작업일 것이다. 이를 실천하기 위해서 우선 가계는 빗나간 근시안적 소비보다는 합리적인 소비행위로 돌아와야 한다. 정부의 정책도 과거 육성일변도의 산업입지정책에서 탈피하여 맞춤식 기업정책을 일관성 있게 추진함으로써 위험을 감수하더라도 사업하려는 기업가정신을 고취하는데 초점을 두어야 한다. 마지막으로 기업은 그동안 보통 사람들의 시각에 비친 불식과 오해의 소지를 벗어버려야 할 것이다. 이를 위해 기업은 자회사를 포함한 그룹전체의 재무상태를 보여 주는 연결 대차대조표·연결 손익계산서인 연결재무제표(consolidated statements)를 작성함으로써 투명성을 확보하고, 또한 이를 보증하는 회계법인의 책임도 적극적으로 요구해야 할 것이다. 기업가는 기업이란 이해관계자에 대한 신뢰성과 회계적 책임을 재현할 수 있을 때만 진화하게 되고 성장할 수 있다는 점을 명심해야 한다.

■ 2003.7.16

■ 경제위기와 경쟁력 있는 기업

우리는 올해 유난히도 우울한 소식을 자주 접하고 있다. 특히 최근 정몽헌 회장의 죽음은 한국 땅에서 기업을 한다는 것이 얼마나 힘든가를 단적으로 보여주고 있다. 아마도 기업가로서 자신의 본분을 다하지 못한 회한의 심정이 유서 곳곳에 남겨져 있는 것을 볼 때 우리의 마음을 슬프게 한다. 기업이 위기에 봉착할 때 기업가들이 보여준 극단적인 삶의 선택은 우리 모두를 허탈하게 만들었다.

한국경제는 해방이후 몇 번의 위기를 맞이하였다. 그럴 때마다 위기를 극복하고 살아 남은 기업과 기업가는 한국경제의 버팀목으로 지탱하여 왔다. 사회경제적 변혁기에 많은 한국기업들은 흥망성쇠를 경험하였다. 1960년부터 현재까지 10대 대기업집단에 속한 기업은 삼성과 LG뿐이라는 사실이다. 이는 언제든지 우량기업도 도산하고 몰락할 수 있다는 것을 보여준다.

70년대 말 초고속성장기업의 하나인 율산은 사우디 건설계약 실패로 도산하였고, 제세는 대한전척 인수에 따른 자금압박으로 몰락하게 되었다. 그리고 대우는 무리한 기업확장을 위한 '세계경영' 추진으로 그룹 전체가 부실화를 가져왔다. 또한 한보는 정부지원으로 기업확장을 시도하다가 부실경영에 봉착하게 되었다. 이처럼 기업은 국내외적 환경변화와 기업내부의 핵심역량을 무시하고 과거의 성공한 구조와 전략목록을 바탕으로 무리한 기업확장과 다각화를 시도하거나 정경유착으로 인하여 위기를 맞게 되고 좌초하게 되는 것이다.

현대 경우는 기업의 성공과 몰락의 과정을 극명하게 보여주고 있다. 73년 정부 주도의 중화학공업화에 적극적으로 진입함으로써 새로운 환경을 도약의 발판으로 삼아 70~90년대에 재계 1위라는 영광을 누렸지만, 최근 왕자의 난과 비공개적인 대북사업 진출로 해체의 위기에 봉착하게 되었다. 이는 '이카로스의 역설'처럼 아무리 과거에 성공한 기업이라도 환경의 조건과 변화에 적응하지 못하면 도태의 길을 걷게 되는 것을 의미한다.

경쟁력 있는 기업의 비결은 기업과 기업가의 "사업하려는 의지"에서 찾아 볼 수 있을 것이다. 삼성전자가 반도체 사업의 투자로 83-87년간 매년 1천억원 정도의 적자를 보았지만, 반도체사업의 호황과 외환위기 상황에서도 강도 높은 구조조정을 단행한 결과 2001년 32조원의 매출에 약 3조원에 달하는 순익을 낼 수 있었던 것도 최고경영자의 기업하려는 의지에서 나온 것이다. 이러한 의지는 2002년 미국 뉴욕주식시장에서 시가 총액 66조원으로서 소니(Sonny)의 64조원을 추월하는 세계적인 초우량기업으로 도약하게 되는 계기를 마련하였다. 이는 삼성전자가 반도체의 틈새시장을 확보하기 위해 초반기에 자원을 축적하고, 이를 개발할 수 있는 핵심능력의 조직형태를 구축함으로써 성공의 열매를 맺게 된 것이다. 경쟁력 있는 기업일지라도 기업가는 기업이 창업되어 성장하게 되고, 성공의 열매를 맺게 될 때도 있지만 위기가 도래할 수 있으며 도산의 아픔도 맛보게 될 수 있음을 항상 명심해야 한다. 이는 기업이란 진화하는 실체이기 때문이다.

이처럼 국가경제가 위기가 직면할 때마다 기업과 기업가들이 극복의 견인차 역할을 수행하였던 점을 볼 때 우리 사회는 반기업적인 정서에서 벗어나 경쟁력 있는 기업들이 장사하려는 의지를 북돋을 수 있는 풍토를 조성하는 것이 시급하다.

■ 2003.8.21

■ 프로크루스테스의 침대와 사문난적

8.15 경축과 2003 대구 하계유니버시아드 대회에 나타난 이념적 갈등, 화물연대 파업 중 비노조원 차량 파괴, 부안의 방사선 폐기물 유치장 건설 반대, 그리고 여야의 정치적 극한 대립 등으로 표출된 우리 사회의 갈등이 점차 증폭되고 있는 상황이다.

이런 현실을 보면서 그리스 신화 테세우스의 신표에 나오는 악명 높은 도둑 '프로크루스테스의 침대'이야기는 우리에게 많은 시사점을 던져주고 있다. 이 도둑의 집에는 침대가 하나 있는데 나그네가 지나가면 집안으로 불러들여 이 침대에 눕히는 것이었다. 그렇지만 안심하고 쉴 수 있는 것이 아니라 이 도둑은 나그네의 키가 침대 길이보다 길면 몸을 잘라 죽이고, 나그네의 키가 침대보다 작으면 몸을 키워서 죽이는 것이었다.

작금 발생하고 있는 상황들은 자신의 사고와 방식에 맞지 않으면 남의 생각을 유린하고 뜯어고치려고 할 뿐만 아니라 더 나아가 남에게 손해를 끼치면서 까지도 자신의 주장을 굽히지 않는 횡포로 프로크루스테스의 침대가 우리 사회에 만연되고 있는 실정이다. 이런 극단적인 행동의 선택은 우리 모두를 병들게 만들고 있는 것이다.

우리는 명분쌓기나 허풍떨기, 그리고 당리당략의 말로가 어떤 길로 접어들었는지 역사의 교훈을 알아야 할 것이다. 조선시대 붕당은 초기의 학문적 순수성과 열정에서 멀어져 자기 당은 군자요, 다른 편은 소인으로 폄하하여 궁극적으로 일당 독재를 지향하였다. 이런 붕당은 서로를 인정하지 않게 되고 자기와 다른 편은 배척하며 자기를 추종하는 자는 편드는 세태로 지역주의를 잉태하게 되었다. 그 결과 동인의 정여립 사건으로 전라도지방은 몰락하게 되었고, 서인이 주도권을 잡은 인조반정 이후로는 영남에서 인재가 거의 발탁되지 못한 현실에 이르렀다.

이와 같은 대립은 주자를 이념화한 사문난적에서 '주자학을 문란하게 만든 도적'이란 의미로 주자의 권위와 명성에 의해서 상대방을 탄압하는 이념적 도구로 사용되었다. 그러나 인간을 신격화한 주자이념은 결국 조선시대 후반을 세도정치라는 가장 어두운 길로 걷게 한 것을 우리는 기억하고 있다.

이처럼 프로크루스테스의 침대와 사문난적과 같은 인간 사고의 부정적 외부성은 사회 전체의 효율적인 시스템을 파괴하게 된다. 외부성이란 폭넓게 보면 '어떤 사람의 행위가 시장이나 제도를 통하지 않고 비용을 들이지 않으면서 다른 사람에게 손해를 입히거나 혜택을 주는 효과'이다. 경제에 있어서 부정적 외부성이 존재하면 시장실패가 발생하고 자원이 비효율적으로 배분된다.

이런 효과는 인간의 사고에도 적용되어 사회의 병폐로 작용하고 있다. 이는 인간사고의 외부성을 발생시키는 주체가 의사결정을 내릴 때 다른 주체들에게 미치는 영향은 고려하지 않고 자신의 이익만을 추구하기 때문이다.

우리 사회를 병들게 하는 것은 제도나 정책도 있지만 인간의 사고는 보이지 않는 손과 같아서 부정적 외부성이 나타날 때는 이미 공공의 비극을 가져오게 되는 것이다.

이를 해결하려면 사회구성원 모두가 정보를 공유하여 당사자 간의 타협과 협상의 환경을 조성하는 것이고, 이런 길만이 우리 사회가 프로크루스테스의 침대와 사문난적이라는 악몽에서 벗어날 수 있는 것이다.

■ 2003.9.22

■ 노동개혁 법안 신중·조속 통과돼야

올해도 한국경제의 전망이 밝은 편은 아니다. 연말 미국의 금리 인상은 외국자본의 유출과 더불어 국내 금리 인상의 부담감으로 작용하여 가계부채의 감당이 어려울 것으로 예측되고 올 초에 중국 증시의 추락은 중국경제의 저성장 우려로 수출 부진이 이어질 것이다. 그리고 가계소득 감소의 우려는 소비 부진과 경기 침체로 이어져 좋은 일자리 창출을 더디게 만들어 서민의 삶은 더욱 팍팍해질 것이다.

이제 한국경제는 과거처럼 대규모 일자리 창출을 동반한 고도성장과는 다르게 고용 없는 저성장과 디플레이션의 가능성을 우려해야 할 시기이다. 이런 경제상황에서 한국경제는 각 부문에서 새로운 패러다임이 요구된다. 노동시장에서의 새로운 패러다임이 바로 노동개혁이다. 특히 청년층은 고용절벽이라는 심각한 상황에 직면해 있다. 2015년 7월 기준으로 청년 취업애로계층이 116만 명에 이르고 정년 60세 연장으로 베이비부머 세대의 노동시장 잔류와 청년층 신규 진입으로 40만 명이 취업애로계층으로 편입되는 현실이다.

이런 절박한 고용 상황을 해결하기 위해 노사정은 작년 9월부터 논의를 시작하여 대타협의 정신을 발휘하여 노동시장의 개혁에 대한 합의를 도출하였다. 노동개혁은 일자리가 절박한 청년들에게 일자리를 주고, 중소기업, 비정규직 근로자들의 처우개선과 고용안정을 도모하는 것이 목적이고 그 출발점이자 근간이 노동개혁 '5대 법안'이다. 노동개혁 '5대 법안'의 주된 내용은 비정규직 고용안정, 근로시간단축, 임금체계개편, 실업급여확대, 산재보험확대이다.

5대 법안의 주요 내용을 보면 먼저, 비정규직 고용안정의 경우에 우리나라는 파견에 대해 OECD 국가 중 가장 규제가 강함에도 불구하고 현실적으로 '파견' 대신에 고용이 더 불안하고 처우가 더 열악한 용역과 도급이 늘어나는 풍선효과가 나타나고 있다. 이런 풍선효과는 임금과 근로시간 등 노동시장의 기본 원칙이 불명확하고 불확실하므로 정규직 사용을 기피하고 선진국과 비교해 유연성 확보 측면에 더해 비용 절감을 이유로 비정규직을 남용하기 때문에 발생한다.

근로시간 단축의 경우 우리나라는 세계 최장의 근로시간을 기록하고 있어 이를 단계적으로 줄여 근로자들에게 '저녁이 있는 삶'을 주고 일자리 신규 창출하기 위해 주당 총 근로시간 한도(휴일과 연장근로 포함)를 68시간에서 52시간으로 단계적으로 축소하고 연장근로 한도를 적용받지 않는 특례업종을 26개에서 10개로 줄이는 것이다. 이 조치로 286만 명의 근로자(주52시간 초과 105만 명과 금번 제외되는 특례업종 종사자 181만 명)가 혜택을 받을 것으로 판단되면 최소 15만 개 이상의 일자리가 창출 될 것으로 추산된다.

임금체계 개편에서 통상임금을 둘러싼 불확실성을 해소하고 연공서열식 임금체계를 능력, 직무, 성과 중심으로 개편하여 노사 간에 불필요한 갈등을 감소시키고 기업의 정규직 채용 기피사유를 해소해 정규직 채용을 유도하고 학벌과 스펙이 아닌 실력으로 경쟁하고 평가받을 수 있는 공정한 인사관리 시스템을 확립하는 것이다. 마지막으로 실직자의 재취업을 돕기 위한 실업급여의 지급기간을 확대하고 지급수준을 60%로 대폭 인상하고, 산재보험 시행 50년 만에 출퇴근 재해보상제도를 도입하는 것이다.

이번에 상정된 5대 입법은 정규직과 비정규직에 대한 규율이 연관되어 있어 5대 법안이 함께 통과되어야 '임금과 근로시간 등 노동시장 주요 규범들의 공정성, 투명성, 예측가능성 제고로 정규직 고용 증가, 비정규직 규모 감축 및 처우개선'이 동시에 가능하다. 또한 노동입법의 비정규직 법안에는 생명과 안전 분야 비정규직 제한, 쪼개기 계약 금지 등 당장 시급하고 절실한 과제들이 포함되어 있어 노동계도 시급히 법안 처리를 요구하고 있는 사안이다. 비정규직 법안만 제외될 경우 정규직 보호만 강화되어 노동시장의 격차가 오히려 확대될 우려가 있다는 것이다.

그러나 노동계는 비정규직의 양산을 초래하고 노동시장의 이중구조를 심화시킬 수 있다고 보고 있다. 여야 정치권과 노동계는 반복적이고 원론적 입장에 치우친 논의에만 매달리거나 합의 처리를 지연할 경우 결론도 없이 중요한 골든타임만 놓치게 된다.

이제 여야 정치권은 절박한 고용 현실에 대한 노사정의 대타협의 정신을 되살려서 노사 간에 첨예하게 대립된 쟁점 법안에 대한 신중한 법안 심사를 통해서 한국경제와 근로자를 위한 노동개혁 '5대 법안'을 마련하여 조속하게 통과시켜야 한다.

■ 2016.1.13 (전남일보)

■ 한국경제와 청년 일자리

올해 경제성장률이 2% 후반에 머물 것으로 전망하고 있다. 국내총생산 1% 증가에 따른 고용의 증가를 나타내는 고용탄력성도 낮아지고 있는 현실이다. 이런 고용이 정체되는 저성장 기로에서 올해도 작년처럼 하반기의 경기 회복이 절실하게 필요한 실정이다. 구조조정에 따른 대량 해고의 실업대책과 일자리 창출을 통한 서민의 생계 안정을 위해 정부의 추경 예산 11조원이 여야의 힘겨루기 끝에 국회를 통과했다. 국가 채무 상환과 지방교부세 및 교육재정교부금을 제외한 5조 7,000억 원이 조선업종 악화로 지역경제가 침체된 지역의 관광산업과 중소기업 경영안전자금, 구조조정 예산으로 대부분 수출입은행과 산업은행에 출자되고 조선업 종사자 지원 2,000억 원, 청년 맞춤형 일자리 창출 4,000억 원이 투입되어 다행이다.

그러나 한국경제를 둘러싼 여건은 녹녹하지 못하다. 최근 조선과 해운 업종의 구조조정과 한진해운 물류 사태로 실업자가 양산 되고 있는 힘든 시기에 콜레라 등의 전염병이 발병하고 폭염, 지진과 태풍 같은 자연 재해까지 겹쳐 관련 업종 종사자와 서민들에게는 살림살이가 빠듯하다. 특히 통계청 자료에 따르면 올해 6개월 이상 실업자인 장기실업자가 8월에 18만 2,000명을 넘어 전체 실업의 18.3%를 차지하고 외환위기 이후 1999년 27만 4,000명 이후 가장 높은 수치이다. 이런 상황에서 기업의 투자는 불확실해지고 수출 관련 제조업과 금융기관의 구조조정으로 청년층의 일자리는 쉽게 마련되지 못하고 있다. 한국경제는 주력 업종의 수출 및 수입 감소로 불황형 흑자인 저성장 기로에 서있고 지역경제는 수출품목 업종의 부진과 구조조정, 생산라인 해외이전으로 협력업체의 도산 등 불황의 늪에 빠져 있다.

이런 현실에서 청년들은 어디 곳에서 어떤 일자리를 잡아야 할지 답답한 심정일 것이다. 과거처럼 8%대의 경제성장률로 새로운 정규직 일자리가 풍부하게 창출되지 못한 상황이다. 또한 노동시장의 이중구조로 내수와 수출 기업 간, 대기업과 중소기업 간, 업종 간의 임금 격차는 심화되어 힘들고 기피하는 업종의 비정규직 일자리는 빠르게 증가하고 외국인 근로자가 메우고 있는 현실이다. 이런 상황에서 정부와 고용 관련 기관은 그동안 청년의 일자리 창출과 취업 지원 사업 및 고용 정책도 지속적으로 추진하여 왔다.

그러나 청년층(15-29세)의 고용률은 43.6%(7월 기준)로 경제협력개발기구(OECD)의 평균에 비해 10% 가량이 낮은 수준에 머물러 있다. 특히 대학 졸업생의 취업률은 50%대에 머물고 취업준비생이 65만 명이 넘고 있다. 또한 비수도권의 호남과 강원 지역은 30%대 고용률로 최하위권에 속하고 수도권 지역의 40%대와 비교하면 심각한 수준에 직면하고 있다. 비수도권에서 좋은 일자리를 찾아 수도권으로 청년층 유입이 가속되고 있다. 이런 현상으로 인구 변동에 따른 지역 간 양극화가 지속되어 비수도권 지역은 인구가 감소하며 지역 인재의 이탈로 지역 핵심역량인 인적자원의 기반이 무너지고 있다.

청년 일자리는 고용시장과 사회적 및 경제적 시스템의 문제이다. 고용시장의 제약은 수요 측면에서 기업의 노동 대체를 위한 자본 투자로 신규 인력 수요가 감소하고 비용 절감을 위해 비정규직 수요가 증가하고 있으며 공급 측면에서 고학력 청년층의 증가하고 고령화로 정년이 연장되고 있다. 제도적 측면에서 시대의 흐름에 적응하지 못한 인구 정책과 교육 제도로 인재 양성 프로그램과 인력 수급 시스템이 실패하여 인력 수급의 미스매치가 심화되고 있다.

이런 상황에서 이웃 일본의 사례를 통해 청년층의 취업 양상과 인식의 전환이 필요하다. 일본은 2015년 청년의 실업률이 5.5%로 2003년 10.1%에 비해 고용의 양적 증가는 뚜렷하게 호전되고 있다. 특히 일본의 대학 졸업자 취업내정률은 시간적 차이는 있지만 96.7% (2015년)로 주로 대학이 소재한 지역에 본사를 둔 기업이나 기관에 대부분 취업하는 현상이 뚜렷하다.

일본의 취업 양상은 지방에 본사를 두고 활동하는 중견 기업이나 금융 및 서비스 관련 기관들이 일자리의 제공이나 채용에서 권한과 유연성이 크기 때문에 가능하다. 또한 동경을 비롯한 대도시 지역에 비해서 생활비가 저렴하고 주거와 교육, 의료 복지 및 문화적 격차가 크지 않아 지역 간 및 업종 간의 임금 격차를 수용할 정도이기에 가능하다.

이런 점을 인식하면 중앙정부와 지방정부의 청년 고용 정책은 재정 지원을 통한 단순 일자리 창출, 정보 제공, 인력 양성 교육 및 훈련이나 인력 수급의 미스매치 해소의 차원을 벗어나야 한다. 청년 일자리는 본인의 개인적 의지와 노력만으로 해결되는 상황은 넘어섰으며 산업 정책과 복지 정책을 동시에 결합한 정책으로 창출되어야 청년들이 지역을 떠나지 않으며 다시 돌아와서 정착하게 될 것이다.

이제 고용 정책의 방향은 지역의 핵심 제조업의 고도화와 고용유발계수가 큰 지식기반 서비스 산업구조로의 전환을 통해 지역의 경쟁력을 확보하여 지방에 본사를 둔 중견기업과 공기업, 지식서비스 관련 기업이나 기관의 확충으로 좋은 일자리를 만들어 주고 더불어 주거와 교육 및 의료 복지와 문화가 넘치는 정주 여건을 마련해 주는 것이다. 이것이 모든 청년들의 소박한 바람일 것이다.

■ 2016.9.27

■ 글로벌의 깃발

새해 초 미국 앨라배마 주 몽고메리 시 근교의 현대자동차 미국 생산법인(HMMA) 공장을 견학했다. 현대차가 1986년 최초로 미국에 엑셀(Excel)이라는 브랜드로 수출되었고 나로서는 미국에서 30여 년 전 엑셀을 타보았지만 이제는 현지에서 여러 차종을 생산하는 과정을 보게 되니 벅찬 감정을 느끼게 되었다.

앨라배마 주의 주도(州都)인 몽고메리 시에서 모빌로 연결되는 I-65 고속도로 출구에서 현대대로(Hyundai Blvd)를 따라 펼쳐 있는 드넓은 초원에 위치하고 있는 현대자동차 공장의 정문 앞에 성조기와 앨라배마 주의 깃발, 그리고 현대자동차의 깃발이 펄럭이는 전경이 눈앞에 나타났다. 이 지역은 2002년 현대자동차 공장이 들어서기 전까지는 소떼들이 풀을 뜯고 있는 한적한 목초지에 불과한 곳이었다.

나부끼는 깃발을 바라보면서, 아버지의 깃발(Flags of Our Fathers) <2006년도 작, 클린트 이스트우드 감독>이라는 영화의 한 장면이 문득 떠올랐다. 그 장면은 제2차 세계대전 중 이오지마(유황도) 전투 중에 여섯 명의 미국 해병이 수리바치 산에 펄럭이는 성조기를 게양하는 장면이다. 전쟁 중에 국가의 깃발은 애국심과 승리의 상징으로 여겨지지만 평화 시에 기업의 깃발은 이렇듯 글로벌 경제와 비즈니스의 상징이다.

현대자동차 미국 앨라배마 공장은 2005년 준공돼 217만평 부지에 연간 37만대 생산능력을 갖추고 대략 3천100명을 고용해 시간당 73대로 쏘나타, 엘란트라, 싼타페를 생산하고 있으며 현대자동차가 100% 지분을 소유하고 있다. 또한 공장은 조지아주 웨스트포인트의 기아자동차 공장까지 I-85 고속도로로 96마일 거리에 있으며 모빌항까지 I-65 고속도로로 162마일 거리로 물류와 접근성이 편리한 곳에 입지하고 있으며 1만2천400명의 직접 고용을 창출하는 총 29개 동반 진출 협력사가 가동하고 있는 자동차 밸리를 형성하고 있다.

견학하는 도중에 'Go Hyundai'를 외치는 근로자들의 모습과 미국 도로를 누비는 현대기아차를 보면서 국내 생산 비중이 점차적으로 감소해 우리 지역에서 글로벌 기업의 깃발이 사라질 수 있다는 힘든 지역경제의 현실이 떠올랐다. 게다가 미국 우선주의를 강조하는 트럼프 정부는 보호무역주의를 내세워 자국 내 일자리 창출을 위협하는 자동차, 가전, 철강 등의 부문에서 외국 기업들의 미국 현지 투자와 고용을 강력하게 요구하고 있다.

이런 글로벌 경제 여건은 우리 지역의 주력산업과 밀접하게 연관돼 있다. 지역의 가전 생산라인은 해외로 지속적으로 이전될 것이고, 완성차 생산라인의 확장도 한계에 이른 상황이다. 그럼에도 아직 우리 지역 산업생태계는 자동차와 가전, 금형 등에서 경쟁력을 지니고 있어 산업혁신을 통해 신산업성장 동력을 확보해 일자리를 창출할 수 있다.

이제 지역은 주력산업인 자동차 및 가전, 광산업 등에서 에너지 신산업과 융복합을 통해서 전장(전기 및 전자 장치)부품 및 소재 산업 등의 핵심 기술개발과 확보, 그리고 생산을 위한 산업혁신 성장전략을 실천할 시점이다. 주력 기업은 산업의 고부가가치를 창출하기 위해 과감한 생산라인 확충을 결정하고 관련 협력업체도 조립공정을 탈피해 핵심 기술력을 보유하는 제품혁신 경쟁전략을 마련하여 지역에 활기를 불어넣어야 한다.

■ 2018.1.23

■ 세계화와 보호주의

우리는 지금 혼돈과 위기, 그리고 기회의 시기를 살아가고 있다. 지난 해 촛불혁명으로 새 정부가 출범하였고 남북정상회담과 북미정상회담이 성사되는 평화공존의 분위기가 조성되고는 있지만 여전히 일자리 부족으로 청년실업은 증가하고 집값은 지속적으로 상승하고 출산과 혼인율은 최저로 경제 활력은 침체되어 대다수 서민들의 삶은 힘든 상황이다.

세계는 세계화의 기치로 글로벌 경제시스템에 편입되어 자본시장과 금융시장의 자유화와 자유무역으로 성장의 동력을 얻었지만 시장의 안정성을 위한 규제들이 폐지돼 거시적 변동성은 커졌다. 이런 세계화의 대가는 생산성 향상 보다는 약탈적 대출과 비도덕적이고 반경쟁적 관행으로 금융시스템을 통해 대기업과 위정자, 그리고 부유층에게 부가 집중되어 경제적 불평등을 심화시키고 국가 간의 소득 및 생활수준의 격차를 확대시켰다.

특히 2008년 금융위기 이후 대침체(Great Recession)는 세계 각국의 불평등과 격차를 심화시키고 경제에도 심각한 부담을 주어 회복의 속도를 더디게 만들고 있다. 이런 현상에 대해서 노벨경제학상 수상자인 조지프 스티글리츠는 '불평등의 대가(The Price of Inequality)'에서 "정경유착으로 경제적 불평등은 정치적 불평등을 심화시켜 가진 자들에게 권력을 집중시켜 정치적 불평등이 다시 경제적 불평등을 더욱 악화시키는 악순환을 초래한다"고 지적하고 있다.

그동안 세계화의 흐름과 보호주의의 경향에 대해서 스티글리츠는 '더 초이스(The Choice)'에서 세계화가 불평등과 격차를 초래하였지만

‘아랍의 봄’을 가능하게 만든 “민주주의와 인권 보장의 확산과 경제적 번영에 기여했다. 이제 세계가 보호주의로 기울어진다면 개발도상국을 비롯한 대부분의 국가들은 일자리를 위협받게 되며 값싸고 풍족한 상품들을 소비한 선진국 국민들을 포함한 세계 모두가 큰 손해를 받을 수 있다”고 경고하고 있다.

이런 점에서 글로벌 경제의 안정성을 담보하지 못하면 미국을 비롯한 강대국들은 강력한 보호주의로 기울어질 것이다. 미국은 트럼프 정부 이후 주요 수출 대상국인 중국, 일본, 한국, 유럽연합 등에게 통상압박 수단을 통해 무역보복을 실행하고 있다. 대미 무역흑자(미국 상무부 2017 기준 229억 달러)를 기록한 한국의 경우 세탁기와 태양광 제품은 세이프가드(긴급수입제한조치)를 적용하고 철강 제품은 무역확장법 232조를 적용하고 냉간압연강판은 불리한 가용 정보(정보 제공에 비협조적인 수출기업에게 고율 관세 부과) 항목을 적용하는 통상압박을 가하고 있다. 트럼프 행정부는 통상압박을 통해서 한미 자유무역협정(FTA) 개정 협상에서 자동차 시장을 추가로 개방하고 철강 수출을 30% 감축해 관세를 면제하는 것으로 원칙적인 합의를 보았다.

특히 지역은 주요 수출 품목을 생산하는 공장들이 입지하고 있어 보호주의 정책으로 막대한 피해를 입게 된다. 지난번 조선 업종의 위기로 울산, 거제, 대불의 지역경제는 아직도 회복 조짐이 더딘 상황이다. 최근 한국 지엠(GM)의 군산공장 폐쇄 예정, 산업은행의 금호타이어 해외매각 추진 등으로 지역 상권은 황폐화되고 지역경제는 어려움을 호소하고 있는 상황이다. 지역은 앞으로 자동차, 반도체 등 주요 다른 품목에 대한 관세 부과 조치가 이어진다면 수출 품목을 생산하는 공장 라인의 해외 이전 등 헤어날 수 없는 고통에 직면할 것이다.

이것은 한국 기업의 미국 이전을 강력하게 요구하여 자국의 산업을 보호하며 일자리를 창출하려는 미국 우선주의를 실행하는 것이다.

보호주의는 그동안 세계화가 이룩한 모든 성과를 앗아갈 것이고 특히 개발도상국에서는 자본, 금융, 무역 자유화로 인해 더욱 커진 위협적이고 불확실한 경제적 변동으로 고용의 불안전성은 더욱 심각할 수준에 이를 것이다. 따라서 경제가 불확실한 상황에서 글로벌적인 사회적 보호는 필요하게 된다.

한국을 포함한 모든 국가들은 세계화와 보호주의이라는 경계에 직면한 상황에서 스티글리츠의 '더 초이스'에서 역설하고 있는 세계 각국이 보호주의로 기울어지려는 시스템을 경계하면서 국제적 협력과 공조로 경제, 안보, 환경, 의료 등 모든 분야에서 안전망을 제공하는 '보호주의로 기울지 않는 사회적 보호' 를 구축해야 한다.

■ 2018.4.3

■ 부끄러운 기업과 기업가

일부 기업과 기업가들이 법과 원칙을 무시하고 탈법과 비리를 수시로 저질러 온 것은 정권과 결탁된 정경유착에서 비롯된다. 일부 대기업의 창업주는 물론 2세와 3세 오너들이 탈법과 비리로 구속되거나 형을 살게 되는 수치스런 일들이 연속되고 있다. 또한 대기업 총수와 일가들은 정경유착으로 축적된 기업 권력을 이용해 직원과 고객은 물론 국민의 상식을 초월하는 상습적이고 비상식적인 갑(甲)질을 자행해 왔다. 우리 헌정사는 권력핵심과 일부 기업들의 결탁으로 전직 대통령들과 대통령의 일가들이 뇌물, 비리, 횡령 등으로 구속되거나 옥살이하는 큰 오점을 남겼다.

정경유착은 기업과 기업가들이 최소의 비용을 지불하여 최대의 경제적 이익을 얻고자 최고의 권력자에게 최소의 뇌물을 주고 최대의 이권을 획득하는 경제적 행위이다. 따라서 일부 기업과 기업가들은 로비를 통해 각종 특혜를 받는 경우에 자신들에게 최대한의 경제적 이득이 주어지게 되어 고객이나 국민의 손해를 합리적으로 무시하게 된다. 이런 정경유착의 행동은 궁극적으로 국민 전체에게 불이익을 주고 경제 전반에 비효율적인 영향을 주는 '합리적 무시' (Rational Ignorance)에 기인한다.

최근 삼성은 그룹 차원의 조직적인 노조 와해 의혹으로, 대한항공은 오너 일가의 명품 밀수 및 관세 포탈 혐의와 배우자와 두 자매의 갑질 파문으로 국민들의 공분을 사고 있다. 대기업 총수들은 자신과 일가들의 비리 의혹과 악랄한 갑질 사건이 발생하게 되면 자신들 기업의 이미지만을 지키기 위해서 밖으로는 사회적 봉사 책무나 재산의 사회 환원이라는 상투적인 언어로 포장된 몇 줄의 대국민 사과로 임직원들의 고통을 무마시키며 고객들의 소비자 주권도 무력화시키면서 국민을 우롱하여 왔다.

실제로 그들은 의혹과 사건의 파문이 국민의 기억 속에서 사라지기를 기다리면서 무법과 탈법이 판치는 그들만의 리그에서 기업 권력을 여전히 행사하고 있는 것이다. 그들의 관심사는 기업으로 포장된 재산과 특권을 고스란히 자녀들에게 불법적으로 증여하거나 상속하는 일에 몰두하는 것이다. 참으로 부끄러운 일이다.

이런 부끄럽고 수치스러운 기업과 기업가의 역사에서 이탈리아 피렌체의 메디치 가문(Medici family)이 남긴 스토리는 기업 오너들에게 큰 의미를 던져주고 있다. 메디치 가문은 상인으로 출발하여 14-15세기 금융업을 통해 부를 축적하여 1748년까지 350여 년간 실질적으로 피렌체 공화국을 다스리면서 미켈란젤로, 마키아벨리, 레오나르도 다빈치, 보티첼리 등 수많은 거장을 후원하여 학문과 예술의 부흥으로 르네상스를 일으켰다. 이 가문에서 피렌체 시민들로부터 '일 마그니피코(il Magnifico)', 즉 '위대한 자'로 칭송 받은 로렌초 데 메디치는 "메디치 가문의 재산은 피렌체의 재산이다"이라고 선언하였고 안나 마리아 루이자 데 메데치는 "모든 소장품을 토스카나 대공국에 기증하여 피렌체의 영원한 유산으로 남겨라"라고 하여 메디치 가문의 방대한 예술품이 우피치 미술관의 전신이 되었고 피렌체는 오늘날 세계적인 문화유산을 간직한 도시로 남아 있다. 이제 기업과 기업가들은 기업이 왜 존재하며 기업가의 본질이 무엇인가를 다시금 생각하는 초심의 자세가 필요하다. 노벨경제학상 수상자 코즈(Coase)는 1937년에 발표한 '기업의 본질(The Nature of the Firm)'에서 시장에서 '거래비용'이 존재하므로 기업이 존재하게 된다고 주장하였다. 이 거래비용은 이해관계자들이 협상을 통해 합의에 도달하는 과정에서 부담하는 비용으로 시장이용의 비용을 의미한다. 그리고 일본 경제학자 小田切宏之(오다기리 히로유키)는 '기업경제학(2000)'에서 역사적으로 도매상제 가내공업에서 수공업적 공장 경영으로, 주식회사 체제의 공업생산으로의 발전은 생산 요소의 측면에서는 자영업자에서 임금노동자라는 신분의 전환이며 조직의 측면에서는 시장 거래에서 기업 체제라는 시스템의 전환이라고 평가하였다.

기업은 역사적 및 조직적 측면에서 거래의 전문화를 통해서 거래비용을 감소시키는 조정 메커니즘으로 존재하게 된 것이다. 이것은 기업이 생산과 교환에서 경제적으로 효율적인 자원 배분의 수단으로 작동한다는 것을 말한다.

이제 기업은 본연의 존재이유에 충실하면서 기술혁신과 인적자원 축적을 통해 이윤을 극대화하여 생산요소에 대한 정당한 대가를 분배하고 일자리를 창출하여 사회에 공헌하는 것이다. 또한 기업가는 생산 활동을 감독하고 시장의 단기적 불균형을 조정하고 혁신을 통해 경제발전을 주도하고 위험을 부담하는 창업 정신으로 기업가 정신을 회복하는 길 만이 진정으로 주주, 종업원, 고객, 거래처, 투자자, 그리고 국민으로부터 신뢰를 받을 수 있다.

■ 2018.5.8

■ 한국경제를 구하라

한국경제가 심상치 않은 것 같다. 특히 내수는 부진하고 수출은 등락하고 좋은 일자리의 사정은 나아지지 못하며 대기업의 시장 지배력은 날로 증가하여 높은 가격 설정으로 기업이익이 차지하는 몫은 늘어나지만 임금이 차지하는 몫은 점점 줄어들어 상위층과 하위층의 소득 격차가 더 벌어지고 있다. 또한 한국기업의 지배구조 특성으로 인한 갑질로 초래된 오너리스크는 노사 간의 갈등으로 기업투자의 분위기는 어수선한 상황이다.

올 1분기 경제성장률은 1.1%로 내수가 어려운 상황에서도 버팀목인 수출이 호조한 덕분으로 3%대 성장을 기록할 것으로 기대되었다. 그러나 최근 수출의 추세는 반도체 편중과 자동차, 가전, 디스플레이 등 주력업종의 부진으로 하락과 반등을 반복하고 있다. 한국경제에서 수출의 부진은 성장을 감소시켜 고용을 불안하게 만들고 소득과 소비의 감소로 이어질 수 있다.

또한 미국과 중국(G2)의 무역 전쟁은 유럽연합(EU)의 가세로 글로벌 보호무역을 더욱 심화시키고 일자리를 해외로 이전하라고 강요하여 한국경제를 힘들게 만들고 있다. 이것은 2017년 기준으로 우리 경제의 주요 수출국이 중국(1,421억 달러로 전체 수출의 24.8%)과 미국(686억 달러로 전체 수출의 12.0%)에 치중되어 수출의존도가 36.8%를 차지하고 있으며 보호무역의 대상 품목이 한국 수출의 주력업종인 자동차, 철강, 반도체가 거론되고 있는 것이다. 최근 폴 크루그먼 교수에 의하면 무역 전쟁으로 경제규모가 큰 나라는 최대 20% 수출입 감소할 것으로 예상되며 한국은 첨단 부품을 중국에 수출하고 중국은 완제품으로 미국과 서유럽에 수출하는 글로벌 무역 구조를 연결되어 있기 때문에 2배 정도의 타격을 입을 것으로 예상되고 있다.

통계청(6월 15일)의 5월 고용동향은 15-29세 청년층 실업률이 10.5%로 1년 전보다 1.3%포인트 상승한 것으로 나타났다. 이것은 좋은 일자리 창출 부족으로 대학 졸업 후 청년층의 취업을 더디게 만들고 아르바이트에 의존하는 취업준비생이 많아지고 있다는 것이다. 그동안 청년 고용률은 정부의 재정지출에 의한 일시적인 일자리로 증가하지만 여전히 청년층들은 좋은 일자리의 구직에 매달리고 있는 실정이다.

이런 힘든 경제상황에서 지속적인 성장과 소득 분배와 일자리 악화의 개선은 소득주도 및 혁신 성장, 부동산 규제, 최저임금, 그리고 노사상생 등의 정책은 일시적 처방에 그칠 것이다. 지금의 한국경제는 자본주의의 근간인 자유 시장을 형성하는 요인의 근원적 처방이 필요한 시점이다.

현재의 경제시스템에서 소수의 거대한 부유층, 대기업의 오너패밀리, 금융의 엘리트 집단, 그리고 이익단체들은 정치적 영향력과 경제적 힘을 행사하여 경제 규칙을 수시로 바꾸어 자신들의 몫을 늘려왔다. 반면에 소상공업자, 저임금 근로자층, 프랜차이즈 가맹업자 등 대다수 서민층은 불리한 계약으로 공정한 거래에서 배제되고 담보대출 부채로 채무 불이행으로 전락하게 되어 직업의 불안정성이 점점 확대되고 있다.

이런 경제시스템을 수정하기 위해 미국의 경제학자 로버트 라이시는 <자본주의를 구하라(Saving Capitalism)>에서 시장 경제를 구성하는 5가지 기본적인 요소인 재산, 독점, 계약, 파산, 시행에 대한 공정한 시장 규칙을 고안하기 위한 처방을 제시하고 있다. 로버트 라이시는 과거의 경제 규칙인 '자유 시장'이냐 '정부'를 선택하는 것이 아니라 "광범위하게 번영을 분배하도록 조직된 시장이냐, 아니면 거의 모든 소득을 상위 소수에게 쥐어주도록 조직된 시장이냐"를 선택하는 새로운 시장 규칙을 제시하고 있다.

대다수 국민들은 시장 경제에 대한 자신들의 의사와 가치를 반영하여 기존의 시장 규칙을 수정할 힘이 있어서 민주적 절차에 따른 정치적 의사결정과정으로 새로운 시장 규칙을 선택할 수 있다. 이제 새로운 시장 규칙은 사회적 공동체를 파괴하는 경제적 불평등을 해소하기 위해 폴 크루그먼 교수가 언급한 삶의 만족도를 반영하는 사회적 포용의 정책을 통해서 실현될 것이고 국가와 지역을 정의롭고 풍요롭게 번영시킬 것이다.

■ 2018.7.17

■ 고용쇼크에 대한 단상(斷想)

최근 한국경제가 세수와 수출의 흑자를 기록하고 있는 것은 다행스럽지만 일자리 쇼크라는 충격에 빠져든 상황이다. 7-8월의 고용동향은 전 달에 비해 취업자 수가 5천명 이하의 증가폭을 보여주었다. 이것은 글로벌 금융위기였던 지난 2010년 1월 이후 8년 6개월 만에 최저치이다. 그동안 정부는 취업자 수의 증가폭 급감이 급격한 고령화와 생산가능인구의 감소 등 인구 구조적 요인과 조선과 자동차 업종 등의 제조업 구조조정에 기인한 것으로 해석하고 있다. 한편 일부에서는 지난 해 16.4%로 급격하게 인상된 최저임금(2018년 최저시급 7,530원)과 근로시간의 단축(주 52시간) 등 정부 정책들이 점차적으로 고용 상황에 반영되고 있는 것으로 보고 있다.

최저임금은 고용주가 피고용인에게 지불해야 하는 노동의 대가인 임금수준을 최소한으로 규정한 법적 하한을 의미한다. 한국은 1986년 12월 최저임금법을 제정하여 1988년 1월부터 시행하였고 2004년 11월부터는 1인 이상 사업장 전 근로자(임시, 일용, 시간제 모두 포함)에게 적용하여 근로자의 시간당 임금에 대해 가격하한제를 시행하고 있다. 2017년까지 최저임금을 5년간 6-8% 정도 인상하다가 2018년 최저임금을 무려 16.4% 인상했지만 임금노동자의 절반 정도인 월 200만원 미만의 저임금노동자들로 적용 대상은 463만 명에 달한다. 내년도 최저임금은 여기에서 또 10.9% 오르게 된다. 또한 위반 시에 3년 이하의 징역 또는 2천만원 이하 벌금에 처하는 벌칙도 강화되었다.

미국도 최초로 전국 단위에서 임금과 근로시간을 강제로 규정한 1938년 「공정근로기준법(Fair Labor Standard Act)」을 제정하여 첫해 최저임금을 시간당 25센트로 주당 근로시간을 44시간으로 시행되었다. 2018년 미국 연방 최저임금은 7.25달러로 10년 가까이 변동은 없으나 일부 주에서는 연방보다 더 높은 최저임금을 적용하고 있는 실정이다.

미국에서도 최저임금의 인상 논란은 지속되어 왔다. 특히 오바마 행정부 시절 노벨경제학상 수장자인 케네스 애로, 피터 다이아몬드, 에릭 매스킨, 토머스 셸링, 조지프 스티글리츠, 마이클 스펜스, 로버트 솔로를 포함한 600명 이상의 저명한 경제학자들이 대통령과 미 의회에 보낸 서한에서 연방최저임금을 시간당 7.25달러에서 3년간 95센트(13%)씩 인상하여 2016년까지 10.10달러로 하는 것이었다.

그들은 최저임금 인상으로 비정규직의 임금이 정규직의 70% 수준에 이르게 하고 가계의 성인과 주당 최소 20시간 일하는 여성근로자들이 가장 큰 혜택을 받게 되며 높은 실업률 상태에서 저임금 근로자의 생활수준을 향상시킬 것이라고 주장하였다. 그러나 최저임금 인상은 90만 명이 혜택을 받지만 일자리 50만개가 사라진다는 의회예산국의 예측으로 미 의회의 저지로 무산되었다. 최저임금의 인상은 심지어 미국 저명한 경제학자들에게도 풀기 힘든 과제이다. 이것은 노동시장이 경제이론처럼 단일로 형성된 것이 아니라 서로 다른 기술과 경험을 갖춘 근로자들로 이루어진 다양한 유형의 노동시장이 존재한다는 것이다.

이런 점에서 최저임금제의 효과는 근로자들의 기술수준, 경험, 능력과 업종구조에 의해서 다르게 나타난다. 대기업과 수출 관련 기업, 공기업의 경우 시장 균형임금이 높으므로 최저임금의 영향을 받지 않는다. 그러나 일부 업종의 노동시장에서는 법적 구속력이 있는 최저임금은 많은 근로자들이 일자리를 얻기 원하므로 구조적 실업을 초래하여 노동의 수요(고용주)와 공급(피고용인)에 영향을 미치게 된다.

한국은 민간부문에서 600만 명에 이르는 자영업자와 소상공인의 경우 비정규직, 일용직, 시간제 근로자들을 고용하는 상황이어서 최저임금에 의해서 인건비 부담으로 고용이 감소하는 구조적 실업이 발생할 수 있다. 대부분의 공공부문 일자리는 재정 투입에 의존하므로 일시적인 일자리로 고용과 실업의 반복적인 경향을 보이게 된다.

특히 청년층은 대규모 신규 취업인력의 노동시장 진입과 기술 혁신과 자동화로 산업이 진화함으로써 일자리 창출과 소멸 과정에 직면하여 직장 탐색에 의해서 구직과 구인 간 미스매치로 마찰적 실업을 초래하고 기존 노동자들의 노동조합에 의한 시장지배력과 대기업과 공기업이 책정하는 시장 균형을 초과하는 효율 임금으로 구조적 실업이 발생하고, 글로벌 경기 후퇴로 조선, 자동차, 반도체 등의 기존 주력 업종의 고용창출 둔화로 경기적 실업마저 겹치게 되어 2017년에 청년실업률이 9.8%로 전체 실업률 3.7%로 격차가 2배 이상으로 확대되고 있는 것이다. 고용과 실업의 변동은 저출산과 고령화, 여성 노동자의 증가 등의 경제활동인구의 특성과 제도, 노동조합 등 노동시장의 제도, 최저임금제 등 정부의 근로자 지원정책 시행, 노동 생산성의 변화 등 복합적인 요인에 의해서 결정된다. 이제부터라도 정부와 기업은 기술혁신과 규제개혁으로 신산업 창출을 위한 혁신 성장을 실천하고 청년들이 기존의 직업관에만 머물지 말고 혁신기술과 아이디어를 지닌 스타트업 창업의 기회를 줄 수 있어야 한다. 또한 노동계는 최하층 노동자와 신규 취업자들에게 적정 임금과 적정 노동시간을 제공하는 공정한 근로 기회를 위해 원가 절감과 노동 생산성 향상에 기여하고 사용자는 저임금과 과도한 근로시간의 관행을 버리고 경영과 기술혁신을 통한 기업의 경쟁력 강화로 일자리를 창출해야 할 것이다.

■ 2018.10.2

■ 한국경제와 국민소득 3만 달러

지난해 우리나라는 일인당 국민총소득(Gross National Income; 명목)이 통계청 국가통계포털에 의하면 3만1천349달러(3천499만4천원)로 이제 3만달러 시대에 들어섰다. 한국은 경제협력개발기구(OECD) 회원국로서 22번째, 인구 5천만 이상의 국가로서 일본(1992년), 독일(1995년), 미국(1997년), 영국(2002년), 프랑스와 이탈리아(2004년)에 이어서 7번째로 달성하였다.

한국은 전 세계적으로도 유례가 없는 단기간에 비약적인 발전의 모습을 보여주었지만 힘든 경제성장의 과정을 지니고 있다. 제2차 세계대전 이후 한국은 가장 가난한 국가로서 원조 수혜국으로 출발하여 한국전쟁 직후 1953년 일인당 국민총소득이 67달러에 불과했다. 한국은 본격적으로 1962년에 시작된 국가주도의 경제개발5개년계획에 의한 성장 정책과 60년대 후반의 월남전 특수에 힘입어 1970년 257달러, 70년 후반의 중동 건설 경기 붐의 영향으로 1977년에 1천47달러를 기록했지만 1973년 제1차 석유파동과 1979년 제2차 석유파동을 겪으면서 경제성장이 둔화하여 무역수지 적자, 고물가, 고실업으로 서민들은 큰 고통을 받았다.

한국경제는 1980년 초반에 3고 현상(고달러·고유가·고금리)으로 불황을 겪게 되었지만 1986-88년 3저 현상(저금리, 저유가, 저달러)으로 호황을 맞았다. 이런 호황은 90년대에 이르러 초반에 노사분규로 불황에 빠졌지만 중반에 신3저 현상과 반도체 경기에 힘입어 회생하였다. 마지막 제7차 경제개발5개년계획(1996년 완료)이 집행되는 가운데 1인당 국민소득이 1994년에 1만169달러를 달성해 70-80년대에 이미 1만달러를 달성한 국가에서 비해서는 늦었지만 인구 5천만 국가로는 7번째이고 1996년에 1만3천77달러로 선진국 OECD에 29번째로 가입했다. 한국은 '한강의 기적'이라는 경이로운 압축 성장을 전 세계에 보여주었고 국민들은 순탄하게 선진국의 대열에 합류하는 것으로 생각했다.

그러나 한국은 1997년 여름에 시작된 동남아 국가들의 연쇄적인 외환위기와 함께 원화가치의 고평가를 유지하기 위해 외환을 매각한 정부의 환율정책 실패, 기업의 무분별한 차입 경영, 금융기관의 부실경영에 의해 최악의 경제위기를 직면하게 되어 1997년 11월 21일 국제통화기금(IMF)의 구제 금융을 신청했다. 외환위기 동안 일인당 국민총소득은 1998년 7천989달러로 하락했으며 대량 실업과 기업의 해외 매각 등의 혹독한 구조조정을 통해서 1999년 1만282달러에 복귀했고 2000년에는 공적개발원조(ODA) 수혜국에서 원조하는 국가로 편입하게 되었고 2001년 외환위기를 벗어나게 되었다. 이후 한국은 2006년에 2만795달러를 기록하며 2만 달러를 달성하는데 12년의 기간이 걸렸다. 인구 5천만 이상 국가에서 이탈리아 4년(86년-90년), 일본 6년(81년-87년), 미국 10년(78년-88년)에 비해 느리지만 영국(80년-91년), 독일(79년-90년), 프랑스(79년-90년)의 11년과 비슷하게 돌파하였다.

한국경제는 2008년 글로벌 금융위기로 검은 먹구름이 덮쳐와 3만달러로 가는 길이 험난하게 여겨져 조기 재정지출을 투입했지만 글로벌 경기 하락으로 2008년과 2009년 2년 연속 일인당 국민총소득은 감소했고 2009년 1만8천256달러로 떨어졌다. 한국의 1인당 국민총소득은 3만달러를 넘는데 12년의 기간이 걸렸지만 일본(5년), 독일(5년), 미국(9년), 영국(11년)에 비해 길었고 프랑스와 이탈리아 14년보다 짧았다. 그들 국가 중에서 이탈리아를 제외하고는 모두 4만 달러를 돌파하였다. 그러나 스페인은 4년(2003년-07년)만에 3만달러를 넘기고도 경제 위기로 2013년에 2만 달러대로 하락하였다. 한국도 글로벌 및 대내 경제여건이 녹녹하지 않아 언제든지 2만달러대로 떨어질 수 있다.

특히 미·중 무역전쟁, 중국 경제성장 둔화 등 글로벌 경제의 여파는 조선과 철강 및 자동차의 경기 침체에 이어 휴대폰, 반도체 등 주력 업종의 수출 경기 하락으로 이어질 수 있다. 또한 한국경제는 저출산과 고령화로 인해 생산가능인구의 감소와 고비용·저효율 구조로 잠재적 성장률이 하락해 성장과 고용의 둔화에 직면하고 있으며, 최저임금 상승 등 노동시장의 변화와 고용과 소득의 양극화 심화로 가계의 구매력과 자영업자와 소상공인의 수익성을 악화시키고 있다.

이런 상황에서 기업은 프라하라드와 하멜이 제시한 다른 기업이 모방할 수 없는 중추 능력과 근원적인 경쟁력과 부가가치의 고도화를 확보하는 핵심역량(core competence)을 발굴하기 위해 경영자원을 집중하는 기업가정신이 절실하고 가계는 생애 주기에 의해서 가계 자산과 부채를 안정적으로 관리할 수 있는 소비와 저축의 합리적 선택이 필요하다. 그리고 정부는 가계와 기업에게 경제 활력을 불어 넣을 수 있도록 일자리 창출과 혁신 성장을 이끄는 기업의 투자와 글로벌 시장의 경쟁력을 촉진시킬 수 있는 규제완화와 더불어 주거, 교육, 교통, 문화, 의료 등의 보편적 삶을 누리는 소득분배로 가계의 실질적인 구매력을 회복시키는 정책이 시급하다.

■ 2019.3.19

■ 한일 경제전쟁

올해는 3·1운동 100주년과 대한민국임시정부 수립 100주년을 맞은 감격적인 해이다. 감격이 채 가시기도 전에 일본 아베 정부는 에칭가스(고순도 불화수소), 투명 필름 폴리이미드, 포토레지스트(감광액) 등 반도체 소재 부품인 3가지 품목 대한 수출규제 조치와 한국을 백색국가(화이트리스트)에서 제외함으로써 1965년 한일국교 정상화이래로 한일관계가 최악의 상황으로 치닫고 있다. 모든 국민들은 자발적인 일본산 제품의 불매운동에 참가하고 있으며 일본 여행은 물론 민간 차원의 교류도 거의 단절하는 경제 전시 상황으로 행동하고 있다. 그러나 해방 이후 친일 역사 잔재 청산과 미래 동반자로서의 관계설정도 실패한 정치지도자들과 정치집단, 그리고 무역적자와 대일 의존도가 높은 분야에서의 연구개발 투자에는 소홀히 하고 정부와 정치권 탓만 하는 대기업의 행태도 한심스럽다.

최근 미중 무역전쟁으로 세계경제 성장이 급속하게 냉각된 상황에서 터진 한일 경제전쟁으로 세계경제의 불확실성은 한층 가중되고 자유무역의 기본질서는 심각한 도전을 받고 있다. 수출규제 조치와 화이트리스트 배제는 거의 모든 산업에 걸쳐 포괄 허가를 건별 개별 허가로 변경함으로써 한일 간에 자유로운 교역이 제한되어 양국의 기업은 물론 기업 간의 글로벌 분업체계가 타격을 받게 되고 세계경제 성장에 심각한 영향을 미칠 것이다.

이번 일본의 수출규제 대상 품목은 한국 반도체와 디스플레이 제조에 주요 소재로 투입되고 있다. 한국은 반도체 메모리(D램)의 전 세계 판매량의 70% 정도를 차지하고 있다. 국내 기업이 수입한 품목들은 대부분 일본산에 의존하고 있다. 특히 반도체 관련 산업은 부품업체(일본의 부품 및 소재 기업)들이 메모리 및 디스플레이 조립업체(한국의 반도체 기업)들에게 부품과 소재를 공급하며 조립업체들은 조립제품을 관련 완성품 생산기업(중국이나 미국의 기업)들에게 공급하고 완성품 제조 기업들은 완성제품을 생산하여 고객들에게 판매하는 일련의 기업 간 글로벌 공급체인(global supply chain) 관계를 형성하고 있다.

글로벌 공급체인은 전 세계 기업들 간의 거래가 가격과 품질의 비교우위라는 관점에서 성립된 개념이다. 따라서 산업이나 기업들은 생산 과정의 시작인 소재와 부품의 투입부터 조립 부품을 이용한 완성제품의 생산과 판매에 이르기까지 세계 시장을 대상으로 가장 저렴하고 품질이 뛰어난 부품과 소재를 구입하여 생산하는 산업 전반에 걸친 품목 간 또는 산업 간 상호의존관계를 갖는다. 이런 글로벌 공급체인은 모든 기업들이 일련의 제조 과정을 수직적 통합에 의해서 발생하는 조직 내 거래비용보다 글로벌 시장에서 장기 계약이나 시장 거래를 통한 시장거래비용이 저렴하고 효율적인 생산이 가능하므로 존재하게 되며 세계 자유무역의 질서가 보장되어야 구축되는 것이다.

그러나 글로벌 자유무역의 불확실성이 증대된다면 모든 기업들은 기술적 의존성에 의해 거래가 빈번한 부품, 소재, 장비 등의 안정적인 공급을 위해 일련의 과정을 하나의 거대한 기업으로 수직적 통합을 하거나 자국에서의 국산화를 통한 거래 관계를 구축하게 될 것이다. 국가 간의 자유무역을 규제하는 조치는 기업 간의 비교우위를 실현하는 교역 관계를 단절시키고 기업의 독점으로 인한 비효율적인 생산으로 완제품의 가격 상승과 공급 물량 부족으로 궁극적으로 소비자의 편익을 감소시키게 된다.

표면적으로 일본국은 2015년 한일 일본군 위안부 협상의 파기와 민간인의 강제징용에 대한 일본 전범기업의 손해배상 청구권을 인정하는 한국 사법부의 판결로 국가 간의 신뢰가 훼손되었다고 변명한다. 그러나 이번 사태의 본질은 일본이 정치적으로 평화헌법(일본헌법 제9조)의 개정을 통해 전쟁가능국가로 전환해 미국의 힘을 빌려 중국의 패권을 견제하고 한국을 경제적으로 고립화시켜 한국경제에 심각한 타격을 주고 아시아의 패권 국가로 군국주의 부활을 꿈꾸고 있다.

국제 질서는 정치적으로나 경제적으로나 자국의 이익에 의해 요동치게 된다. 이제 우리는 국제 분업체계에서 차지하는 한국경제와 기업의 역할을 냉정하게 분석해야 한다. 단기적으로 즉각 수출 규제와 화이트리스트 배제를 철회하는 외교적 협상은 물론 단호한 대응 조치로 한일 군사정보보호협정의 파기도 고려하고 일본을 백색국가에서 제외시키는 등의 비관세 장벽을 활용하는 방안을 강구하는 것이다. 중장기적으로는 정부와 기업은 수출 주력업종에 관련된 재료, 부품, 소재, 장비 분야의 자체적인 국산화 작업과 더불어 전 세계적으로 활동하고 있는 우수한 다국적기업군과의 거래와 조달을 네트워크화함으로써 글로벌 공급체인의 다변화를 유도하는 노력이 시급하다.

■ 2019.8.6

■ 코로나19의 재난 위기

지구촌은 신종 코로나바이러스 감염증(코로나19)의 팬데믹(세계적 대유행)으로 최고의 공포와 가장 극심한 경기후퇴로 최악의 재난위기에 직면하고 있다. 코로나19는 개인들에게 재택근무로, 사회적으로는 거리 두기와 충돌 양상으로, 도시는 이동 제한으로, 국가는 시설폐쇄와 국경 봉쇄로 전 세계인의 일상생활을 변화시켜 버렸다.

이런 격리와 폐쇄조치로 글로벌 공급망이 무너져 부품 조달이 힘들어 해외 공장이 문을 닫는 사태가 속출해 생산 활동을 멈추게 만들었다. 특히 오프라인 소비 위축과 구매력 저하로 소상공인과 자영업자는 매출 감소로 생존과 존립의 기로에 서 있다. 그럼에도 정치권은 총선을 의식해 입국자 검역관리, 긴급재난지원금 지급기준, 교회 예배 강행, 예산 전용 100조원 확보 등의 논란으로 코로나19의 재난위기를 정치화하기에 바쁘다. 우리는 사회적 합의나 정치권의 협상으로 이런 논란들을 충분히 해결할 능력이 있는 것을 보여줘야 한다. 국민의 생명과 안전에 직결되는 부적절한 정치적 공방은 망언이다. 이런 점에서 "지금 우리의 적은 코로나19로 국가적 위기 상황에서 정치적 논란을 위한 시간이 아니다"라고 지적한 쿠오모 뉴욕 주지사의 발언에 일리가 있다.

지금까지 경험하지 못했던 형태의 재난위기로 세계 각국은 1930년대 초 실질GDP(국내총생산)가 27% 감소하고 실업률이 25%로 상승했던 대공황이나 2008년부터 2009년 미국경제의 금융위기와 경기대침체보다 더 심각한 전시에 준하는 대대공황(Greater Depression)으로 인식하고 슈퍼 부양책과 안보위기에 준하는 대책을 내놓고 있다. 미국은 2조2천억 달러(약 2천684조원)를 투입하고 있지만 전략비축물자인 마스크와 인공호흡기 등 의료 보호장구가 거의 바닥났다. 한국도 11조7천억원 추경을 비롯해 총 132조원의 경기부양책과 금융안정 패키지를 내놓았고 소득 하위 70% 가구에 최대 100만원을 지급하는 일회성 선별 '긴급재난지원금' 및 사회보험료 부담완화를 발표했고 마스크 대란으로 수출금지 조치를 취했다.

지난 2008년에서 2009년의 금융위기는 수요충격으로 주택가격이 하락해 주택담보대출 연체와 주택압류가 급증하고 주택저당증권(서브프라임 모기지)을 보유한 금융기관의 도산으로 총수요가 대폭적으로 감소한 경기대침체이었다. 그러나 코로나19의 충격은 다르다. 금융위기 때 IMF 수석 이코노미스트로 활동했던 올리비에 블랑샤르는 "2020년 반기 세계 경제 성장률이 마이너스가 될 것이고 코로나19의 충격은 '공급 충격'으로 미국 연방준비제도(Fed)의 금리 인하는 지금의 문제를 해결하기 위한 유용한 수단이 아니다"라고 지적하고 있다. 그의 조언은 코로나19의 재난위기를 벗어나는 경기부양책 마련에 큰 도움이 될 것이다.

이번 코로나19의 재난위기는 국민, 전문가들과 정책당국에게 감염병 예방과 경기부양책에 대한 과제를 던져주고 있다. 첫 번째는 '항상 대비하라.' 역사적으로 감염병은 14세기 중세 유럽의 흑사병과 1918년 스페인 독감, 1968년 홍콩독감, 2003년 사스, 2009년 신종플루, 2015년 메르스 사태로 이어져 왔다. 인류는 감염병이 백신과 치료제 개발로 충분히 종식되고 예방할 수 있을 것으로 믿었다. 그러나 코로나19의 발생은 3월11일 사상 세 번째로 팬데믹 상황이 되었다. 감염병은 과거와는 다른 신종으로 진화된 생명체로 출현하게 되고 반복한다.

두 번째는 '질병관리본부의 역할 확대와 공중보건 및 방역과 공공의료시스템의 구축은 매우 중요하다.' 감염병은 눈에 보이지 않고 알려지지 않는 과거와는 다른 신종 바이러스로 백신도 치료제도 없는 상황에서 출현한다. 따라서 정부는 진단검사와 역학조사 및 자가 격리 등에서 질병관리본부의 권한을 강화하고 공중보건과 방역시스템을 구축해야 한다. 또한 지자체의 재난구호 및 관리기금의 용도와 재원을 확대하고 공공성을 강화하는 지역의 공공의료체계 구축으로 재난위기에 병실 부족과 의료 인력의 공백에 대비해야 한다.

세 번째는 '감염병과 경제안정화에 대한 국가 간의 공조와 세계보건기구(WHO)의 투명성 확보이다.' 이번 코로나19는 중국에서 국지적으로 발생했지만 순식간에 전 세계적으로 확산돼 모든 국가가 위험에 노출되었다. 바이러스에게는 국경도 아무 소용이 없다. 감염병은 전 세계가 공동으로 정복해야 할 질병이다. 이런 심각한 상황에서 세계보건기구는 전염병의 위기경보 선언과 정보제공에서 투명성을 확보해야 하고 예방, 진단, 방역, 역학조사, 백신과 치료제 개발, 그리고 경제교류에서 국가 간 상호 협력은 필수적이다.

네 번째는 '재정 및 통화정책과 더불어 다른 정책수단(재난기본소득)의 강구가 요구된다.' 감염병의 재난위기는 총수요의 대폭적인 감소뿐만 아니라 격리와 폐쇄조치로 대량 실업과 글로벌 공급망의 파괴로 인한 공급충격을 지니고 있다. 정부는 전통적 재정지출과 금리 인하와 양적 완화의 통화정책에 의한 경기부양책을 넘어서는 국민에게 기초소비를 제공해 생계를 보장하고 고용을 유지할 수 있도록 국민들이 공감하는 재난기본소득의 도입을 고민해야 할 것이다.

■ 2020.4.7

■ 취업의 경제학

취업과 재취업은 가장 뜨거운 이슈이다. 작금 코로나19의 직격탄을 맞은 불황 업종의 종사자들은 해고와 유·무급 휴직으로 불안하고 고용시장에 진입하려는 취업준비생들은 좁은 취업의 문마저 닫혀버린 상황에 직면하고 있다. 이런 심각한 고용 상황에서 최근 취업의 갈등을 촉발한 일명 '인국공(인천국제공항공사)' 사태가 발생했다. 인천국제공항공사는 약 1천900명의 비정규직 보안요원을 안정적인 근무와 처우개선을 위한 정규직 전환 방식에서 사회적 갈등을 낳게 되었다. 기존 정규직은 채용 방식에서 정당한 절차와 공정한 경쟁을 준수할 것을 주장하고 취업준비생들은 비정규직의 채용 특혜로 채용 기회를 박탈하는 기회의 불평등을 항의하고 있다. 특히 취업준비생들은 기회 평등, 과정 공정, 결과 정의가 작동하지 않는 합의 시스템을 거부하는 것이다.

취업시장은 주어진 정보가 비대칭적인 상황에서 위임자와 대리인의 계약 관계가 형성되는 공간으로 위임자는 기업경영자이고 대리인은 복수의 구직자들이다. 취업은 참여기회, 채용 과정, 취직이라는 절차를 따른다. 취업의 기회는 자격과 능력 있는 누구에게나 개방되어야 하고 균등하게 주어져야 한다. 현실 경제에서 민간 부문은 경제 상황과 맞물려 호황기에는 노동의 수요를 증가시키는 반면 침체기에는 한시적으로 인턴, 비정규직이나 위탁 형태로 운영해 정규직 채용을 줄이게 된다. 공공 부문의 채용은 필수적 공공서비스를 제공하는 역할을 한다. 이런 점에서 실제로 채용 기회는 경제와 국가와 공공기관의 역할, 그리고 정보의 격차 등에 의해서 제한적으로 행해진다. 이번 사태도 취업준비생들은 공공기관에서 비정규직의 정규직 전환이라는 상황을 신규 채용의 기회가 제한되고 불평등하다고 인식하게 된다면 기회 균등의 정당성을 인정하지 않을 수 없다. 이런 점에서 취업의 기회 평등은 취업이든 재취업이든 정당하게 일할 권리로서 보장받아야 한다.

채용 과정은 경영자가 다수의 구직자 중에서 적합한 인재를 선택하는 절차이다. 실제로 기업은 면접 과정에서 눈에 보이지 않는 차별적인 요소로 인한 불공정 경쟁을 차단하고 공정한 절차를 위해 학력 및 스펙 등 관련 신상 미기재와 블라인드 면접을 도입하게 됐다. 이런 과정에서 양자 간에 서로의 이해가 일치하지 않고 정보의 비대칭성과 부족으로 채용은 가장 최악이 될 수도 있다. 이런 정보의 비대칭성을 타개하기 위해 노벨경제학상 수상자 스펜스(M. Spence)는 경영자의 노력으로 정보선별(screening), 취업지망자들의 노력으로 정보발신(signaling)을 고안했다. 기업은 취업의 과정에서 무능한 직원을 채용하게 되는 역선택(adverse selection) 현상을 배제하기 위해 가장 유능한 직원을 채용하려고 구별하고 구직자는 사전에 자신이 능력 있는 인재임을 알리려고 한다. 이런 상황에서 정보가 부족한 기업은 정보선별로 인재를 구별하고 구직자는 정보발신으로 적합한 인재라는 것을 알리려고 한다. 이런 의미에서 채용의 과정은 모든 취업 응시자들에게 공통의 규칙이 공정하게 적용된다면 결과의 정당성을 확보할 수 있다.

이제 채용의 결과가 기회의 균등과 공정한 경쟁의 과정으로 결정되면 정의로운 결과로 인정받을 수 있다. 그러나 취업이 구직자의 자격과 능력이 되지 못한 영역에서 부모 찬스와 같은 가족 배경이나 족벌주의, 그리고 뇌물 공여 등으로 채용된다면 돈과 혈연이라는 가장 추악한 원칙들에 의해서 인적자원 배분이 이루어지므로 정의롭지 못해 비난받아야 하고 벌을 받아야 한다.

이런 공정하고 정의로운 분배에 관하여 정치철학자 마이클 왈저(Michael Walzer, 1983)는 'Spheres of Justice: A Defence of Pluralism and Equality'(정의의 영역)에서 각 재화와 서비스들이 나름의 분배 원칙을 지니고 있다고 주장한다. 그는 "특정 재화에 대해 권리를 가지느냐 여부는 그 재화가 공동체 생활에서 수행하는 역할과 중요성에 의존한다"는 것이다. 이런 의미에서 취업서비스도 공동체 구성원으로서 사회적으로 인정되는 가치이다. 그는 마이클 샌델(2005)이 'Public Philosophy: Essays on Morality in Politics'(번역본 제목: 왜 도덕인가?)에서 인용한 것처럼 "복지는 궁핍한 사람들에게 돌아가야 하고, 명예는 그만한 자격이 있는 사람들에게, 정치적인 힘은 도덕성을 가진 사람들에게, 직책은 적임자들에게, 사치품은 그에 대한 대가를 지불할 능력과 의향이 있는 사람들에게, 신의 은총은 독실한 사람들에게 주어져야 한다"고 재화와 서비스들의 정의의 영역을 제시하고 있다. 이런 공정한 분배가 이루어진다면 기회는 평등하게 과정은 공정하게 결과는 정의롭게 되는 사회가 될 것이다.

이번 사태의 기회를 통해서 취업을 준비하거나 재취업하고자 하는 사람들에게 취업 서비스의 영역에 있어서 "취업은 공통의 규칙을 적용하는 공정한 경쟁과 절차로 그만한 자격과 능력 있는 사람들에게" 주어지는 인적자원 배분 시스템이 작동돼야 한다.

■ 2020.7.28

■ 정책과 시장

지난 제21대 총선에서 국민들은 코로나19 방역과 경기 회복의 의지에 대한 기대감으로 여권과 정부에게 표를 던졌다. 국민의 지지에 힘입어 여권과 정부는 주택 가격 안정과 전월세 시장의 안정을 위한 다주택자의 부동산세 인상(종합부동산세·취득세·보유세)과 임대차 3법(전월세신고제·전월세상한제·계약갱신청구권제)을 속전속결로 통과시키고 전월세전환율의 하향 조정 등 후속 대책을 발표하여 부동산 시장의 안정을 기대하고 있다. 그러나 아파트 값은 다소 진정세를 보이고 있지만 전세 매물의 품귀 현상으로 전세 값은 상승하고 있어 시장의 반응은 엇갈리고 있다.

이런 반응은 시장이 이해득실로 인해 정책 효과가 상반되게 작동하고 있다. 손해 보는 쪽은 결사적으로 저항하게 되고 반면에 이득을 볼 것으로 기대하는 쪽은 새로운 정책 효과의 상대편 반응과 정책 시차로 호응이 더디게 나타난다. 이런 점에서 정부가 수요 측면에서 임대사업의 공공주택과 민간주택이 전월세 시장에서 경쟁하고 공급 측면에서 공공의 임대분양주택과 민간의 분양주택이 경쟁하도록 시장에 개입하는 역할 분담이 필요하다.

특히 우리 사회에서 주택 서비스는 개인(소비자)에게 주거 안정의 효용을 높이는 소비재의 측면과 개인과 사회의 자산 가치를 높이는 투자재의 측면의 이중성을 지니고 있다. 이것은 부동산과 주택 구입이 유동자산 시장의 불확실성과 위험을 대체할 수 있는 분산 투자의 수단으로서 재산 축적의 역할을 하고 있다는 것이다. 소비재로서 주택은 주거 안정을 누리는 즐거움을 주는 것으로 분양 및 전월세 시장의 안정이 필요하고 투자재로서 주택은 주택을 구입함으로써 자산 가치를 높이는 재산 축적의 대상이 된다는 점에서 자산시장의 활성화가 필요하다.

이런 정책은 정부가 시장의 실패를 교정하는 역할로 시장에 개입하는 것으로 정부는 국민들의 선호를 도출하고 그 정보를 통해서 정치적 의사결정을 하는 중립적이고 선한 실체라는 관점이다. 그러나 실제로 국가의 통치 행위는 정치권, 관료조직, 사법기관, 언론, 이익집단 등에 속한 사람들에 의해서 이루어진다. 따라서 정부의 개입이 오히려 자원배분을 저해하는 상황에 직면하는 정부의 실패 또는 정책의 실패를 초래하게 될 수 있다.

새로운 정책의 시장 개입은 항상 힘들다. 그것은 먼저 정부는 시장에 참여한 모든 경제주체들의 선호를 정확하게 추정할 수 없다. 따라서 선호를 반영하는 정보의 제약으로 성과를 완벽하게 예상할 수 없다는 것이다. 다음으로 시장의 선호를 반영한 정책이 시장에서 특정하게 작동을 하게 될 것으로 기대하고 실행하게 되지만 시장은 전혀 다르게 반응하게 된다는 점이다. 그리고 정치적 의사결정과정에서 이해관계가 상반된 이익집단들과의 합의로 정책은 변질될 가능성이 있는 것이다. 또한 정부는 중립적이며 선한 실체가 아니라 공무원 증원과 조직의 확대로 관료조직의 비대화, 역할의 불투명성과 불명확성, 상호견제기능의 미비 등의 관료조직의 문제로 공익보다 관료의 영속성을 우선하는 도덕적 해이 현상에 직면하여 정책의 성과를 거둘 수 없다. 게다가 정책의 성과가 효율성과 형평성의 판단보다는 사법적 판단에 좌우되고 있다는 점이다. 마지막으로 관련 조사들은 대다수 국민들이 시장의 부작용보다는 정부, 국회, 검찰 등의 국가기관과 언론의 불신이 크다고 지적하고 있다. 국가의 새로운 정책이나 개혁의 동기는 선에서 출발하지만 시장여건과 시간이 지남에 따라 과도한 규제로 변해서 실패할 수 있으며 시장의 작동을 대체할 수 없게 된다. 이런 점에서 새로운 정책과 개혁은 시장의 부정이 아니라 시장의 실패를 보완하는 시장의 재구축이어야 한다.

정책은 규범적 가치판단의 원리를 지니고 있어서 국민들에게 행동의 지침을 제공하게 되므로 시장에서 자유로운 의사결정의 오류나 교란의 가능성을 내포할 수 있다. 이런 의미에서 경제와 사회 안정의 인프라(건강 및 보건, 안전, 환경, 주거 서비스, 소득재분배, 공정거래질서 등) 구축을 위해 개인이나 기업의 민간부문의 행동에 일정한 규제를 부과하는 시장 개입의 정책은 국민 생명과 안전의 보호와 재산권의 보장에 직결되므로 신중하게 집행되어야 한다.

■ 2020.8.25

■ 재정지출과 국가부채

지난 3월11일 세계보건기구(WHO)가 코로나19의 팬데믹을 선언한 지가 6개월이 지났지만 진정과 확산을 반복하고 있다. 그간 전 세계적으로 확진자 3천만여명, 사망자 95만여명을 넘고 있으며 백신의 3상 임상시험이 진행되고 있지만 승인까지는 빨라야 연말이나 내년 초가 될 것으로 전망한다. 한국도 8월 중순 재확산으로 사회적 거리두기 단계 강화로 확산세는 주춤하고 있지만 경제적으로 자영업자와 소상공인의 피해가 심각한 상황에 이르렀고 국내외 기관들은 올해 경제성장률의 전망치가 1.1%내외로 하락할 것으로 예상하고 있다.

이런 힘든 경제상황에서 정부는 4차 추경을 서두르고 있다. 4차 추경에서 2차 재난지원금은 소비 진작의 보편적 지급보다는 피해가 심각한 업종이나 계층의 맞춤형 지원에 초점을 두었다. 이것은 코로나19의 사회적 거리두기 단계 강화로 자영업자와 소상공인의 영업 제한으로 소비 둔화에 따른 매출 하락의 상황을 반영한 것이다. 지금까지 세 번의 추경과 4차 추경으로 인해 급격한 재정지출과 향후 경기회복을 위한 경제활성화 조치가 예상되어 재정적자는 늘어날 것이고 국가부채도 증가한다. 국가부채는 재정건전성의 미흡으로 국가의 신용 등급에 영향을 줄 수 있으며 정치적 리스크에 봉착할 수도 있다. 실제로 한국경제는 다른 선진국과 비교하여 국가부채비율이 낮은 편으로 나라 빚에 의존하는 재정지출형 구조보다는 1,800조원(2019년 기준)이 넘는 주택관련 가계대출과 자영업자 대출 등 가계 빚에 의존하는 민간소비형 구조이다.

어느 국가나 재정지출의 효과와 재정적자와 국가부채의 관계는 큰 논쟁거리이다. 재정지출은 특히 통화정책의 여력이 충분하지 못할 때 세금 감면에 비해 큰 승수효과를 얻을 수 있지만 재정적자의 증가를 가계소비의 감소로 상쇄하여 효과가 없을 수도 있다. 또한 잠재적 성장률이 정체되거나 하락하는 상황에서 재정지출을 통한 총수요 활성화하려는 조치는 대규모의 재정적자를 기록하여 부채비율이 빠른 속도로 증가하여 재정건전성의 우려가 있는 것이다. 한국의 국내총생산(GDP) 대비 정부부채 비율은 2018년 35.9%, 2019년 38.0%, 코로나19 사태 대응의 추경으로 2020년 44.8%로 예상하고 있으며 지난 3년간 8.9% 포인트 넘게 상승할 것이다. 또한 국제신용평가사 피치(Fitch)는 2021년 47.8%, 2022년 49.1%로 증가할 것으로 전망하고 있다.

미국도 2000년 초반까지도 국내총생산의 2%에 해당하는 재정흑자가 있어 왔지만 재정적자로 전환되는 시간은 오래 걸리지 않았다. 노벨경제학상 수상자 조지프 스티글리츠는 '불평등의 대가(Price of Inequality)'에서 재정적자의 큰 요인으로 2001년부터 세금인하정책, 전쟁비용(이라크와 아프가니스탄), 노인 의료보험의 의약품 혜택, 글로벌 경기 대침체로 인해 재정적자를 초래한 것이라고 지적하고 있다. 미국 국가부채비율도 2008년 35.2%에서 코로나19 사태로 2020년 98.2%로 급등할 것으로 예상된다. 이것은 재정지출은 늘어나지만 경제성장율 하락으로 조세수입이 감소하여 국채발행으로 적자를 메우고 있는 것이다. 그러나 재정적자와 수요 부족의 경기침체 상황에서 단기적으로는 국채 발행을 통해서 재정지출을 늘려 경기를 부양해야 하고 중장기적으로는 저출산과 고령화, 감염병과 기후변화 대응, 인프라 확충, 일자리 창출 등 미래 투자로 경제성장을 통해서 조세수입을 늘려 국가부채를 줄이는 경제활성화 정책이 필요한 시점이다

이런 정책의 계획에 대해 스티글리츠는 '끝나지 않은 추락(FREEF

∀LL: America, Free Markets, and the Sinking of the World Economy)' 에서 7가지 원칙으로 "첫 번째는 신속해야 한다. 두 번째는 효과적이어야 한다. 세 번째는 국가의 장기적인 문제들을 해결해야 한다. 네 번째는 투자에 초점을 두어야 한다. 다섯 번째는 공정해야 한다. 여섯 번째는 위기에 따른 단기적인 응급사태를 해결해야 한다. 일곱 번째는 경제활성화 조치는 실업을 겨냥해야 한다는 것이고 이들 원칙은 상충되기도 보완적이기도 한다"라고 제시하였다. 이런 점에서 단기적인 처방은 첫 번째, 두 번째, 다섯 번째, 여섯 번째에 초점을 두고 중장기적 처방은 세 번째와 네 번째에 중점을 두면서 7가지 원칙에 충실한 재정지출이 이루어져야 한다.

특히 이번 추경은 재난 위기의 단기적 처방으로 정치적 의사결정과정에서 시차가 있기 때문에 돈을 빨리 투입하는 신속성이 필요하고 지출한 모든 돈이 소득 증가로 소비지출이 증가하여 총수요가 추가적으로 증가하는 승수효과가 큰 부문에 지출해야 한다. 그리고 매출 감소로 임대료를 지불하기 힘든 피해 업종의 자영업자와 중소상공인, 일자리를 잃은 노동자에게 공정하게 단기적인 응급사태를 해결하도록 집행되어야 한다. 따라서 경기회복은 재난지원 조치의 방식, 내용과 규모에 달려 있을 것이다. 그러나 통신비 지급은 효과성 논란에 휩싸이고 있다. 일부에서는 통신비 지급은 보편적 성격을 띠지만 대기업으로 단순 이전되는 형태이고 소액의 가처분소득 증가로 승수효과가 거의 없을 것이라고 주장한다.

이번 재난지원금 지급은 재난 위기로 인한 일시적으로 고통 받는 계층들의 피해 격차를 줄여 주는 방향에서 신속하고 효과적이며 공정하게 시행되어야 한다.

■ 2020.9.22

■ 내 돈과 남의 돈

이번 정기국회는 금융범죄 사기 사건으로 시작된 옵티머스 사건의 정관계 로비 및 법조 비리 의혹, 법무부와 대검찰청의 수사지휘권 발동과 특별활동비 사용 논란 등으로 어수선한 상황이다. 이런 와중에 올해 예산은 작년 본예산 대비 8.5%(43.5조원)가 증가한 555.8조원으로 편성되어 국회의 심의 과정에 있다.

코로나19의 경기침체 상황에서 정부는 빠르고 강한 경제회복과 미래 성장동력 확보, 포용적 고용을 중점과제로 제시했다. 국민들은 자신들의 세금으로 편성된 예산이 국회의 심사를 통해 투명하게 집행돼 중점과제가 실천되기를 기대하고 있다. 이것은 내가 낸 세금이 자신과 남을 위해 사용된다는 점에서 특별하고 나아가 돈의 출처와 사용처는 매우 중요하기 때문이다.

이런 돈의 소유와 사용 목적에 대해서 독일 경제학자 하노 벡(Hanno Beck)은 독일어판 번역본 '경제학자의 생각법'(Das Kleine Wirtschafts-Heureka: Okonomische Geistesblitze fur Zwiscendurch)에서 내 돈과 남의 돈의 흥미로운 네 가지 조합, "내 돈을 나를 위해 쓰는 것", "내 돈을 남을 위해 쓰는 것", "남의 돈을 나를 위해 쓰는 것", "남의 돈을 남을 위해 쓰는 것"의 경우를 설명했다.

이 같은 조합을 사용해 경제주체의 행동을 살펴보면, 먼저 '내 돈을 나를 위해 쓰는 것'으로 요즘 인터넷에서 태그 표시로 유행하는 말로 '내돈내산'(내 돈 주고 내가 샀다라는 뜻)이다. 내 돈은 공짜 점심이 없는 자신의 노력으로 번 돈이고 자신과 가계를 위해 소득제약조건에서 효용을 극대화하는 최적의 소비를 하거나 비용과 편익에 의한 행동을 선택하는 것이다. 설령 오류를 범하는 의사결정으로 부채가 증가하여 가계경제가 파탄하는 것도 전적으로 본인의 책임이다. 첫 번째 조합은 합리적인 사람들이 이기적인 의사결정을 하고 미국 중앙은행 연방준비제도 전 의장 벤 버냉키 교수와 로버트 프랭크 교수가 지적한 Economic Naturalist(경제적 사유인)로 행동한다.

두 번째는 '내 돈을 남을 위해 쓰는 것'으로 내 돈으로 남을 위해 쓰는 돈은 상당할 정도의 인내심을 동반하는 이타심의 발로인 기부행위다. 이런 행위는 주로 장학금이나 발전기금 등의 돈을 기부하는 것이고 재난이나 곤궁에 처할 경우 위로금을 내고 자신의 재능이나 기술을 제공하는 것이다. 최근 일본 강제동원 위안부 피해자 할머니를 위한 기부금회계 의혹이 발생했을 때 기부자들은 기부금의 용도에 대해서 민감한 반응을 보였다. 이것은 힘들게 번 돈이 합당한 사람들에게 적절하게 사용되길 기대하기 때문이다. 두 번째 조합은 이기적인 사람들이 이타심과 자긍심에 의해서 행동한다.

세 번째는 '남의 돈을 나를 위해 쓰는 것'으로 자신의 이익을 극대화하는 방향에서 남의 돈을 내 돈처럼 사용하는 것이다. 남의 돈이 나를 위해 쓰이는 합법적인 방법은 투자이지만 남의 돈을 불법적으로 축적하여 나를 위해 사용하는 상황은 흔히 볼 수 있다. 개인적으로는 탈세나 밀수, 유명 유튜버 뒷광고의 기만행위, 회사와 단체에서는 비자금과 조세 포탈, 정부의 보조금이나 지원금 지급과 개인 간 거래에서는 사기와 횡령 등으로 남의 돈을 가로챈다. 세 번째 조합은 지하경제를 이루는 땅 밑으로 흐르는 돈이 돼 소득분배 왜곡과 세금 감소로 국민경제를 위태롭게 만들고 시장경제의 질서를 망가트리고 불공정 과세로 건전한 국민들에게는 피해의식을 심어준다.

마지막으로 '남의 돈을 남을 위해 쓰는 것'에 대해서 하노 벡은 "세금이 바로 남을 위해 쓸 남의 돈"이므로 효율성 측면에서 가장 심각한 상황이라고 우려하고 있다. 이것은 예산을 심의하고 집행하는 정치인이나 정부의 관료들 자신이 직접적으로 번 돈도 아니기 때문에 예산 배정과 지출에 대한 의사결정을 소홀히 하게 되고 그들은 우월적 지위를 이용하여 세금을 분배하는 역할에서 지역구 챙기기나 선심성 행정 등으로 개입하기 때문이다. 따라서 그 돈을 힘들게 벌어서 세금으로 낸 국민들은 예산이 잘못 사용되고 낭비되는 현상을 감시하려고 하지만 결코 쉽지 않고 세금을 낭비한 어느 누구도 책임지는 사람이 없어서 남의 돈은 낭비된다. 이런 점에서 예산의 효율적 사용과 책임이 따르므로 남의 돈을 남을 위해 사용하는 것이 가장 힘들다는 것이다. 마지막 조합은 정치인들이나 관료들이 국가적으로 예산을 통해서 대중에게 직접적으로 호소하는 대중 기반의 포퓰리즘 행동을 할 수 있다.

국민들은 내 돈과 남의 돈 모든 돈이 공정한 규칙과 절차에 의해서 투명하게 땅 위에서 벌어서 사용하길 기대한다.

■ 2020.11.24

■ 전환시대의 창업정신

세계는 영국과 미국 등의 코로나19 백신 접종으로 종식의 기대감에 차 있지만 재확산세가 여전하다. 한국도 12월 둘째주부터 확진자가 폭주하는 3차 대확산의 기로에 있고 의료 공백이 발생할 수 있는 심각한 수준이다. 이미 글로벌경제는 패닉에 빠져 들어 기관마다 다르지만 올해 세계 경제 성장률은 최악의 마이너스를 전망하고 있다. 한국은 지난 1차와 2차 확산세를 성공적으로 대처하면서 3분기에 다소 회복세를 보이면서 1.0%대의 경제성장률을 예상했다.

그러나 한국경제는 지금의 확산세가 진정되지 않으면 올해 3분기까지 국내총생산(GDP)의 45.9%를 차지한 민간 소비의 급격한 위축으로 경기 회복이 당분간 쉽지 않을 것이다. 지금 고용시장도 코로나19의 여파로 자영업자와 소상공인의 피해는 심각하고 취업자 수는 9개월 연속 감소세이며 불확실한 상황에서 기업의 일자리 창출은 녹녹하지 못해서 추경 집행으로 재정 일자리에 의존하는 아슬아슬한 상황에 직면해 있다.

기업의 성장과 창업은 수출과 내수를 통한 좋은 일자리 창출의 핵심이다. 최근 대한상의의 '글로벌 100대 기업'의 보고서는 지난 10년간(2010년-2020년)에 포브스((Forbes global 2000)의 산출을 토대로 100대 기업에 신규 진입한 한국 기업은 하나도 없으며 미국을 선두로 중국, 일본, 독일 순이고 한국은 삼성전자 1개로 우울한 소식을 전해주고 있다. 또한 더욱 안타까운 소식은 10억 달러 이상 자산가 중 자수성가 기업인 비중이 57%로 미국 70%, 중국 98%, 일본 81%에 비해서 현저하게 낮은 수준이고 창업 풍토의 경우 올해 기술을 기반으로 하는 '기회형 창업'의 비중은 14.4%로 '비 기회형(생계형 업종인 부동산, 요식업, 도소매업 등)'의 비율 85.6%에 비해 현저하게 낮은 수준에 머물고 있다.

힘든 시대일수록 기업의 창업과 성장을 일구어내는 창업정신과 기업가 정신이 절실히 필요하다. 어느 시대에나 기업과 기업가는 출현하고 진화한다. 1960-80년대 경제개발 시대의 창업세대들은 정부 지원에 힘입어 대기업의 재벌로도 성장하였다. 90년대 이후의 창업세대는 IT(정보기술)붐과 글로벌화의 물결을 타고 벤처기업이나 게임기업의 창업에서 플랫폼 기업으로 성장했고 자산운용의 해외시장 개척과 온라인 증권사의 금융그룹으로 발돋움하였다.

반면에 어두운 일제 식민지 시대에서도 일본에 건너가 창업으로 자수성가를 이룬 재일동포 기업가들도 있다. 롯데 껌의 신격호, 금정(金井)양품점과 제강회사를 거친 부동산 임대업의 김희수와 같은 재일동포 1세 기업가들은 일제 식민지 시대에 도일해 해방 전후로 일본사회의 차별과 배제를 극복하고 민족적 강인함과 민족 정체성을 유지하면서 불안전한 사회적 지위에서도 창업에 매진하여 일본 기업과의 치열한 경쟁에서 살아남았고 사회적 책임과 모국 발전에 공헌하는 기업가 정신을 실천했다. 소프트뱅크의 손정의 등 재일동포2세는 1세의 창업정신을 계승하면서 혁신적인 아이디어, 진보적 기술과 비전으로 일본의 경제시스템에 안주하기 보다는 글로벌 시대의 사회적 수요를 발굴해 신사업에 진출했다. 그들도 당시 생각지도 못한 신제품이나 업종전환으로 창업을 결심하고 사업에 뛰어들었지만 실패와 좌절의 맛을 보면서 기업을 일구었다.

코로나19 경기 침체에서도 기업은 창업되고 강소기업으로도 성장한다. 이들 기업은 틈새시장을 개척해 사양 산업과 경기 침체에서 살아남았다. 매경 이코노미(2020.7.1.-7.7., 2065호)는 6가지 유형의 강소기업을 취재했다. 그 성공 비결의 유형은 '기술의 힘'으로 시장을 평정한 기업, '궂은 일'로 남들이 기피하는 일을 대신 처리하는 기업, '레드오션의 차별화' 전략의 기업, '스피드 경영'으로 언택트 시장을 공략하는 기업, '등잔 밑 시장 개척'으로 숨은 수요를 발굴하는 기업, '글로벌 트렌드를 선점'하는 기업이다. 그러나 통계청 자료에 의하면 2018년 기준으로 1년 이상 생존 기업은 65%, 5년 이상 생존 기업은 29.2%라는 사실을 감안한다면 지금의 강소기업도 부단한 기술개발과 새로운 시장 개척이 있어야만 살아남는다.

지금의 창업은 과거에 비해 기회도 적고 경쟁도 심하며 생존보다는 실패의 확률이 큰 모험이다. 이런 점에서 창업은 제품 혁신인 신상품 출현 또는 상품의 새로운 품질개선, 공정혁신의 생산방법 도입, 기업의 새로운 조직 창조, 새로운 판매시장 및 생산요소 구매처의 개척 등과 같은 새로운 결합을 시도하는 것이고 이런 융합이 강소기업으로 성장시키는 비결이다.

한국경제는 험난한 시기일수록 창업을 꿈꾸고 뛰어드는 창업가들이 민족적 차별에서도 불황에서도 성공했던 기업가들의 창업정신을 되돌아보면서 스타트 업 기업의 기회들을 활용하여 살아남을 수 있는 자수성가의 기업인들이 출현하기를 기대한다.

■ 2020.12.22

■ 기술진보의 혜택과 대가

정국은 3기 신도시 땅 투기 의혹에서 촉발돼 전국으로 확산된 공무원과 공직자들의 땅 투기 의혹으로 4월 서울·부산시장 보궐선거와 맞물려 요동치고 있다. 평범한 서민들은 정부의 부동산 안정화 대책에도 불구하고 치솟는 집값 상승, 보유세의 급등과 더불어 엎친데 덮친 격으로 정부와 공공기관 공직자들의 땅 투기 바람으로 울분과 분노가 가득차고 내 집 마련의 꿈을 앗아간 허탈감에 빠져 있다.

특히 청년은 취업으로 저소득계층과 중산층은 소득 불평등으로 삶은 여전히 고달프다. 이제 1년도 채 남지 않는 대선은 불평등 해소와 공정과 정의를 실천하는 방안이 주요 쟁점으로 대두되고 있다. 이것은 기회와 소득의 불평등과 분배 과정의 불공정으로 2011년 미국과 전 세계에서 발생한 '월스트리트를 점령하라'처럼 심각한 국론 분열로 이어질 수 있다.

사람들의 생활수준 향상은 시간당 생산량인 노동생산성의 증가로 가능해졌고 노동생산성은 실물자본 확충, 인적자본 축적, 기술진보에 의해서 증가하였다. 특히 기술진보는 국가의 지원에 힘입어 생산성을 획기적으로 증가시켰다. 이것은 기술이 일상적이고 반복적인 업무 및 공정의 개선과 신기술의 활용으로 노동과 자본이 보완재로 작용해 생산량이 증가하고 노동의 수요도 증가해 생산성 향상을 가져온 매킨지 보고서의 '월마트 효과'(크루그먼의 경제학)를 보여주었다. 그러나 최근 연구에서 인공지능과 로봇의 발달, 빅데이터 활용에 힘입은 기술진보는 노동을 대체하고 청년층의 신규진입을 억제시켜 노동의 몫인 임금을 감축해 소득의 양극화를 심화시킨다고 지적하고 있다.

앞으로 획기적인 기술진보는 새로운 일자리의 창출과 기존 일자리의 소멸을 동시에 초래하지만 인공지능이 체화된 자본이 노동을 효율적으로 대체함으로써 생산성을 높여 생산량을 증대시키는 것이 충분하다. 이것은 실물자본에 대한 수익체감의 법칙이 작용하는 것이 아니라 총요소생산성 증가와 인공지능이 체화된 자본의 수확체증 현상이 발생하는 것이다. 특히 인공지능과 빅데이터 활용의 산업에서 수확체증 현상이 발생하면서 구글, 페이스북, 아마존 등 온라인·모바일 플랫폼 다국적기업들이나 국내 IT기업에서 자연독점적 경향이 발생하는 것을 볼 수 있다.

반면에 기술진보는 생산요소의 독과점을 초래해 소득의 양극화를 심화시키고 단순·반복적 및 전문적인 영역 노동자들의 일자리를 빼앗아 구매력 감소로 수요가 줄어드는 현상이 나타날 것이다. 이것은 인공지능자본(로봇)의 도입이 생산량을 증대시켜 자본가의 보수는 증가하지만 생산성 향상 설비를 넘어서 노동과 대체재로 작용하여 실업을 초래하고 소득 격차를 확대시키는 것이다. 또한 코로나 바이러스와 같은 재난은 오프라인과 온라인의 언택트 기업 간의 격차로 일부 기업 및 자영업자와 소상공인의 몰락을 초래한다. 기술진보로 공급은 충분하지만 수요가 부족할 때 비숙련 노동자들은 최저임금 인상으로 가능하지만 기술적 실업은 기본소득으로 구매력을 회복시켜야 할 것이다.

기본소득(universal basic income)은 모든 국민에게 재산, 소득, 취업 등과 상관없이 동일하게 개별적으로 지급하는 현금소득으로 사회보장제도와 다르다. 해외도 시범 사업과 논의를 시작하고 있으며 국내도 경기도의 청년기본소득은 지역적 한계는 있지만 일부 계층에게 소득의 일부만을 지급하는 부분적 기본소득의 성격을 지니고 있다. 기본소득이 기존의 청년 관련 사업들을 대체할 수 있는지, 신규 고용시장의 참여 의욕을 유도하는지 또는 취업의 시기를 연기시키는지 등을 확인하는 것이다. 현재는 기본소득 실험의 한계가 있음에도 완전하지 못하지만 모든 개인들에게 일부나 특수한 계층에게 지급하거나 일정 소득이하의 가구에 대해서 지급함으로써 일부의 사회보장제도를 대체할 수 있는 탄력적이고 유연한 부분적 기본소득의 도입을 논의해야 한다.

기술진보의 혜택은 기술력으로 독점적 시장지배력을 확보한 디지털 플랫폼 기업과 생산요소를 독점하여 기하급수적으로 부를 축적하고 있는 억만장자 등 부유한 계층에 집중되고 있다. 기술력을 소유한 자본가 계층은 근로소득 계층에 비해 더 낮은 세율을 부담하고 있으며 플랫폼 글로벌 기업은 전 세계에서 매출을 올리지만 본사를 제외한 나머지 지역에서는 거의 세금을 내지 않고 있다. 이런 상황에서 노벨상 수상자 스티글리츠 교수와 피케티 교수가 제안한 개인의 순자산가치를 기준으로 부과하는 부유세와 유럽 연합에서 논의되고 있는 플랫폼 글로벌 기업에 부과하는 디지털세(일명 구글세) 도입의 검토도 필요하다. 또한 대부분의 기술적 실업은 인공지능을 체화한 자본(로봇)의 도입으로 발생한다.

재원은 인공지능의 발달 단계에 따른 로봇의 자동화 정도와 노동대체로 발생하는 실업 수준에 의해서 미국과 유럽연합에서 권고한 소득세 개념의 단계별 로봇세 도입의 필요성을 살펴보아야 할 것이다. 부유세는 개인의 자산 가치 측정 문제, 디지털세는 이중 과세 및 가격인상의 문제, 로봇세는 납세 주체의 법적 자격과 생산성 저해 문제 등이 있지만 기술진보 혜택의 대가를 지불해야 할 것이다. 이제 다가오고 있는 기술진보와 실업 간의 관계를 대비할 정책수단으로서 공정한 과세와 기본소득 및 재원 마련 방안을 고민할 시기가 도래하고 있다.

■ 2021.3.24

■ 시장왜곡과 정부실패

성난 민심은 선심성 공약과 네거티브로 맞선 여당을 냉정하고 단호하게 심판했다. 대다수 국민들은 불과 1년 전 21대 총선에서 성공적인 K-방역을 통해서 나라를 안정적으로 이끌어가라고 집권당을 밀어주었다. 그러나 여당은 1년도 채 못 돼 국민들의 눈높이에 맞지 않는 입법과 정책들, 그리고 공직자들의 내로남불식 위선으로 힘없이 무너지게 됐다. 그간 집권당은 부동산 시장 안정과 서민들의 주거 안정화, 투기 근절 및 탈세 차단을 위해 부동산 관련 규제 입법과 대책들을 시행했지만 공직자들의 땅 투기 바람과 겹쳐서 시장을 안정시키기보다는 국민들을 분노하게 만들었다. 이제 여당은 부동산 정책의 완화 카드를 내밀면서 국민들의 눈치를 보며 갈팡질팡한 모습을 보여주고 있다.

지난 1년 주택임대차 3법은 임차인과 임대인, 심지어 고위공직자들도 입법의 취지에 순응하지 못할 정도로 전·월세시장을 교란시켰고, 주택시장은 다주택자 규제관련 세금 인상과 대출 규제로 상반된 이해관계에 의해서 판이하게 다른 반응을 보여주었다. 또한 부동산 실거래가격에 근접하는 공시지가의 급격한 상승은 재산세와 종합부동산세의 대폭적인 인상으로 이어져 1주택소유자는 물론 다주택소유자들의 보유세 부담이 크게 늘어나고 있다. 공시가격은 보유세 뿐만 아니라 건강보험료와 기초연금, 부동산 가격평가 등 60여 가지 행정 업무의 기준이다. 이런 점에서 공시가격의 인상률, 인상속도는 대다수 국민들의 소득과 재산에 지대한 영향을 미치므로 신중한 결정이 요구된다. 이런 정부의 과도한 규제와 개입은 정부실패를 초래한다.

그동안 대다수의 평범한 서민들은 코로나19의 위기 상황에서 자가 격리, 사회적 거리 두기, 재택근무로 방역 수칙을 잘 지켜왔다. 이제부터라도 국민들은 백신 접종을 통해서 여유로운 일상생활로 복귀하길 원한다. 자영업자와 소상공인들은 자유롭게 영업을, 청년들은 취직해 내 집 마련을, 중산층은 직장에서 각종 세금과 사회보험료, 교육비 등의 납부를 걱정하지 않을 정도의 소득을 바랄 뿐이다. 국민들은 11월 집단 면역을 바라지만 백신 접종률이 매우 낮은 편이고 변이 바이러스의 급속한 확산과 일부 경쟁국의 부스터 샷과 내년 백신 준비로 인한 접종 물량의 부족으로 초조하다. 그만큼 늦은 접종률은 경기 회복을 더디게 해 계층 간, 업종별 소득 불평등과 부동산 및 금융자산의 격차를 더욱 벌릴 것이다.

왕조시대에도 백성들로부터 세금을 거두는 것은 위정자들의 정치 근본이었다. 맹자는 '등문공장구(文公章句) 상' 편에서 세금은 백성의 생업을 도와주기 위한 재원이라고 했다. 맹자는 "풍년과 흉년에 따른 농작물 수확에 맞게 세금을 매기고 세금으로 고통 받게 하면 백성의 부모(위정자)라고 할 수 없으며 국가와 자신을 위해 백성들이 세금을 자발적으로 낼 수 있도록 하는 것이 바른 정치의 첫 걸음"이라 설파했다. 이것은 경제상황을 고려해 소득과 순이익을 창출하는 납세자와 법인에게 세금을 매기며 무거운 세금 부과로 국민들에게 고통을 주지 말고 납세자들이 순응하는 조세제도를 마련하는 것이 조세 정의다. 그러나 조세 현실은 조세 피난처를 통한 세금 회피가 가능하고 탈세가 용인되고 체납이 상습적으로 발생한다. 실질적으로 정부와 정치권은 고액상습체납자들의 처벌을 강화하고 상위 1-2% 소득계층에게 누진적 소득세와 종합부동산세를 부유세 개념으로 부과시키고 이익이 집중되는 대기업에게 법인세를 높이는 것이다. 또한 국제적 공조를 통해 국내에서 영업하는 다국적 기업의 자회사에게 법인세를 강화시키는 방안을 강구하는 것이 우선이다. 이것이 조세 공정의 실현이다.

정부와 여야 정치권은 퓰리처상을 수상한 미국 작가 바바라 터크먼이 저술한 '독선과 아집의 역사(The March of Folly: From Troy to Vietnam; 1984)'에서 언급한 국민과 국가의 이익에 반하는 독선과 아집의 시간에 머물러 있지 않았는가를 성찰할 때이다. 터크먼은 "국민의 이익이란 국민의 복지와 편의에 도움이 되는 모든 것을, 독선이란 민생을 외면하거나 역행하는 정책으로 시간과 공간을 불문하고 시대를 초월해 정치제도와도 관계가 없이 보편적으로 발생하는 현상"이라고 주장하고 있다. 정부와 정치권이 국민의 편익을 위한 명분으로 개입한 정책이 시장의 역할을 역행하여 국민들의 의사를 무시하고 민생을 힘들게 하는 것이 독선이고 아집일 것이다.

이제 포스트 코로나 시대를 이끌 수 있는 시대정신과 시장과 정부의 균형 잡힌 역할을 제시하는 비전을 준비할 시간이 다가오고 있다.

■ 2021.4.28

■ 코로나19와 한국경제의 시간

전 세계적으로 백신접종이 본격화되면서 코로나19의 팬데믹으로 침체된 글로벌경제가 회복되는 조짐을 보이고 있다. 최근 G7 정상회의에서도 경기부양책의 재원 마련을 위해 법인세의 최저세율을 15%로 유지하는 것에 합의했다. 그만큼 재원확보가 절실한 것이다. 한국은행은 우리 경제가 2020년 1분기(-1.3%)와 2분기(-3.2%)의 연속 마이너스(-)를 기록했지만 3분기부터 플러스로 돌아서면서 올해 1분기 실질 국내총생산(GDP)성장률이 1.7%를 기록해 성장률 전망치 4.0%를 달성할 것으로 예상하고 있다. 한국경제는 세계경제 회복세에 힘입어 수출경기가 호전되고 백신접종의 효과로 내수도 살아나고 있어 5차 재난지원금이 지급된다면 소비 진작으로 성장률이 높아질 것으로 기대된다.

반면에 경기부양으로 5월 소비자 물가상승률은 전년 동월대비 2.6%이고 생활물가지수는 3.3% 올랐다. 또한 집값은 수도권 신규택지의 부족, 부동산 관련 세금인상 등에 의한 주택공급 부족, 수도권 집중과 1인 가구 증가, 투기적 기대심리 등에 의한 주택수요 폭증, 그리고 저금리의 풍부한 유동성으로 지나치게 실물경제에 비해서 높다. 이미 지난해 3분기에 국내총생산 대비 가계부채 비율도 100%를 초과하여 세계 최고수준이다. 이런 경제상황에서 한국은행은 자산시장의 불균형을 완화하고 물가 상승도 안정시키는 기준금리 인상의 시기와 폭을 따져보고 있다.

글로벌 경제도 활기를 띠고 있다. 미국은 지난해 2분기 성장률이 31.4%로 최악에 직면했지만 3분기(33.4%)부터 올해 1분기(6.4%)까지 연속 플러스 성장을 하고 있다. 중국도 지난해 1분기(6.8%) 마이너스 성장을 했지만 올해 1분기 18.3%로 30년 만에 최고치를 기록하였다. 특히 미국은 코로나19 이전의 경제성장률이 2%정도이고 물가상승률도 2% 내외를 유지했지만 올해 5월 소비자물가지수가 전년 동월 대비 5%가 상승해 13년 만에 최고치를 기록했다. 이것은 재정지출로 인한 수요 인플레이션과 동시에 공급망 차질로 반도체 부족과 유가 등 원자재의 가격상승으로 공급 인플레이션에 직면하고 있는 것이다.

그런 가운데 미국 연준(Fed)은 그동안 시중에 풀린 과다한 유동성으로 인플레이션 압력이 커지는 상황에서 양적 완화를 점차 축소하는 테이퍼링(tapering)의 가능성을 열어두고 있으며 금리 인상으로 이어질 수 있음을 시사하고 있다. 미국의 바이든 정부도 실업의 고통에서 벗어나는 경기 부양을 통한 고용 확대와 물가 고통에 시달리는 인플레이션 압력을 억제하는 금리 인상으로 고민할 것이다.

어느 국가나 고용 확대와 물가안정의 상관관계는 큰 이슈이다. 전통적으로 일자리 창출을 위한 경기 활성화는 물가상승으로 이어지는 것은 당연하다. 그러나 경기부양의 혜택이 양극화되면서 소비자 물가의 급등과 자산가격의 상승세로 연결된다면 저소득층 인플레이션의 고통은 더욱 커질 것이다. 인플레이션이 한국뿐만 아니라 세계적인 현상이고 특히 주택가격은 경제협력개발기구(OECD)의 자료에 의하면 연간 상승률이 5%에 근접한 20년 만의 최고치로 노벨 경제학상 수상자 로버트 쉴러 교수는 부동산, 주식, 가상화폐 등 자산가격의 거품이 형성되고 있다고 우려하고 있다. 인플레이션의 공포는 자산가격의 하락으로 이어질 수 있고 물가를 안정시키는 금리인상을 압박할 것이며 부와 소득의 양극화를 심화시킬 것이다.

지금의 경제상황에서 미국의 글로벌 경제위기가 경기 침체의 원인들이 서로 연결되어 일어났다는 점은 한국경제에게 시사점을 주고 있다. 2001-2006년 기간 미국의 주택가격은 연평균 8.2% 상승은 주택건설경기의 호황으로 연결됐지만 2006년 7월부터 20% 이상 하락하게 됐다. 주택가격의 하락은 기업의 수익성 악화는 물론 노동의 수요를 감소시켰고, 가전제품 등 관련제품의 판매도 감소시켜 전반적으로 소비가 급감해 총수요가 감소했다. 또한 주택가격의 하락과 근로자의 실직은 담보대출 연체를 초래해 채무불이행으로 가계의 파산으로 이어졌다는 것이다.

이런 점에서 한국경제도 재정지출과 5차 재난지원금 지급의 확장적 재정정책으로 생활물가 급등과 주택 등 자산가격의 상승으로 인플레이션의 압력에 직면하고 있다. 그리고 물가 상승을 진정시키기 위한 금리 인상은 유동성 부족으로 주택 담보대출에 치중한 가계부채의 상환을 어렵게 만들고 자산 가치를 잠식하게 돼 담보대출의 손실을 감당하지 못해 금융시장의 혼란을 초래할 수 있다. 또한 한계기업과 자영업자, 소상공인들은 금리 부담으로 인해서 채무불이행으로 파산하거나 폐업하게 돼 경기 위축이 길어질 수 있는 것이다.

이제 한국경제는 고용 확대를 위한 인플레이션의 고통을 감내하는 확장적 재정정책과 물가 압력을 벗어나는 금리 인상의 부담을 견딜 수 있는 긴축적 통화정책의 조합에서 포스트 코로나 시대를 대비하는 슬기로운 묘안을 찾아야 한다.

■ 2021.6.16

■ 맛집의 역설

지금은 코로나19로 힘들지만 전국 각지는 물론 세계 각국을 방문하거나 출장을 가거나 여행을 하면서 빠질 수 없는 일은 다양한 음식을 두루 맛보는 것을 즐기는 식도락(食道樂)일 것이다. 요즈음 말로 맛집 기행은 맛있는 음식집을 찾아다니며 보고 맛본 것을 느낀 대로 적어서 알리는 것이다. 고객들은 같은 메뉴이지만 다른 국가의 이국적인 음식 또는 지역의 독특한 재료나 양념의 맛에 따라 다른 맛을 볼 수 있어 맛집을 찾아가는 것이다. 원래 식도락은 일본의 소설가 무라이 겐사이가 미국 유학 후에 1903년 '호치신문'에 연재된 봄·여름·가을·겨울 총 4부로 구성된 소설의 제목이다. 식도락은 일본의 개화기에 맞물려 메이지 시대 동서양 문물에 대한 상식과 지식을 전달한 식문화 교양의 성격을 지닌 계몽주의적 신문 장편 소설에서 유래되었다.

불과 얼마 되지 않는 시절에 외지를 방문하게 되면 소위 지역의 맛집을 찾기란 힘들어서 온갖 인맥을 동원해서 찾아 가곤하였다. 이제는 웹이나 스마트 기술의 발전, 플랫폼 기업의 성장으로 인터넷이나 휴대폰에서 정보를 교환하는 시스템 덕분에 전국이나 세계의 맛집과 관련된 위치, 메뉴, 영업시간, 리뷰 등을 알아보는 일이 하나의 일상생활이 되었다. 특히 식당들은 언론매체에 소개되면서부터 맛집으로 소문이 나게 된다. 이들 맛집들은 TV와 라디오, 신문, 잡지 등에 소개된 프로그램의 기사나 유명 인사들의 방문록이나 사인 등을 대대적으로 식당의 외부나 내부에 도배하고 홍보하는 일에 열중한다. 그러나 우리는 음식 맛과 반찬, 가격, 서비스, 조리위생 등에서 맛집으로 소문난 것과는 달리 엉망으로 낭패를 당하거나 배신감을 느낀 고객들의 형편없는 리뷰를 접하게 되는 경우가 많다.

현실에서 맛집은 고객들에게 정보를 제공함으로써 손쉽게 접할 수 있는 기회를 주지만 고객들에 의해 인터넷이나 소셜미디어의 리뷰나 카페, 블로그를 통해서 피드백되는 정보가 맛집의 명성을 훼손시키는 '맛집의 역설(paradox of gourmet restaurant)'을 초래하게 된다. 이것은 고객들이 전국 식당의 메뉴를 식객들의 개인적 입맛과 홍보용 서비스로 언론매체에서 품평한 비대칭 정보에 지나치게 의존함으로써 최악의 맛집을 역선택하는 상황에 직면하거나 맛집의 상업화와 평준화, 그리고 식당의 서비스 제공에서 도덕적해이로 고객의 맛과 취향을 따라가지 못하고 맛집이라는 브랜드 이름에 안주하는 것을 뜻한다. 맛집의 명성은 연예인들, 유명 셰프들, 식객들의 요란한 방문과 사인으로 만들어지는 것이 아니라 오묘하면서도 다양한 빛깔을 지닌 메뉴와 특유의 분위기 및 서비스를 잊지 못해서 다시 찾아오는 고객의 입맛에 의해서 쌓인다.

또한 과거에는 동일한 메뉴이지만 지역에 따른 식재료와 조리 방식, 양념으로 메뉴의 차별화가 있어 왔다. 지금은 한국의 전통적인 메뉴조차도 음식의 레시피를 통해서 특유의 맛은 사라지고 전국적으로 천편일률적인 맛의 평준화로 레시피와 재료를 독점하는 가맹점의 형태를 지닌 프랜차이징이 되어가는 경향이 심하다. 이런 프랜차이징(franchising)은 경영방식을 개발하여 성공한 기업이 확장하고 싶을 때 자원(자본과 유능한 경영자)의 희소성에 직면하거나 관리의 효율성을 추구하기 위한 가맹업으로 주로 패스트푸드 식당(맥도날드 등), 호텔(힐튼 등), 소매 자영업(치킨 집 등) 중심으로 발전해 왔다. 우리 주위에서 수십 년 동안 맛의 비법을 지킨 맛집은 프랜차이징 음식을 파는 곳이 아니다. 레시피 맛집은 음식의 특유의 맛은 사라져 버리고 어디에 어느 식당에 가서 먹든지 입맛이 같은 메뉴가 판치는 경쟁으로 결국 장사를 접게 된다.

이런 현상은 식당이나 레스토랑이 독점적 경쟁시장이라는 속성에 기인한다. 다수의 자영업자나 기업들은 식당의 메뉴와 분위기가 동일하지는 않지만 매우 비슷한 메뉴와 서비스를 공급하고 동일한 고객집단을 대상으로 경쟁하는 시장구조이다. 식당은 소자본과 자영업으로 자유로운 진입이 가능한 업종이어서 맛집들은 더 많은 고객을 확보하기 위해 비가격 경쟁으로 정보를 남발하게 되고 홍보에 의존하게 된다. 또한 언론의 과다한 맛집 소개와 발굴, 이에 편승한 식객들과 셰프들의 지나친 맛의 상업화와 표준화로 고객의 맛을 만족시키지 못한 채 경쟁을 지탱하지 못하고 결국 문을 닫는 상황이 비일비재하다.

이제 맛집은 메뉴의 특유한 맛을 고객들에게 제공하는 맛의 비법과 서비스를 지키는 장인 정신(匠人精神)을 바탕으로 '고객을 절대로 배신하지 않는다'라는 신뢰의 명성을 얻어야 고객의 변치 않는 사랑을 받을 수 있다.

■ 2021.11.15

제1부 시대정신

제3장 회복의 사회

■ 감사에 대한 작은 생각

새 천년 첫 해는 무언가 다를 것이라는 기대와 비전을 가졌건만 지난 9월 11일 미국이 테러에 의해 부와 명예의 상징인 세계무역센터 쌍둥이 빌딩이 순식간에 무너져 내렸다. 연이은 상호간의 보복전쟁과 생화학 테러로 서구와 이슬람문명 간 충돌이 일어나지나 않을까 하는 두려움과 공포로 전 세계가 전율케 되었다. 이런 테러와 보복이 행해짐으로써 인간의 본성은 변화되지 못함이 입증되었고 언제든지 이보다 더 큰 전쟁도 가능하리라 믿게 되었다.

세상은 보다 좋고 편하고 아름다운 것을 추구하며 시시각각 변화하지만 사람들의 마음은 더욱 어둡고 메말라 자기 하나도 감당하지 못하는 오그라진 마음을 갖게 되었다. 연말연시마다 단골메뉴로 떠올리던 감사와 보은의 마음마저도 테러를 당해 올해는 더 썰렁하지 않을까 마음이 무겁다. 그러면 감사와 보은의 진정한 의미와 이를 행하지 못하게 우리 마음을 가로막는 것은 무엇인가.

성경의 누가복음 17장 11절로부터 19절에서 보면 문둥병자 열명이 나온다. 이들은 운명적으로 비참한 자들로 예수님을 보고 자신들을 긍휼히 여겨 낫게 해 달라고 외치고 병이 낫는 기적을 체험하였다. 그러나 자기의 나은 것을 보고 감사하여 돌아온 자는 겨우 한 명이고 그것도 예수님을 믿지 않는 이방인 사마리아사람이었다. 그러면 나머지 아홉은 어디로 갔는가? 그들은 나음을 받자 자기들의 비참했던 과거는 모두 잊어버리고 바라던 현실이 되니 할 일이 많았다. 거지꼴을 벗기 위해 목욕도 해야 하고 옷도 사 입고 결혼도 취직도 해야 한다고 생각했을 것이다. 물론 이런 행위가 잘못된 것은 아니다. 그들은 세상으로 돌아가면서, 자기의 본성에는 지극히 충실하면서도 감사하는 마음은 잊어버렸다는 것이다.

춘추 전국시대의 晋나라에 위무자란 사람에게는 사랑하는 젊은 첩이 있었다. 그는 병석에 눕게 되자 아들인 위과를 불러 자신이 죽거든 아직은 젊고 아름다운 첩을 반드시 다른 곳으로 시집보낼 것을 당부하였다. 그러나 죽을 날이 다가오자 죽음의 두려움을 느낀 그는 다시 아들을 불러 자신이 죽거든 그 첩도 죽여서 함께 묻도록 마지막 유언을 하였다. 아들은 아버지의 유언을 따르지 않고 그녀를 딴 곳으로 시집보냈다. 그 후 秦나라 환공이 晋나라에 쳐들어 왔을 때 위과는 秦나라의 유명한 장수 두회를 사로잡는 전과를 올렸다. 어떤 노인이 두회의 발 밑에 있는 풀을 엮어서 그 곳에 발이 걸려 그를 사로잡을 수 있었다. 바로 그 노인이 젊은 첩의 아버지로 위과를 위한 감사의 표시였다. 그것이 그 유명한 결초보은(結草報恩)이라는 고사를 낳게 하였다. 그 노인은 딸의 생명의 은인에게 감사키 위해 얼마나 많은 길가의 풀을 엮었을런지는 몰라도 은혜를 갚고자 하는 마음이 하늘을 감동시켜 날랜 장수의 발이 하필 연약한 풀 매듭에 걸려 넘어졌는가는 우리에게 시사하는 바가 크다 하겠다.

이를 보면 감사는 알아서 저절로 나오는 것이 아님을 알 수 있다. 왜냐하면 감사하러 온 한 사람이 다시 돌아오기 위해서는 마음과 시간, 물질, 심지어는 목숨을 드리는 희생이 뒤따랐기 때문이다. 우리도 엄청나게 신세를 지고도 순간의 본성대로 돌아가 감사치 못했을 때가 얼마나 많은가? 그러나 힘들지만 돌아와 감사할 때 자신에게는 더욱 풍성한 기쁨과 구원이 되돌아온다는 사실이다.

노벨 경제학상 수상자 베커도 사회적 상호작용에 의해서 이기심만을 지닌 자보다 감사하고 보은할 줄 아는 자가 더욱 많은 편익을 향유하기 때문에 혈연관계가 없는 이웃이나 동료에 대한 희생적인 이타주의가 있다고 설명한다. 이런 감사와 보은의 마음을 가진 자가 요즘같이 어둡고 혼탁한 시대에 빛과 소금이 될 수 있도록 아직도 많다는 것이 희망적이다.

■ 2001.11.28 (전남매일)

■ 공인의 두 얼굴

요즘 연예인을 비롯해서 방송에 얼굴을 자주 내미는 인사들이 자신들을 소위 셀프 공인이라고 칭하는 세태이다. 공인(公人)이란 공적인 일에 종사하는 자로서 협의로는 국민의 세금을 녹봉으로 받는 기관에 종사하는 공직자로 공적인 일을 법대로 받들어 시행한다는 중국 전국시대의 고사 봉공여법(奉公如法)의 정신을 따른다고 할 수 있다. 그러나 최근에 재능과 소질, 기술, 명성, 직업으로 세간의 관심을 끄는 연예인, 정치인, 운동선수, 체육인, 방송인 등의 스타를 광의의 공인이라고 부르고 있다.

대다수 연예인들은 본연의 예능 활동은 물론이고 지역과 사회에 아름다운 기부와 진심어린 봉사를 통한 선행 활동으로 팬들과 국민들을 즐겁게 하고 있다. 우리는 세월호 사건 희생자를 추모하고 유가족을 위로하기 위해 진도 팽목항 부근에 '세월 호 기억의 숲'을 설립한 재단을 통해서 세기의 여배우 오드리 헵번을 각별하게 기억한다. 그녀는 <로마의 휴일>, <티파니에서 아침을>, <사브리나> 등에 출연하여 세계적인 스타로 등극하였지만 전 세계의 소외 받는 어린이를 위한 구호 활동가로 변신한 인생 후반부의 삶이 더 큰 감동과 아름다움을 영화 팬들과 전 세계인들에게 보여주었다.

동일한 직업이라도 사람들마다 능력과 소질, 노력의 차이로 소득도 서로 다르다. 그러나 다른 직종에 비해서 예체능 분야의 슈퍼스타들은 뛰어난 연기, 가요, 운동기술, 작품을 보여줌으로써 대중적 인기를 반영한 천문학적인 금전적 보상을 받고 있다. 경제이론에 의하면 이것은 슈퍼스타들이 생산하는 최고의 예체능 서비스를 원하는 수많은 고객들에게 대중 매체를 통해서 값싼 비용으로 동시에 제공하는 특성을 지니기 때문이다.

그러나 일부 연예인의 도덕적 해이와 타락은 극에 달하고 있다. 도덕적 해이는 시장에서 팬들이나 국민들이 연예인들의 능력이나 소질을 완벽하게 감시할 수 없기 때문에 정직하지 못하거나 올바르지 않는 기회주의적인 행동을 하는 현상이다. 연예인 본인은 다른 누구보다 자신의 재능과 소질을 잘 알고 있음에도 능력이나 노력이 부족하거나 주의를 게을리 하는 것을 기회주의적으로 포장하여 얻은 수익을 자신이 차지하는 반면에 비용이 발생할 때는 다른 사람들에게 부담시킨다. 그들은 손쉽게 돈 버는 장사의 테크닉만을 습득하고 홍보와 광고에 열을 올리고 탈세를 조장하고 고객을 배신하고 거짓으로 행동한다.

최근 조영남의 대작 의혹 논란은 팬들이나 국민들이 조영남의 그림솜씨와 능력에 대해 잘 알지 모르기 때문에 자신의 이름을 원용한 그림 대작으로 고객을 속이고 금전적 이득을 취하는 정직하지 못한 기회주의적 행동으로 볼 수 있다. 또한 개그맨 이창명과 슈퍼주니어 강인의 음주 운전 뺑소니 의혹 사건을 비롯하여 소위 유명 가수와 운동선수, 연예인들은 탈세, 약물 및 마약 복용, 사기 혐의, 원정 도박, 스캔들 등의 의혹과 논란은 인기와 유명세에 편승하여 잘 알지 못하는 팬들과 국민들을 속이는 비도덕적인 행동이며 탈법과 불법적인 행위이다. 그들은 좋은 시절에는 시청자나 팬들에게 호기심을 유발시키면서 공인 운운하며 활동하다가 의혹이나 논란이 발생하게 되면 프라이버시 공간 침해라고 항변하고 통상적이며 관행적인 일이라고 변명한다.

이러한 일부 연예인들의 부적절하고 비도덕적인 행태는 팬과 시청자들을 우롱하고 국민의 정서와 감정을 불행하게 만들고 있다. 그들은 시장에서 공정한 경쟁과 거래 질서를 무너뜨리고 소득 분배과정에서 불로 소득을 획득하게 된다. 따라서 예술의 재능과 소질의 개발보다는 모방과 대작, 표절 등으로 그들에게서 창의성은 말살되며 직업윤리는 사라지게 된다.

이런 두 얼굴을 지닌 예체능인들은 부정직하고 비윤리적인 행동에 대한 의혹과 논란이 발생하면 먼저 도망가거나 숨어버리고 팬들과 고객들의 사회적 비난과 질타가 빗발치면 죄송하다고 머리 숙이고 잠시 있다가 팬들이 용서하니 컴백하라는 성화에 못이기는 척 오뚜기처럼 대중 앞에 등장한다. 이런 현상이 반복된다면 예체능계의 신뢰는 추락하고 발전은 쇠퇴하고 피해는 팬들과 국민들에게 돌아간다. 이런 점에서 광의의 셀프 공인은 부적절한 호칭이다. 오히려 진정한 공인은 이 순간에도 드러나지 않는 곳에서 국가와 지역을 위해 묵묵히 일하고 있다.

이제 팬들과 국민들은 예체능계 스타들이 두 얼굴을 지닌 셀프 공인으로 행동하는 것을 잘 알기에 그들을 외면할 것이고 한 순간에 안방, 스크린, 경기장, 무대에서 사라지게 할 수 있다. 그들의 복귀와 재출연은 팬과 국민에 대한 사죄와 반성, 진상 조사에 의한 형사처벌과 피해 보상, 그리고 자숙과 근신이라는 인고의 시간을 견디어야만 가능할 것이다.

■ 2016.6.7

■ 중국 동북3성과 역사인식

최근 중국 창춘(長春)의 국가 중점 대학인 길림대학 경제학원이 주최하는 공동 학술세미나에 초청돼 경제 관련 특강의 귀중한 기회를 가졌고 동북 3성 길림성(지린성), 랴오닝 성(요령성), 헤이룽장 성(흑룡강성)의 성도(省都)를 방문하는 배려도 받았다. 동북 3성은 부여와 고구려, 발해의 웅대하고 광활한 발자취가 서린 우리의 영토였으나 조선과 근대에 이르면서 병자호란으로 인해 조선의 수많은 민초들이 굴욕적인 포로 생활을 겪었으며 나라 잃은 설움과 처절한 항일 운동의 역사가 깃들은 만주 벌판의 간도 지역이다.

길림성 성도 창춘에서 시속 300㎞가 넘는 중국 허시에(和諧)호 특급열차로 만주 벌판을 달려 하얼빈 역에 새롭게 개관한 안중근 의사 기념관을 찾았다. 하얼빈은 백두산에서 발원하는 송화강이 흐르는 헤이룽장 성의 성도로서 제정 러시아가 시베리아 횡단철도를 블라디보스토크까지 연결하는 동청철도를 건설하기 위해 본거지로 삼은 계획도시로 '동양의 모스크바'라고 부르고 있다.

하얼빈은 청일전쟁 이후 청나라를 식민지화하는 제국 열강 일본과 러시아의 이해가 일치된 지역으로 러일전쟁 후 1909년 10월 26일 안중근 의사가 러시아 재무장관 블라디미르 코콥초프와 회담하기 위해 하얼빈 역에 온 이토 히로부미를 저격한 9시30분에 시계가 멈춘 역사의 현장이다. 조린(兆麟) 공원은 안중근 의사가 거사를 논의한 곳으로 '청초당(靑草塘)', '연지(硯池)'를 새긴 안 의사의 유묵비가 세워져 있다. 안 의사가 최후 유언에서 "내가 죽은 뒤에 나의 뼈를 할빈 공원(1906년 조성되었고 후에 조린 공원) 곁에 묻어두었다가 우리 국권이 회복되거든 고국으로 반장해다오. 나는 천국에 가서도 또한 마땅히 우리나라의 회복을 위해 힘쓸 것이다. 너희들은 돌아가서 동포들에게 각각 모두 나라의 책임을 지고 국민 된 의무를 다하여 마음을 같이하고 힘을 합하여 공로를 세우고 업을 이르도록 일러다오. 대한 독립의 소리가 천국에 들려오면 나는 마땅히 춤추며 만세를 부를 것이다"라고 당부했던 곳으로 주검마저 찾지 못한 현실로 숙연하고 애절한 마음에 눈시울이 붉어졌다.

안중근 의사는 재판에서도 대한의용군 참모중장의 자격으로 이토 히로부미를 사살하였고 그의 15조 죄상을 밝혀 전쟁포로로 대우할 것을 요구하는 당당한 기개에서 벅찬 감회가 가슴을 적셨다. 이런 재판 과정을 취재하면서 영국인 찰스 머리모 기자도 "세계적인 재판의 승리자는 안중근이었다. 그는 영웅의 월계관을 쓰고 자랑스럽게 법정을 떠났다. 그의 입을 통해 이토 히로부미는 한낱 파렴치한 독재자로 전락되었다"라고 논평했다.

국내에서도 1960년 안중근의사 기념사업회(초대회장 애국지사 김창숙 선생)가 창립되었고 1961년 12월 3일 기념사업회 주최로 비명 '대한의사 안공중근 숭모비'가 최초로 광주공원에 건립됐다. 1995년 안중근 의사의 동상을 건립하는 과정에서 분실되는 수난을 겪었지만 최근 발견돼 25년 만에 재건립할 예정으로 의사의 우국충절을 느낄 수 있는 역사적 공간으로 재탄생할 것이다.

벅찬 감동을 지닌 채 랴오닝 성의 성도이자 봉천으로 불린 선양(심양)을 향해 선조의 한 맺힌 청나라 전신 후금의 고궁과 청 태종 홍타이지의 동상과 묘가 있는 북릉공원을 찾았다. 선양은 중국인에게 1931년 9월 18일 류탸오후 사건(柳條湖事件)을 조작해 만주사변으로 일본의 만주 침략이 시작된 치욕의 현장이었고 우리에게 병자호란으로 1637년(정축년)

인조가 삼배구고두례(三拜九叩頭禮)의 굴욕적인 의식으로 항복하는 삼전도의 굴욕(인조는 성을 나온다는 하성으로 표현) 후 소현세자와 부인 강씨, 봉림대군과 부인 장씨, 척화파의 김상헌과 삼학사, 그리고 힘없는 백성들이 포로로 잡혀간 한이 서린 설움과 시련의 현장이다.

조선은 위정자와 사대부들은 당시 후금의 존재를 오랑캐 정도로 여기는 소중화(小中華) 사상에 함몰돼 당시 명나라와 후금을 둘러싼 동북아 정세를 애써 외면했다. 이런 상황 판단은 백성들을 고통으로 내몰았다. 심양에 머무는 동안 그들은 후금의 군사력이 강력한 8기군으로 무장돼 있고 후금의 문물이 서양의 문물을 배워 오랑캐 수준이 아니며 후금의 세력이 1644년 명나라 수도 북경을 점령하고 청으로 국호를 변경하여 중국을 통치하고 있는 것을 목격했을 것이다.

아직도 한국, 중국, 일본의 동북아 3국은 과거 역사적 사실의 진실은 외면한 채 자신들만의 당위성을 주장할 뿐이다. 중국은 동북공정(동북 변경지역의 역사와 현상에 관한 체계적인 연구 과제)으로 고구려를 비롯한 한국의 고대사를 중국사로 편입하려는 시도로 역사적인 사실을 왜곡하고 있다. 일본은 식민지 지배에서 저질렀던 위안부, 강제징용, 학살의 만행을 참회하지도 않으며 군국주의적 망령에서 벗어나지 못하고 있다. 한국도 소중화 사상에서 벗어나지 못하는가 하면 일부 지식인과 정치인들은 식민지 사관에 입각한 식민지 근대화론을 주장하면서 해방 후 반민족행위특별조사위원회(반민특위)의 활동을 폄하하는 망언을 서슴지 않는 왜곡된 역사 인식을 가지고 있다.

우리에게 주어진 사명은 역사의 현장에 남겨진 만행과 잔재의 진실을 규명하여 과감하게 청산하고 역사를 지킨 저항과 투쟁을 담대하게 계승하는 것이 임시정부 100주년을 맞이하는 대한민국을 올바르게 세우는 길이다.

■ 2019.5.28

■ 분열의 한국 사회

작금의 한국은 미북 비핵화 협상, 한일 경제전쟁, 아프리카돼지열병 방역, 터풍 피해 복구, 경제회복 등 외교와 민생의 현안 과제들이 산적해 있다. 그러나 한국 사회는 지난 두어 달 동안 법무부 장관 후보자 지명부터 국회 기자간담회, 국회 청문회, 장관 임명, 검찰 개혁, 국정 감사와 더불어 검찰의 압수 수색과 기소로 장관이 사퇴하는 형국이 되었다.

그동안 정치권은 앞장서서 진영을 가르고 국민들을 장관 파면과 검찰 개혁으로 분열시켜 선동하고 광장에 동원해 희생시켜 왔다. 또 학계, 종교계, 의료계 등 전문가 집단들은 편을 거들었다. 국민의 직접 민주주의는 정치권이 개입하면서부터 당리당략에 얽매인 상대를 적대시하는 세 대결의 장으로 변질되고 집회 참여인원이 논쟁거리가 되었다.

지금 한국의 사회는 진영의 선동 정치로 가는 데마고기아(우중정치)를 경계해야 한다. 데모크라티아(민주정치)와 데마고기아(demagogia)는 그리스에서 시작된 정치체제로 '데모스(demos)'라는 '민중(시민)'이 주역이다. 그러나 우중(중우)정치는 민주적 절차에 의한 국가 권력의 견제와 정권의 비판보다는 정권과 지도자들에 대한 의혹과 폭로로 불신과 증오를 조장해 국가, 정권과 지도자들에 대한 분노와 증오로 국민들을 선동하는 정치이다. 그리스 아테네 말년 페리클레스의 탄핵 발언으로 등장한 클레온, 지금은 정치인들은 물론 언론들, 웹과 유튜브들, 전문가 집단들, 종교계, 이익단체들도 합리적 비판을 넘는 '데마고그(선동자)'가 되고 있다.

대한민국의 주권자는 '국민'이고 주권재민이다. 검찰(prosecution service)은 국가와 공공의 안녕을 위해 민·형사 소송과 행정소송 등을 기소하는 법무 서비스를 제공하는 행정부 공무원의 조직이다. '공무원은 국민 전체에 대한 봉사자이며, 국민에 대하여 책임을 진다.(헌법 제7조 제1항)'라는 점에서 검찰의 공권력도 국민에게서 나오고 국민을 위해서 행사해야 하므로 검찰의 권한이 과도하게 주어져서는 안 된다.

그러나 한국 검찰은 정부 수립 이후 국민의 공복(公僕)이기보다는 정치 검찰의 행태를 보여 왔다. 한국 검찰은 기소 독점, 수사권, 수사 종결권, 공소취소권, 긴급 체포 사후 승인, 체포 및 구속 피의자 석방 지휘권, 경찰 수사 지휘권 등을 비롯하여 수사방식과 관행에서도 막강한 권한을 행사하고 있다. 이런 권한은 미국, 일본, 프랑스, 영국, 독일 등 어떤 나라보다도 크다. 또한 검찰청은 법무부의 외청이지만 50명에 육박하는 차관급이 있는 조직으로 국민 위에 군림하였고 정권에 편승하여 왔다. 이런 의미에서 검찰에게 정권은 유한한 것이고 조직의 권한은 무한하다.

역사적으로 볼 때 지금의 검찰은 조선 왕조시대에도 볼 수 없는 거대한 조직이다. 조선시대 사법 기관은 의금부, 형조, 사헌부, 포도청으로 분산되어 있고 중대 범죄는 합동으로 다스리고 있다. 의금부는 왕명으로 죄인을 추국(推鞫)하는 기관이고 왕족의 범죄, 역모죄 등 왕권 도전의 대역죄와 유교 윤리를 심하게 어긴 강상죄(綱常罪), 사헌부가 탄핵한 사건, 외국 관련 범죄 등 중죄인을 다룬다. 그리고 심문 결과로 사약, 귀양, 유배 등 혹독한 판결을 내리는 기관으로 검찰 개혁의 고위공직자범죄수사처의 역할과 유사하다. 형조는 육조의 하나로 법률과 의논의 결정 및 소송, 노비의 업무 등 재판관계 업무를 관장하는 기관으로 법무부의 기능을 한다. 포도청은 양반 사대부를 제외한 평민의 민생 사건을 다루는 경찰업무에 치중하는 기관이다. 사헌부는 관리들의 비리를 감찰하고 조사하여 탄핵하는 기관으로 지금의 감사원과 청와대 특별 감찰관의 역할과 유사하다. 한국의 검찰은 조선 시대 사법기관의 모든 권한을 가지고 있다.

이제 국민의, 국민에 의한, 국민을 위한 검찰 개혁은 시작됐다. 개혁은 사람이 아니고 법 시스템이다. 정권이 교체될 때마다 국민을 위한 검찰 개혁을 부르짖었지만 실패했다. 법 시스템은 모든 국민과 국익을 위해 국회에서 입법으로 만들어지고 법무부와 검찰은 엄정한 법 집행을 하면 된다. 이번에도 국회는 여야 정치권이 고위공직자범죄수사처 설치 및 검경 수사권 조정으로 대표되는 국민 여망의 검찰 개혁을 합의하지도 못하고 겨우 패스트트랙의 절차에 의존하게 되었다. 여야 정치권이 검찰 개혁을 합의하고 국회에서 법 시스템을 마련했으면 사람 중심의 사퇴와 수호는 있을 수 없을 것이다. 그러나 이미 국회와 정치권은 진영 논리로 정쟁을 일삼고 대의민주정치를 포기하고 국민들을 선동적으로 광장으로 나오게 하고 국론을 분열시켜 개혁의 주체가 되지 못하고 개혁의 역량도 상실하고 개혁의 대상이다. 또한 일부 국회의원은 상대 의원들에게도 막말과 욕설을 퍼붓고 국정감사 증인으로 나온 국민들에게는 더 심하게 무시하는 행태를 보여 한심하다.

지금 분열된 한국 사회의 책임은 정치지도자들이 우선이다. 이제라도 여야 정치인들은 더 이상 국민들을 광장과 구호로 내몰지 말고 국민들이 원하는 '기회는 평등, 과정은 공정, 결과는 정의로운 사회'를 위한 개혁과 민생 입법을 반영하는 대의민주정치를 복원해야 한다.

■ 2019.10.15

■ 코로나19와 한국사회

우리 사회는 물론 전 세계가 중국 우한에서 발병된 코로나19(신종 코로나바이러스 감염증)의 국가 간 감염 확산으로 팬데믹(세계적 대유행)에 가까운 비상사태 상황에 직면하고 있다. 한국은 감염이 해외 유입과 동시에 특정 지역의 교회(신천지)와 의료시설(대남병원)에서 집중되고 전국적으로 확산되어 감염병 위기를 '심각' 단계로 격상하고 있지만 사망자가 증가하고 중국 다음으로 확진자도 폭발적으로 늘어나고 있다. 이제 정부는 전국적 확산을 차단하면서 감염 지역과 속도를 줄이고 환자 치료에 집중하는 것이 필요하다. 그러나 지역은 공공의료시설이 재정적자로 폐쇄되거나 축소되어 충분한 인력과 장비가 공급하지 못해 국가적인 위기의 순간에 병상이 부족한 상황을 초래하고 말았다.

이런 심각한 상황에서 정부는 방역과 예방의 필수적인 마스크와 관련 제품의 수급 실패로 국민들의 원성을 자아내고 불안감을 증폭시키고 있으며 일부 국가로부터 한국인의 입국 금지나 제한 조치로 해외에서 국민들의 안전과 인권이 위협받는 상황이 현실로 나타났다. 또한 정부는 국민들의 소비심리가 사라지고 지역 상권과 지역경제가 불황의 늪으로 빠져들어 경제성장률도 낮아질 것으로 전망되어 코로나19 추경 편성을 서두르고 있다. 이런 힘든 상황에서도 의료인들의 자발적 자원 봉사와 임대료 인하, 지자체의 병상 공유 등은 우리 국민들의 성숙한 시민 정신을 보여주고 있다.

그러나 이번 사태에서 감염 확산의 진원지인 특정 교회(신천지)의 폐쇄적이고 은밀한 포교는 효과적인 감염 차단을 어렵게 만들고 있으며 일부 단체는 공중 보건을 위해 광장 집회를 금지했지만 국민의 생명과 안전보다는 정치적 이념과 종교적 궤변을 앞세워 강행하는 한심한 작태를 보이고 있다. 또한 일부 몰지각한 사람들은 확진자의 신상털기와 코로나19 가짜뉴스를 유포하고 있으며 밀접 접촉한 일부의 자가 격리 대상자들이 생활 수칙을 어기는 사례가 빈번하게 발생하고 있다. 그리고 일부 업체와 상인들은 마스크와 손소독제 등을 사재기하여 시장에서 되팔아 폭리를 취하는 돈벌이 수단으로 국가적 사회 재난인 감염병을 이용하고 있다. 이런 국민의 생명과 안전을 위협하는 불법과 범법행위에 대한 국가 공권력의 행사가 엄중하게 요구된다.

심지어 일부 국민들은 감염병과 정권을 결부시켜 국민청원으로 민심을 갈라놓고 있으며 지역주민은 용기와 격려를 보내는 성숙한 시민의식을 보여주었지만 초기에 우한 교민들의 격리 수용시설에 대해서 완강하게 반대하였다. 특히 여야 정치권은 총선 정국과 맞물려 정략적으로 상대편을 비난하고 책임을 전가하고 있으며 국회도 중국의 특정 지역을 특위 명칭에 포함하는 문제로 옥신각신하다가 코로나19의 확산과 국민의 눈치를 보고 구성에 합의했고 코로나 3법도 이제야 통과시켰다. 또한 일부 정치인은 자신의 당선을 위해 코로나19를 선거 홍보 마케팅으로 사용하고 있다. 아직도 한국 정치는 국민의 생명 존중보다는 정쟁에 열중하고 의원직을 지키기 위해 이합집산을 반복하는 그들만의 리그이다.

한국 사회는 정부의 선진 보건 및 의료체계와 투명한 정보 공개로 적극적인 확산 차단과 방역, 그리고 환자 치료로 코로나19 감염 확산에 대응하고 더불어 국민들의 성숙한 보건의식을 보여줬지만 힘들고 불안한 시기를 틈타 사회의 어두운 면을 드러내고 있다. 그동안 우리 사회가 하드웨어적인 개발과 재개발로 경이로운 성장을 하였다. 그러나 실질적인 혜택이 소수 계층에게 집중되어 심각한 불평등과 부정부패 및 기업 권력의 비대와 로비, 그리고 공정성이 망가진 사법 권력의 횡포와 시스템의 붕괴로 사회적으로 타인을 무시하고 직간접적인 위해를 끼치고 남의 불행을 방치하는 사회 구성원 간의 신뢰성 추락을 초래하였다.

이런 사회 현상에 대해 우리 사회는 구성원의 근원적인 인식 변화가 필요하다. 미국의 저명한 경제학자 제프리 삭스는 '문명의 대가(The Price of Civilization)'에서 "사회적 신뢰와 개인적 균형을 회복하는 '깨어 있는 사회'를 필요로 하고 자신의 행복, 타인과의 관계, 정치적 작동을 진지하게 살펴보아야 한다"고 주장하고 있다. 이제부터 우리 사회는 이기적인 욕망과 탐욕에서 벗어나 '깨어 있는 사회'로 나아가기 위해서 우선 자신과 우리 사회에 대한 각성이 필요하다.

이것은 제프리 삭스에 의하면 "우리의 행복은 인간의 기본적인 이중성을 인식하고 함양에 달려있는데 그 이중성은 독특한 취향과 소망을 지닌 개인이자, 타인에 대한 책무와 타인과 공유하는 가치를 지닌 사회구성원이라는 특성이다"라는 사실을 인식함으로써 우리 사회와 자신을 자각하는 것을 의미한다.

우리 사회는 그간 축적한 기술적, 인적, 사회적 자본을 토대로 개개인들이 시민으로서, 직업인으로서, 사회구성원으로서, 국민으로서의 역할을 자각하여 개인적 자유와 시민의식, 이기심과 이타심, 개인주의와 사회적 관계, 개인적 책무와 국가의 의무 간 균형과 사회구성원으로서 공동체 사회의 신뢰를 회복하는 노력이 필요하다.

■ 2020.3.3

■ 긴급재난지원금과 기부문화

코로나19 팬데믹은 지구촌 사람들에게 두려움과 공포로 다가와 일상적인 삶은 물론이고 기업의 경제활동조차 송두리째 앗아갔다. 지금의 상황은 340만명이 넘는 확진 환자와 24만명 이상의 사망자가 발생한 대재앙으로 일자리는 사라지고 세계경제는 역성장할 것으로 예측된다. 그동안 국민들은 정부 당국, 의료인, 자원봉사자들의 헌신적인 노력에 힘입어 절제된 국민의식과 사회적 거리두기로 잘 버티어 왔다.

이런 와중에서 긴급재난지원금의 '긴급'은 여야의 지루한 줄다리기로 사라진 채 코로나19 관련 긴급재난지원금의 모든 국민 지급을 위한 2차 추경 안이 표를 의식한 총선 공약에 매달려 재정건전성을 우려하여 기부법안과 연계해 통과됐다. 지금은 긴급재난위기 상황으로 모든 국민에게 지급됐지만 앞으로 정부와 여야 정치권은 지속적인 부채 증가에 대한 재정건전성도 고려하고 선별적 지원도 고심해야 할 것이다. 그러나 여야 정치권과 정부도 나라 곳간을 채우고 나라 빚을 갚는 경제주체는 묵묵히 일하는 국민이라는 사실을 명심해야 한다.

국가는 위기의 시기에 전통적인 정책이나 처방에만 매달리지는 않았다. 한국도 1997년 외환위기 시절에 IMF(국제통화기금)로부터 빚을 내서 경제를 회생시켰고, 이번에 전 국민에게 긴급재난지원금을 지급한 것도 초유의 일이다. 미국도 2008년부터 2009년 금융위기와 경기대침체의 시기에 부실자산구제프로그램(Troubled Asset Relief Program; TARP)을 도입했다. 이 제도는 전통적인 재정정책과 통화정책의 혼합적인 성격을 지닌 것으로 미국 재무성과 연방준비제도가 공동제의하고 재무성이 은행의 우선주를 매입하고 배당금을 받아 자금을 회수하는 방식으로 금융시스템을 회복시킨 것이다.

이번 긴급재난지원금은 재난위기 상황에서 소득의 양극화를 해소하는 사회복지의 개념이 아니고 보편적이면서 한시적 사용의 일회성으로 재난 피해지원 및 소비 진작을 통한 경기부양을 보조하는 지원책이다. 한국경제는 저금리 수준의 경기침체 상황에서 14조3천억원(지방비 포함)의 정부재정지출도 그 이상의 큰 승수효과를 줄 수 있다. 실제로 지역주민과 지역 상권은 지방정부의 재난생계지원금 지급으로 미약하나마 활기를 되찾고 있는 것으로 보인다.

지금 행해지고 있는 정치권의 기부 릴레이를 보면서 기부문화에 대해 다시금 생각해 볼 기회다. 여야가 지원금과 상관없이 코로나19 돕기 릴레이를 시작했으면 기부의 마음은 전해졌고 논란도 없었을 것이다. 왜냐하면 현실적으로 고소득층뿐만 아니라 평범한 사람들도 돈을 기부하거나 자원봉사활동(시간)으로 기여하고 있으며 대다수 사람들은 종교 및 자선단체, 교육, 의료연구, 헬스 케어, 가난한 국가나 사람들에게 정부가 제공하지 못한 자선의 공공재를 알게 모르게 고액이건 소액이건 기부하고 있다.

왜 기부를 하는가? 기부는 크게 순수한 이타심과 사회적 압력의 두 동기가 작용한다. 먼저 사람들은 비록 이기적인 경제주체이지만 다른 사람들의 행복과 후생에 가치를 두고 다른 사람을 도와주려는 순수한 이타적(altruistic)인 행동을 하는 것이다. 이런 의미에서 기부문화는 인간의 이타적이고 공동체적인 행동의 가치로 사회적 신뢰를 형성하는 사회적 자산이라고 말할 수 있다. 한편 사람들은 자신의 기부행위와 기부금 규모에 대해서 관심을 가지게 되고 정신적 의무인 자긍심(warm glow)의 행동으로 기부한다. 이것은 고소득층이나 정치인, 대기업의 성공한 오너들이 소위 '노블리스 오블리제(Noblesse Oblige)'로 지칭되는 명성과 존경과 같은 사회적 압력이 작용하는 자선 기부의 개념으로 자신들의 기부행위로부터 얻는 효용이 증가하면 기부는 많아질 것이고 기부의 대가로 사회로부터 정신적 편익도 누리게 된다.

최악의 코로나19 재난위기 상황에서도 평범한 시민이건, 스타이건, 대기업 오너이건, 성공한 사람이건 그들은 순수한 이타적 동기에 의해서도 자긍심의 발로로 스스로 기부하고 있다. 지금의 평범한 시민들은 구호나 운동과 같은 사회적 압박이 아니라 다른 사람들의 행복에도 관심을 갖는 인간의 이타적 행동의 동기로 스스로 물질이든 시간이든 기부하는 것이다. 이런 점에서 기부의 마음은 인간적인 행동에 의해서 움직인다. 이것은 지원금의 지급범위와 재원조달은 정치적 판단으로 결정되어지지만 기부는 인간적인 행동의 가치판단에 의해서 행해진다는 것을 보여주고 있다.

이번 코로나19 재난위기 상황에서 한국은 개방형 방역시스템 가동과 신속한 진단 및 치료로 해외교민은 물론이고 외국인조차도 보호받을 수 있는 국가로 전 세계의 주목을 받고 있으며 국민들에게 '헬 조선'의 마음에서 '웰컴 투 코리아'라는 긍지를 심어줬다. 조건 없는 긴급재난지원금 지급이 모든 국민에게 잠시나마 코로나19로부터 벗어나 일할 수 있는 의욕을 격려하는 위로와 회복의 선물이 됐으면 한다.

■ 2020.5.5

제1부 시대정신

제4장 지역창생

■ 지역경제에 관한 몇 가지 단상

한국경제 발전의 원동력인 지역경제는 실로 우려할 만한 수준에 직면해 있다. 이것은 산업생산에서 중앙과 지방간의 양극화 현상과 지역간 불균형 성장에서 기인하고 있는 것이다. 그리고 지역의 특성화 전략은 지역별로 특정산업과 기업이 편중되어 산업구조의 변화에 따라 경기침체를 지속시키고 있다.

최근 참여정부는 지방분권과 지방자치를 구현하기 위해 선택과 집중이라는 전략으로 지역경제를 활성화시키고자 하고 있다. 이 같은 전략은 지역경제의 성장성 측면이나 국가적인 재원의 효율적 배분측면에서 바람직하나, 지역경제의 안정성 측면에서 그만큼 위험을 수반하고 있다.

이런 노력은 역대 정권에서도 수없이 되풀이되어 유망산업을 유치한 지역은 지속적인 발전을 하고 있지만, 경쟁력이 뒤진 산업을 특성화시킨 지역은 산업의 사양화로 말미암아 낙후성을 면치 못하고 있다. 수도권은 생산활동이 활발한 반면에 특정산업과 기업에 대한 의존도가 높은 대구, 부산, 광주·전남권의 지역경제는 악화된 상황이다.

이것은 한 국가내에서 지역별 비교우위 산업의 육성이 규모의 경제, 범위의 경제, 집적효과를 가져와 효율적이지만 산업구조가 너무 단순할 경우, 즉 단선형 산업구조를 가지고 있을 경우 주력산업의 경기변동에 따라 지역경제 전체가 영향을 받고 있다는 것이다. 대구의 섬유, 부산의 신발산업, 그리고 전남지역의 석유산업은 대표적인 실례이다.

특히, 광주·전남권 지역경제의 위상은 통계수치로 표현할 수 없을 정도로 미약한 상황이다. 광주·전남권의 지역총생산(GRDP)과 산업의 비중(2000년 기준)을 보면, 지역총생산은 전국 비중의 7%대로 서울·

수도권 48%, 동남권 17.2%에 비해서 현저히 낮은 수준이다. 산업별 생산액도 화학 및 철강분야에서 각각 20%와 11%로 다른 산업분야보다는 높지만, 수도권과 동남권과 비교하면 여전히 낮은 수준에 머물러 있다. 재정자립도에서도 이런 현실을 그대로 반영하여 최하위를 면하지 못하고 있다.

이런 현실을 타개하는 현실적인 방안으로 대기업과 외국기업의 투자유치를 표방하여 최근 광주시와 미국 SKOE사는 8년간 최대 1억 달러에 상당하는 광산업 관련 투자협정을 체결하여 지역경제에 활력소가 되고 있다. 그러나 현실적으로 지난 한해 다국적 기업이 한국에 설립한 지역사업본부나 공장은 7건으로 동기간 중국 29건, 싱가포르 46건에 비하면 유치 경쟁에서 밀리고 있는 실정이다. 또한 기존 외자기업이 철수하거나 폐업하는 사태까지 벌어지고 있다. 우리 지역은 더욱 심각하다. 민선 3기에 국내 대기업의 유치는 전혀 없는 상황이고, 현재 평동공단의 경우 이미 분양된 기아자동차, 일산 등의 부지나 첨단산업단지는 기계소리대신에 잡초만 무성한 것을 쉽게 볼 수 있다.

이런 현실을 감안한다면, 지금은 외국기업이나 대기업 유치를 좌우하는 노사관계, 투자인센티브, 기업유치시스템, 공단 분양가와 물류비의 부담, 그리고 고급인력확보 측면에서 우리 지역의 강점과 유치조건을 다시 한번 면밀히 검토하는 것이 요구된다. 그리고 외국기업이나 대기업의 투자목적을 분석하여 우리 지역여건에 부합되는 유치 대상기업을 물색하고 유치 우선순위를 설정하며 기업들이 투자를 주저하는 원인을 처방할 수 있는 현실적인 대안을 제시하는 작업이 필요한 시점이다.

■ 2003.10.21

■ 진정한 지방분권 개헌으로

올 6월 지방선거에 국민투표를 위한 개헌 논의가 한창이다. 이번 개헌은 제6공화국 헌법을 개정하는 것으로 1987년 9차 개정에서 30여 년 동안 유지해 온 대통령 5년 단임 직선제에 대한 권력구조와 정부형태를 개정하는 것이 주요 관심사로 여겨지지만 지역으로서는 지방분권의 도입이 초미의 관심이다.

지방정부의 권한은 미약하고 재정은 빈약하다. 권한은 위임 사무에 치중되어 있고 자치입법, 경찰 및 과세권은 거론조차 되지 못하고 있다. 그리고 지방재정은 세입에서 국세와 지방세의 상대적 비율이 대략 8대2, 중앙재정과 지방재정의 재원조성비율이 대략 6대4이며, 중앙정부 대 지방정부의 총조세사용액 비율이 대략 4대6이다. 지방정부의 자체재원은 인건비도 충당하지 못할 정도이지만 중앙정부로부터 이전된 재원을 사용한 조세사용액은 중앙정부를 훨씬 상회하고 있는 실정이다.

정부 간의 권한 소유에 대해서 미국 헌법 권리장전의 수정조항 제10조는 "헌법에 의해서 미국 연방정부에 위임되지 아니하였거나 주정부에 의해 금지되지 않는 권한은 각 주나 시민들이 소유한다."라고 규정하고 있다. 또한 우리의 헌법(제 117조 제1항)도 "지방 자치 단체는 주민의 복리에 관한 사무를 처리하고 재산을 관리하며, 법령의 범위 안에서 자치에 관한 규정을 제정할 수 있다."라고 지방분권을 규정하고 있다. 지방분권의 성패는 주민의 복리라는 정부서비스와 법령의 권한 범위와 이를 충당하는 재정권에 달려있다.

이러한 정부활동의 권한과 재정권의 배분은 중앙 및 지방정부에 의한 공공재 공급의 효율성과 국가전체의 이해와 지역 간의 이해가 상충되는 형평성의 문제인 것이다. 공공재 공급의 효율성은 정부활동이 어느 수준의 지방정부에서 결정되는가라는 '최적 재정연방주의(optimal fiscal federalism)'를 의미한다. 형평성은 각 지방정부의 정부서비스 제공에서 지역 간의 경제력 격차로 지방정부 간에 심한 차이가 발생하게 되어 중앙정부가 각 지방정부 간에 자원을 재분배하는 재정분권화를 의미한다.

공공재의 공급은 경제적으로 지역주민의 발로 투표하는 티부 모형(Tiebout model)에 의해 지역 간의 경쟁으로 효율성을 달성하지만 비효율적인 지방정부는 쇠퇴할 것이라고 주장한다. 그러나 모형은 주민들의 완전한 이동을 보장하고 주민들이 공공재의 편익과 비용에 관한 정보가 완전하며 공공재의 공급은 충분한 지역의 규모와 범위의 경제성을 갖추고 있어야 한다는 제한적인 가정을 두고 있다.

그러나 모형은 현실에서 작동되고 있는 것을 보여주고 있다. 예를 들면, 서울 강남 3구는 교육 및 주택가격과 같은 경제적 및 교육적 이해관계를 지닌 유사한 성향을 지닌 주민들이 모여서 거주한다. 이것은 주택가격이 어느 지역에서 경제적으로 거주할 만한 매력이 있다면 거주에 따른 비용(세금 등)과 편익(교육 등)을 주택가격에 체화되는 '주택가격의 자본화'(capitalized into housing prices)를 의미한다. 따라서 주민들은 교육이나 복지서비스 등의 지방공공재를 효율적으로 공급하는 지역에 있는 주택에 비싼 값을 지불하고 거주하게 된다.

공공재 공급의 형평성은 '재정평준화(fiscal equalization)'로 중앙정부가 지방정부에 경제력의 격차를 평준화하는 노력에 대해 보조금을 분배하는 정책을 의미한다. 이것은 중앙정부가 모든 국민들에게 어느 지역에 거주하든 간에 최소한의 공공재 공급을 통해서 후생수준을 유지하기 위한 정책이다.

최근 중앙정부가 공공안전, 보건, 교육, 복지에 대한 서비스 제공을 지방정부로 이전하는 과정에서 보조금이 재정에 충당되고 있다. 또한 글로벌 경제위기 이후 중앙정부의 대규모 국책사업들이 지역 간 경쟁을 촉진하기 위해 매칭 펀드의 형태로 도입되었다. 이런 결과로 지방정부의 재원조성규모는 증가하였지만 중앙정부에 의한 의존재원의 확충으로 지방정부의 재정 책임성은 약화되고 국가적 기준과 수준을 강화하려는 중앙정부의 통제로 중앙정부와 지방정부 간의 관계를 근본적으로 변화시켜 지방분권에 역행하는 결과를 초래하고 있는 실정이다.

이제 진정한 지방분권은 정부 간의 책임 분할로 지역과 시민들에게 정부활동의 권한을 돌려주고 지역 간 발전격차에 의한 자원의 재분배를 통해서 재정권을 확보하는 개헌으로 얻어질 수 있다.

■ 2018.2.27

■ 광주·전남은 하루아침에 이루어지지 않았다

올해는 1018년(고려 현종9년) 전라도(全羅道)라는 행정구역 명칭으로 정도 1000년을 맞이한 뜻깊은 해이기도 하고 지방자치제 부활 이후 민선 7기가 시작하는 해이기도 하다. 지금 우리가 살고 있는 지역에서 자신들이 태어난 시대를 살아왔던 선대의 역사적 사실과 지역발전의 모습을 기억하는 것은 현재와 미래를 살아갈 우리에게 무한한 자부심을 심어줄 것이며 혹독한 교훈도 줄 것이다.

우리 지역은 전통적으로 의향, 예향, 미향의 맥을 이어오면서 인권과 민주, 평화를 표방하는 민주화의 성지로 문화와 예술의 혼과 맛의 진미를 간직하는 아시아 문화중심도시로 우뚝 서게 되었고 지역민의 행복한 삶의 토대가 되는 산업화의 길을 걸어왔다. 역사적으로 조선시대 임진·정유재란 때 이순신 장군은 "호남이 없으면 나라가 없다(若無湖南 是無國家)"라고 말했듯이 국란위기 극복의 중심지로서 고경명, 김천일, 김덕령 의병장을 비롯한 무명의 의병들의 숭고한 희생으로 왜군의 침략을 격퇴시켜 국가와 지역을 지켜냈다. 그리고 조선 말기 봉건적 수탈에 저항한 동학농민혁명, 1909년 일본의 남한대토벌작전에도 굴하지 않고 국권 수복을 위한 전라도 의병활동, 식민지 시대 독립 쟁취를 위해 일제에 항거한 광주학생독립운동, 군부 독재에 맞서 민주주의를 수호하고자 싸운 5·18광주민주화운동으로 이어져 근현대사의 국가적인 위기 순간마다 난국을 타개한 우리 지역은 국가 수호의 중심으로 우뚝 섰다.

또한 우리 지역은 국가적으로 경제성장을 이룩하기 위해 1960년대 정부 주도의 경제개발계획에 의한 산업화 정책으로 산업단지를 조성하게 되었다. 특히 해방 이후 소비도시로 머무른 광주도 1970년대 후반 광주권 생산화운동이 시작되어 최초로 본촌산업단지와 송암산업단지가 1979년 착공하여 1983년 준공되었으며 1980년대 소촌과 하남산업단지, 1990년대 평동산업단지와 최초로 국가산업단지인 첨단단지가 조성되어 본격적인 산업화의 대열에 동참하게 되었다. 전남 지역은 1967년부터 조성된 여수국가산업단지의 석유화학 업종, 1989년 착공된 대불국가산업단지의 조선업종, 1982년부터 조성되어 1987년 철강을 생산한 광양제철에 이르기까지 농업 위주의 생산을 벗어나 산업화의 도약을 시작하게 되었다. 이런 근현대의 역사적 흐름에서 우리 지역 "광주·전남은 하루아침에 이루어지지 않았다"는 것이다.

그러나 우리 지역은 제조업 중심의 생산과 수출을 주도하는 지역으로 탈바꿈하는 부단한 노력을 하였지만 국가 주도의 성장전략으로 수도권과의 격차가 점차 심화되었다. 특히 젊은이들이 교육과 일자리 문제로 지역을 떠나는 현실이 되었고 또한 저출산과 고령화로 인구가 감소하여 생산 활력이 떨어지고 소득 감소로 경제적 삶의 질이 뒤처지게 되어 이제는 변방의 지역이 되어 가고 있다. 2천여 년이 훨씬 지난 "로마는 하루아침에 이루어지지 않았다"라는 로마의 이야기를 끄집어내는 것 자체가 다소 진부한 생각마저 든다. 소설가 시오노 나나미는 '로마인 이야기' 중에서 기원전 753년 건국부터 이탈리아 반도를 통일한 기원전 270년까지의 500년의 역사를 담고 있는 제1권 "로마는 하루아침에 이루어지지 않았다"에서 사료에 의하면 변방의 도시 로마인들은 "지성에서는 그리스인보다 못하고, 체력에서는 켈트족(갈리아인)이나 게르만족보다 못하고, 기술력에서는 에트루리아인보다 못하고, 경제력에서는 카르타고인보다 뒤떨어졌다"라고 언급하고 있다.

이런 약점투성이 로마인들이 "모든 길은 로마로 통한다"라는 말처럼 변방의 작은 도시인 로마를 광대하고 융성한 대제국으로 건국하게 된 원동력은 로마인이 보여 준 개방성과 포용성이라는 점이 우리에게 큰 시사점을 주고 있다. 시오노 나나미는 "2천 년 세월이 흘러가는데도 포용과 관용을 베풀 줄 모르는 종교적 상황, 이념에 얽매이는 통치, 다른 민족이나 인종을 배척하거나 차별에 매달리는 국가"가 존재하는 지금의 현실을 준엄하게 지적하고 개방과 포용을 강조하고 있다.

이제 민선 7기의 우리 지역은 말로만 소통하는 것이 아닌 개방과 포용의 정신으로 선대로부터 축적한 정의로움을 바탕으로 경제적 풍요로움을 만들어 가는 공동체를 형성하는 것이 지역을 번영시킬 것이고 변방의 지역에서 "광주에 오면 광주법을 따르라"라는 말처럼 국가와 글로벌의 중심으로 설 수 있을 것이다. 이런 노력만이 우리 지역을 떠나는 지역에서 찾아오는 지역으로 변화시킬 것이다.

■ 2018.6.12

■ 전남의 인력양성과 일자리 창출

요즘 일자리가 뜨거운 이슈다. 미중 무역 분쟁의 90일 유예, 글로벌 경기 침체의 가능성, GM 등 글로벌 기업의 구조조정이 예상되는 경제 여건에서 한국경제는 최저임금 인상, 주 52시간 근무제 도입 등 고용과 관련된 정책들이 시행되면서 고용환경에 많은 변화가 일어나고 있다. 지역적으로는 노사상생의 광주형 일자리의 성공 여부가 전국적인 관심사로 등장하였다. 이런 상황에서 전남도 조선업종의 위기로 인한 정부의 고용 및 산업 위기지역 지정 등을 통해서 지역 산업계와 중앙정부·지방정부, 유관 고용기관들을 중심으로 지역경제 활성화와 일자리 창출을 위해 많은 노력을 하고 있다. 그럼에도 불구하고 경기 침체에 따른 실업 문제, 특히 청년층의 실업 문제와 인구 고령화로 인한 장년층의 실업문제는 심각한 문제가 아닐 수 없다.

일자리 문제의 해결은 지역과 산업이 필요로 하는 인력과 교육·훈련 수요조사가 선행되어야 하고 산업 수요에 맞는 인력 양성과 훈련을 통한 일자리 창출이 이루어져야 한다. 특히 전남인적자원개발위원회는 인력 양성을 통한 일자리 창출을 위해 매년 정기적으로 인력 및 훈련 수요조사와 지역고용의 현안 및 이슈에 따른 상시 인력 및 훈련 수요조사를 실시하여 공동훈련센터 발굴·지원과 지역고용혁신프로젝트 등을 발굴 관리하고 있으며 산업계 주도로 노·사·민·정이 참여하여 협의하는 협의체로서 명실공히 지역의 고용거버넌스 역할을 수행하고 있다.

이런 조사를 바탕으로 전남인적자원개발위원회는 전남지역의 인력 양성과 일자리창출 과제를 장단기 과제로 구분하여 해결책을 제시하고 있다. 먼저 단기과제로 전남 서남권 조선업계의 인력난 해소이다. 전남인적자원개발위원회 수요조사에 의하면 최근 전남 서남권 조선업계의 수주 증가로 인하여 단기적으로 2019년말까지 약 3,000여명의 인력이 필요할 것으로 추정된다. 지난 몇 년간 수주 절벽으로 인하여 구조조정 등을 통해 많은 인원이 감축되고 이직과 전직 프로그램을 통해 조선업계의 많은 근로자들이 타 지역으로 일자리를 찾아 이동하거나 타 직종으로 전환하였다.

그러나 이미 떠난 인력들을 조선업으로 다시 유인할 수 있는 임금인상이나 근로복지 등은 많이 부족한 현실이다. 특히 최저임금 인상으로 인해 상대적으로 노동 강도가 높은 조선업 근로자들은 더 높은 임금을 요구하는 상황이다. 또한 전남 서남권 조선업계 인력난이 심각한 주된 원인은 현재는 수주가 증가하고 있지만 언제 또 수주절벽으로 떨어질지 모른다는 불안심리 때문에 많은 인력들이 조선업종에서 일하는 것을 기피하고 있는 현실이다. 이런 현실에서 안정적인 일자리를 만들기 위해서는 중앙정부·지방정부 및 조선업계가 노력하여 적정한 가격의 지속적인 수주물량을 확보하고 전 국민과 지역민들에게 조선업에 대한 긍정적인 비전을 어필하여 부족한 인력을 유인하는 것이 가장 큰 해결책으로 보인다.

다음으로 장기적 과제는 전남지역의 영세·소규모 사업체의 인력난이다. 전남인적자원개발위원회의 정기 수요조사대상 사업체 중 영세·소규모 사업체가 차지하는 비중이 85%가 넘는다. 정량 및 정성조사 결과는 소규모 사업체에서 다양한 능력을 보유한 멀티(종합적) 경영업무 사무원이 필요하다는 것으로 나타났다. 소규모 사업체가 안정적이고 지속적으로 성장하여야 더 많은 일자리가 창출되므로 다양한 경영업무 능력을 갖춘 인력의 양성과 훈련이 반드시 필요하다.

이런 멀티 경영업무 사무원 양성을 위해 전남은 톡톡 튀는 아이디어와 활동성을 갖춘 청년을 중심으로 하는 양성 과정과 다양한 경험을 두루 갖춘 신중년(건강하고 스마트한 중년)을 멀티 경영업무 사무원으로 양성하는 과정을 특화시켜 볼 필요가 있다. 특히 신중년의 멀티 경영업무 사무원 양성은 고령시대에 부족한 노후소득을 일자리 창출로서 해결하는 아주 바람직한 시스템이 될 것으로 보인다.

■ 2018.12.11

광주의 자동차산업

한국경제는 국내 기업의 해외 생산과 투자의 비중은 확대되고 있지만 국내의 신규투자는 정체돼 고용 창출이 부진한 상황에서 일자리 창출이 초미의 관심사가 되었다. 특히 새로운 일자리 모델로 제시된 사회통합형 광주형 일자리의 성패 여부는 이제 전국적인 핫 이슈가 되었고 아직도 진행 중이다. 가까스로 노사민정의 대타협으로 마련한 투자협약안이 임단협의 유예 문제로 인해 현대 자동차의 거부로 무산된 상황으로 안타깝고 허탈한 심정이다.

지역민 모두와 광주는 국가와 지역의 미래와 청년 세대의 일자리를 위한 절박한 마음으로 광주형 일자리의 성공을 위해 달려 왔다. 광주(빛고을)는 자동차산업이 지역의 주력산업으로 성장했고 진곡 및 빛그린 산업단지를 조성해 친환경 자동차(전기 및 수소차 등) 관련 부품과 소재 개발에 전력을 하고 있다.

이것은 자동차산업이 완성차를 생산하는데 2만-3만개에 달하는 각종 부품으로 조립돼 기계는 물론 소재·부품 산업에의 전방연관성이 매우 높고 자동차 생산 이후에도 판매와 운행에 이르기까지 금융과 보험, 수리업 등 서비스산업 전반에 걸쳐 밀접한 전후방 연관관계를 맺고 있어 지역경제의 파급효과가 지대하다는 것이다.

그동안 광주의 자동차산업은 우여곡절을 이겨내고 지역의 주력산업으로 성장했다. 광주 자동차산업의 효시는 나주 호남비료를 건설한 기업가 이문환에 의해 1964년 12월 21일에 이탈리아 피아트(FIAT, 지금은 피아트 크라이슬러), 프랑스 자동차회사 생카(SIMCA, 피아트가 프랑스에 세운 자회사가 시초), 그리고 시아베(SIAVE) 은행과 차관협정을 체결해 자본금 8억2천800만원으로 1965년 7월 2일에 설립된 아시아자동차공업주식회사이다. 1968년 12월 광주공장이 준공됐지만 1969년 동국제강에 인수돼 1970년 1월 피아트와 합작해 최초의 승용차 세단 피아트 124를 출시해 각광을 받아 당시 신진자동차(한국 GM의 전신)의 코로나, 현대자동차의 코티나와 경쟁했지만 계약 연장 만료로 3년 만에 단종되는 비운을 겪었다. 그 후 고속버스와 일반트럭(8t) 등을 생산해 1975년 8월 방위산업으로 지정됐지만 100억원에 달하는 부채를 감당하지 못하고 1976년 기아산업에 인수됐다. 기아산업에 인수된 아시아자동차는 1977년 트럭공장 준공으로 군용 차량과 고속 및 시외버스 버스용 차량(그랜버드), 트럭을 생산해 자체 브랜드로 판매해 1992년 수출 1억불 탑을 수상하는 영예를 차지했다. 그러나 1990년대 들어 국내 상용차의 공급 과잉으로 아시아자동차는 대형 상용차 생산을 축소하거나 조업을 중단하는 지경에 이르러 1997년 외환위기로 기아그룹의 자금난으로 부도유예 협약 대상업체로 선정돼 1998년 4월 법정관리업체 신세로 전락해 지역경제는 심각한 타격을 입게 되었다.

1998년 10월 기아자동차와 함께 국제입찰에서 현대자동차에 인수되고 1999년 기아자동차와 통합돼 기아차 광주공장으로 변하게 되었고 아시아자동차는 자동차업계에서 사라지는 비운을 맞게 되었다. 현대자동차로 인수된 기아차 광주공장은 2010년 50만대 양산체제로 현재 1공장에서는 쏘울과 카렌스, 2공장에서 스포티지R과 쏘울을 병행생산하고, 3공장에서 봉고트럭, 하남공장에서 대형 버스 그랜버드를 생산하는 비약적 발전으로 관련 협력업체와 더불어 광주 자동차산업의 중추적 역할을 하고 있다.

최근 글로벌 환경 변화로 자동차업계는 수출 및 내수 부진을 겪고 있으며 군산 GM공장 폐쇄, 광주 금호타이어 해외매각 등 국내외적 자동차산업의 악재로 광주시의 자동차산업은 위기에 직면하고 있다. 지역의 주력산업인 자동차산업의 의존성이 강한 광주시는 지역경제 측면에서 더욱 큰 구조적 문제가 발생할 가능성이 크다. 특히 광주의 자동차산업이 지역경제로 파급되는 전후방연관성이 다른 지역에 비해 상대적으로 높은 편이다. 이것은 광주의 자동차산업이 지역경제에 미치는 파 급효과가 크다는 것이지만, 반대로 자동차산업에 위기가 닥쳤을 경우 지역경제에 미치는 악영향 또한 크다는 것을 의미한다.

새로운 일자리 모델 광주형 일자리의 투자 법인은 노벨 경제학상 수상자 사이몬(Simon)과 사이어트(Cyert), 그리고 마아치(March)가 제시한 기업의 행동이론에 의하면 지자체, 중앙정부, 주주, 근로자, 채권자, 고객, 협력업체 등 각자 고유의 이해를 가진 이해관계자들의 연합체적 성격을 지닌다. 따라서 이해관계자들의 이해는 각각 달라 필연적으로 갈등이 발생하므로 협상을 통해 해결된다.

이런 점에서 광주형 일자리는 효율적인 자원배분이 시장 거래를 통한 가격메커니즘으로 조정되는 것이 아니고 이해관계자들의 계약이나 협약에 의해서 조정되는 제도이다. 이제 모든 이해관계자들은 광주형 일자리의 성공에 공헌하는 대가로 광주형 일자리의 성과로부터 받는 유인이 크게 되도록 광주광역시의 협상력 발휘로 노조의 국민적 신뢰와 기업의 사회적 책임을 구현시키는 자동차공장이 빛그 산단에 건설되기를 기대한다.

■ 2019.1.1

■ 상생 협력의 달빛동맹

올 5·18 광주민주화운동 39주년 기념식에서 문재인 대통령께서는 "민주주의를 지켜낸 광주는 이제 경제민주주의와 상생을 이끄는 도시가 되었습니다. 오늘부터 228번 시내버스가 오월의 주요 사적지인 주남마을, 전남대병원, 옛 도청과 5·18기록관을 운행합니다. 228번은 '대구 2·28 민주운동'을 상징하는 번호입니다. 대구에서도 518번 시내버스가 운행되고 있습니다. 대구 달구벌과 광주 빛고을은 '달빛동맹'을 맺었고 정의와 민주주의로 결속했습니다. 두 도시는 역사왜곡과 분열의 정치를 반대하고 연대와 상생 협력을 실천하고 있습니다"라고 강조하는 통합의 메시지를 전했다.

광주와 대구는 정치적으로 지역 간에 경쟁과 불신의 도시로 인식돼 왔지만 역사적으로 외세 침략에 항거하고 대한민국의 민주주의를 지킨 도시로서 경제적으로 내륙 도시의 한계에 직면한 낙후된 지역이라는 심정적인 동병상련을 겪고 있는 도시라 할 수 있다. 역사적으로 광주와 대구는 외세 지배에 저항하는 상징의 도시이다. 대구는 일본이 한국을 경제적으로 속박하기 위한 강압적인 차관 1천300만 원을 온 국민의 힘을 모아 청산해 경제 자립을 실천하고 국권을 회복하려는 1907년 국채보상운동이 시작된 곳이다. 광주는 1929년 11월 3일 광주학생 항일운동이 시작된 항일 운동의 본거지이다. 해방 이후 민주주의와 정의를 지킨 2·28 대구 학생의거는 1960년 2월 28일 이승만 정부와 자유당의 독재에 항거한 학생 주체의 의거로 4·19 혁명의 도화선이 되었고 1980년 광주민주화운동으로 계승되었다.

경제성장 과정에서 대구는 일제 강점기에 생사견직공업도시로 시작해 1950년대 전국섬유공업의 중심지로 성장했지만 1980년대 수출 부진과 기술력 부족으로 인한 사양 산업으로 전락했으며 지역경제의 활로를 위해 기계 및 금속 등으로 산업구조를 개편했다. 광주는 일제 강점기에 식품과 방직에 기초한 소비재 위주의 영세공업으로 출발했지만 이제 자동차 및 가전 중심의 생산도시로 탈바꿈했다.

그럼에도 시간이 갈수록 지역 격차는 커져만 갔다. 경제규모는 전국 대비 비중이 1985년 대구 4.9%, 광주 2.1%(87년)를 차지했지만 2016년 대구 3.0%, 광주 2.0%로 감소했다. 반면에 충청권은 10%에서 13.6%로 증가했다. 경제성장률 면에서도 2016년 전국 평균 2.9%로 충청권 4.5%, 수도권 3.7%이지만 호남권 1.6%, 영남권 1.0%, 특히 광주 0.8%, 대구 0.3%로 저성장이 고착화하는 경향을 보이고 있다.

이런 경제 상황에서도 광주와 대구는 연구개발특구, 혁신도시, 국가산업단지, 문화예술중심지에서 상생 협력의 여건을 가지고 있다. 민선 4기와 5기의 성과로는 광주대구고속도로 조기완공, 3D융합산업 육성 공동추진, 대구-광주연계협력권 발전종합계획 수립으로 대구권(대구와 구미, 영천, 경산, 고령)과 광주권(광주·나주·담양·화순·장성)이 연계되는 교류협력사업 발굴(4개 전략·9개 프로젝트·19개 단위사업 및 51개 세부사업 발굴)이 있었다. 민선 6기에 들어서는 예산과 자동차 동맹으로 발전했고 달빛동맹 민관협력위원회 창립(2015년 5월)해 제6차 회의(2017년 10월) 결정에 따라 달빛동맹의 상생 협력 과제로 5개 분야 29개 과제(2017년 12월 기준)를 추진하고 있다. 정치적 화합과 통합의 상징적인 의미로 광주와 대구의 기념 숲 조성과 광주 5·18과 대구 2·28 민주운동 기념식 참석도 있었다.

지금까지 상생은 관주도에 의한 공동협력과제를 추진하는 방식으로 별개의 행정구역이 분리돼 협력사업의 결합방식의 한계로 주로 일반 행정 및 문화체육관광 분야에서 단순 방문교류 및 민간인 행사 수준의 사업들 위주로 진행돼 왔으며 이해관계가 상충되는 경제 및 산업 분야의 협력 수준은 미약했다.

이제 달빛동맹은 보다 발전된 상생협력의 모형과 관계 설정 방안을 고민할 때이다. 기존의 민관협력위원회의 성과를 확대해 상설기구화 등의 방식으로 협력적 거버넌스를 구축, 지속가능성, 체계성, 보충성 등을 갖춘 실질적인 협력사업의 발굴이 필요하고 달빛동맹 상생협력 기금 설치하여 협력사업의 지속성, 안전성, 자율성을 도모하는 노력이 시급하다. 또한 달빛동맹은 행정협의체의 전략적 관계를 탈피해 2개 이상의 지자체가 특정사무를 공동으로 처리하기 위해 설립하는 법인형태의 특별지방자치단체 성격의 자치단체조합 등의 행정기구 도입도 논의할 단계에 이르렀다. 수도권과 격차가 심화되고 있는 저성장 시대에 성공적인 달빛동맹형 상생 협력이 국가와 지역발전을 선도하기를 기대해 본다.

■ 2019.7.2

■ 지역경제와 일자리

한국경제가 힘든 상황에 직면해 있다. 정부는 심리적 마지노선으로 올해 성장률 2.0%를 달성하려고 재정 투입으로 총력전을 펼치고 있다. 그러나 대내외적 여건이 성장의 압력으로 작용하고 있다. 대외적으로 미·중 무역전쟁의 불확실성은 해소되지 못하고 브렉시트 등으로 유럽경제도 성장 전망이 녹록치 않으며 한·일 경제전쟁의 해결도 순탄치 못한 상황이다. 또한 민간 고용시장은 최저임금 인상, 주 52시간 근무제 등 제도적 변화로 적응이 더딘 편이다.

이런 상황에서도 지역경제는 민선 7기에 들어서 공약 사업의 이행으로 서서히 회복의 기미를 보이고 있다. 광주는 광주형 일자리 타결, 도시철도 2호선 착공, 인공지능(AI) 중심 산업융합 집적 단지 조성의 예비타당성조사 면제, 경제자유구역 지정 신청 등으로 미래성장 동력을 얻고 있다. 전남은 한전공대 유치, 호남고속철 2단계 조기완공, 해양관광도로 예타 면제, 스마트 팜 원예단지 조성 등 대형 프로젝트를 비롯하여 에너지신산업, 관광, 바이오-메디컬, 미래형 운송기기, 스마트 블루시티 5개 분야의 청사진으로 블루-이코노미(Blue-Economy)를 선포해 미래 산업 발전의 초석을 다지고 있다.

그럼에도 불구하고 아직 활력은 넘치지 못한다. 광주·전남의 지역경제는 수출주도형 제조업(자동차·가전·석유화학·철강·조선 등)의 전진기지로 형성돼 수출 주력산업의 고용 생태계를 보유하고 있다. 최근 3년간(2015년 대비 2018년) 취업자 수의 변화에서 광주는 2.2% 증가했지만 전남은 0.1% 감소했고 최근(2019년 9월 기준) 광주도 지난해(60.0%)보다 고용률이 하락하고 있다.

특히 전남은 2016년 조선업의 침체로 목포시와 영암군이 고용위기 지역(2018.5.4.-2020.5.3.)으로 지정됐고 조선업의 구조조정으로 일자리 축소와 고용시장의 위축으로 경기침체를 겪게 되었다. 또한 주력 산업의 수출 감소세로 광주는 가전, 전남은 철강 산업에서 침체의 기미를 보일 가능성이 있다. 정부는 지역 인적자원개발위원회를 중심으로 지역 주력산업 클러스터와 연계된 일자리 네트워크 구축으로 주력 산업의 일자리 문제를 지원하고 있으며 고용위기가 우려되는 지역이 주도적으로 침체 산업을 중심으로 선제적으로 대응하는 패키지 사업을 도입하고 있다.

전남은 미래 산업 경쟁력과 일자리 확보를 위해 혁신도시 중심으로 미래 글로벌 에너지신산업의 혁신 클러스터 구축하고 있다. 이런 상황을 감안해 최근 전남인적자원개발위원회(이하 전남인자위)는 한국전력공사의 에너지밸리 추진실과 공동으로 빛가람 에너지밸리 입주기업 및 입주예정기업 100개를 대상으로 기업현황, 근로자 현황, 인력 및 훈련수요조사를 실시했다. 주요 조사결과를 보면, 응답기업의 근로자는 총 3천271명(남성 2천714·여성 557)이고 현재 시점부터 2020년 말까지 직무별로 전기 관련직, 소프트웨어, 정보처리, 신재생에너지 관련직 등에서 207명의 인력이 필요하다고 응답했다.

또한 재직자의 직무능력 향상 훈련 필요 인원은 1천379명으로 국가직무능력표준(NCS)의 세분류로 보면, 미래형전기시스템(263명), 전기저장장치 설치(169명), 지능형전력망설비(136명), 빅데이터분석(131명), 정보통신기기 소프트웨어개발(119명), 전기저장장치개발(109명), 내선공사(105명), 전기기기설계(103명), 지능형전력망설비소프트웨어(95명), 전기기기제작(79명), 태양광에너지생산(60명), 기타(10명) 분야에서 직무능력의 향상 훈련이 필요하다.

에너지신산업 분야의 기업 신규 채용과 훈련 수요가 높게 요구되는 상황에서 에너지밸리산학융합원 등이 기업과 연계된 R&D와 교육·훈련 등으로 역할을 해줄 것으로 기대되지만, 현재 에너지밸리 입주 기업들의 교육·훈련 수요를 해소시킬 수 있는 기관은 찾아보기 힘든 실정이다.

이런 애로 상황을 타개하기 위해 전남인자위는 한국전력공사, 고용노동부, 지자체, 한국산업인력공단, 전기·에너지인적자원개발위원회, 교육·훈련기관 등 관계기관이 참여하는 '전남 중부권역(에너지산업) 분과위원회'를 운영하여 교육·훈련프로그램 개발, 교육·훈련과정 개설, 교육·훈련기관 발굴 등 에너지 산업계의 의견을 수렴해 전달하고 있다.

우리 지역경제는 조선업의 불황과 구조조정을 경험했듯이 특정 업종의 집중도가 심한 수출주도형 산업 생태계로 형성돼 있어서 글로벌 경기침체와 수출 감소로 인해 침체 업종의 구조조정이 민감하게 반응하는 고용의 충격이 심각하게 표출될 수 있다. 이제 지역경제는 주력 산업의 고도화와 업종 다양화 전략의 산업 정책을 뒷받침하는 일자리, 복지, 교육, 의료, 문화 등을 연계하는 포용적 지역고용정책으로 고용의 위험을 분산시키는 지혜가 필요하다.

■ 2019.11.19

■ 지방재정의 현주소

요즘 화두는 광역자치단체의 통합과 연합일 것이다. 광주·전남은 물론 500만명 이상의 대구·경북의 행정통합, 부산·울산·경남의 800만 명의 메카시티, 대전·세종의 통합, 인천과 김포·부천·시흥의 도시통합으로 인구 500만 명 제1광역시 등 각 지역에서 통합 논의가 가열되는 양상이다. 반면에 경기도는 특례시 지정과 한강을 경계로 1천323만명(2019년 12월 기준)의 경기도 분도 등 행정구역 재편의 목소리가 들려오고 있다.

이런 폭발적인 논의는 과반이 넘는 인구, 교육, 일자리, 금융, 산업의 수도권 집중으로 지역 간 격차가 심화돼 지방의 왜소화와 소멸화를 우려해 지역의 잠재력을 극대화해 지방의 경쟁력을 확보하려는 몸부림이다.

광주시와 전남도는 행정통합과 메카시티의 방향에서 동반성장을 위한 통합 논의가 시작되는 상황이지만 다른 지역의 통합이 성사된다면 인구와 관련 산업 등에서 격차가 커져 경쟁력 확보가 어려워 통합의 효과가 반감될 수 있다. 만약 현재 상황에서 대구경북특별자치도가 출범하게 되면 면적 1위, 인구, 지역내총생산, 지방세 규모는 경기, 서울 다음의 3위이고 수출액 5위의 초광역 단위의 지자체가 된다.

이런 점에서 과거 정부에서 지역발전의 패러다임으로 제시된 전북을 포함한 전라권의 광역경제권으로 500만명의 메카시티로 단일 경제공동체를 구축하는 방안도 고려해야 한다. 통합의 효과는 중앙정부 권한 이양과 재정분권을 포함한 자치권의 대폭적인 확대를 통한 안정적인 지방재정을 확충하고 공간의 제약에서 벗어난 산업 육성의 입지 경쟁력 확보로 지역주민에게 교육과 일자리를 제공해 삶의 질을 향상시키고 글로벌 경쟁력을 발휘하는 것이다.

이런 통합의 논의에서 우리 지역의 경제력과 경쟁력의 확보를 위한 지방재정의 세입 확충은 중요한 과제이고 지방재정지출은 지역경제에 지대한 영향을 끼친다는 점에서 지방재정의 현주소를 고찰하는 것이 필요하다.

먼저 2019년 기준으로 광주시의 예산(총계) 규모는 7조4천40억원으로 총액 기준에서 광역시 중에서 부산, 인천, 대구에 이어 4번째이고 재정자립도는 36.9%로 가장 낮다. 전남도의 예산(총계) 규모는 19조5천962억원으로 총액 기준에서 경기, 경북, 경남에 이어 4번째 규모이고 전국 '도본청' 평균 33.0%에 미치지 못하는 15.5%로 가장 낮은 재정자립도를 보여 광주(본청) 및 전남(본청)의 자체 징수기반이 상대적으로 열악하다.

지방재정 세출(2018년)의 기능별 구분을 보면, 광주시(본청)의 총 세출 중에서 기능별로는 1조4천327억원(일반회계 세출액의 37.7%)이 사회복지 부문에서 지출돼 가장 큰 비중을 차지하고 있고, 일반공공행정 부문, 수송 및 교통 부문, 교육 부문 등의 순으로 지출됐다. 전남도(본청)의 총 세출 중에서 기능별로 1조8천611억원(일반회계 세출액의 29.0%)이 사회복지 부문에서 지출돼 가장 큰 비중을 차지하고 있고 농림해양수산 부문, 일반공공행정 부문, 환경보호 부문 등의 순으로 지출됐다.

지방정부 재정지출의 중요성은 생산효과를 유발시킨다는 점이다. 광주시의 경우 각 산업별 유형을 보면 운송장비, 농림수산품, 기계 및 장비, 전기 및 전자기기 부문이 재정지출 금액 10억당 전국 산업에 미치는 생산유발효과가 클 뿐만 아니라 광주지역 내 산업에 잔류하는 효과도 크다. 따라서 광주시가 지역경제 활성화 등의 정책 목적을 실현하기 위해 재정지출을 결정할 때 해당 산업부문에 우선순위를 두는 것이 바람직하다. 전남도(본청) 재정지출에 따른 생산유발효과에 대한 각 산업별 유형을 보면 1차금속제품 부문이 전국 산업에 미치는 생산유발효과가 크고 전남지역 내 산업에 잔류하는 효과도 크다. 이런 점에서 전남도가 지역경제 활성화 등의 정책 목적을 실현하기 위해 재정지출을 결정할 때 해당 산업부문에 우선순위를 두는 것이 바람직하다.

이런 재정상황에서 지방재정지출로 인한 경제적 효과를 극대화하기 위한 지방자치단체의 재정지출 자율성을 보장하는 것이 중요한 요소이다. 이것은 지방자치단체의 정책당국이 한정된 예산을 어느 분야에 투입할 것인가의 결정권을 갖고 있다면 당연히 정책당국은 재정지출의 경제효과가 큰 분야에 선택적으로 집중할 수 있기 때문이다.

그러나 현실적으로는 광역자치단체의 재정지출 자율성이 그다지 높지 않다. 광주시의 경우 기초연금, 공적연금 등 복지 분야의 법정지출을 포함해 의무적으로 지출해야 할 의무지출 비중이 2020년 전체 재원 중 약 71.1%에 해당된다. 지방정부가 자율적으로 지출의 결정할 수 있는 자량적 지출의 크기가 매우 제한적일 뿐만 아니라, 지역개발 등 투자적 경비 지출보다는 경상적 경비 지출이 더욱 크다. 전남도의 경우 의무지출 비중이 2020년 전체 재원의 약 50%에 해당돼 재정지출 측면에서 재량이 크지 않은 것이다.

향후 통합 행정력은 재정분권을 통해서 세입측면에서 징수기반 확충으로 재정력 강화 및 재정자립도를 높이고 세출측면에서 경제효과가 큰 분야에 선택적으로 집중할 수 있도록 지방재정의 지출 자율성을 확대함으로써 지방재정으로 인한 지역경제 활성화를 극대화하는 시너지 효과를 창출할 것으로 기대한다.

■ 2020.10.27

■ 공동 번영을 향한 상생(相生)의 길

신축년 흰 소띠의 해가 밝았지만 코로나19 백신 접종과 대확산의 갈림길에서 아직도 암울하다. 코로나19 팬데믹 사태는 최악의 글로벌 경기 침체를 가져왔으며 국가 간의 관계는 물론 사람들의 일자리를 앗아가고 일상생활마저도 송두리째 변모시켰다. 대다수의 국가들은 오프라인 공간에서 국가 간 여행, 비즈니스, 민간 및 공적 교류 등 사람들의 이동을 봉쇄하였고 글로벌 공급망의 붕괴와 국경 봉쇄로 교역도 침체하고 보호무역을 중시하는 자국우선주의로 기울고 있다. 국내외적으로 상생의 리더십이 위기를 맞고 있다.

특히 백신 확보 전쟁에서는 국가 간의 공정 배분을 외친 세계보건기구의 호소에도 불구하고 상생보다는 각자도생(各自圖生)으로 선진국들은 인구의 몇 배에 해당되는 백신을 입도선매(立稻先賣)하는 상황이다. 미국을 비롯한 선진국들의 행태는 공동 번영의 상생과는 거리가 멀기만 하다.

또한 개인들은 온라인 공간에서 재택근무, 회의, 쇼핑, 수업, 문화생활 등으로 사람들 간의 접촉이 줄어드는 폐쇄적 일상생활을 보내고 있다. 이런 상황으로 계층 간의 빈부와 디지털격차, 업종 간의 소득격차, 학생들 간의 교육격차가 초래되었고 사람들은 서로의 간격이 멀어지고 장벽이 높아지는 고립된 사회를 맞이했다. 코로나19 사태가 진정된다 해도 국가 간의 상생적 관계를 복원하고 사람들 간의 관계가 일상적인 생활로 돌아가는 것은 쉬운 일이 아니다.

그러나 힘든 상황에서도 광주·전남은 지역주민의 건강과 생명을 위해 코로나19에 침착하게 대처하고 있으며 민선 7기 2년6개월 동안 광주·전남의 경제지도를 바꾸는 비약적인 모습을 보여줬다. 광주는 노사상생 광주형 일자리, 인공지능 광주시대, 광주형 3대 뉴딜 등으로 '대한민국의 미래로 글로벌 선도도시'로 우뚝 서고 있다. 전남은 철도, 교량, 도로, 항만 등 대형 사회간접자본의 확충, 여수산단 대개조사업, 에너지밸리 활성화와 한전공대 유치 등으로 청정 전남 블루이코노미를 실천해 '대한민국 대전환'을 선도하고 있다.

이런 성과로 광주시장과 전라남도지사의 직무수행은 평가에 그대로 반영돼 다른 시도에 비해 선두이거나 상위권에 있다. 이것은 이용섭 시장의 응변창신(應變創新)의 자세와 김영록 지사의 우보만리(牛步萬里)의 마음으로 끊임없는 시도민의 생명과 행복을 지키려는 목민관의 정신일 것이다.

그럼에도 광주·전남은 통합과 군공항 이전, 혁신도시 상생기금 문제, 공공기관 이전 시즌2 등을 놓고 때로는 상생하면서도 지역 간 경쟁으로 갈등을 완화시키지 못하고 있다. 이처럼 집단의 이해관계가 서로 달라 소통과 상생은 힘들다. 이것은 시·도지사만의 노력과 리더십만으로 해결되는 것이 아니고 지역민과 중앙정부 모두의 책임일 것이다.

사전적으로 상생은 '둘 이상이 서로 북돋우며 다 같이 잘 살아가는 형상'의 뜻이다. 유래는 노자의 도덕경 상편 제2장의 '古(고) 有無相生(유무상생) 難易相成(난이상성) 장단상형(長短相形)…'이란 구절에서 나온 것으로 '있는 것과 없는 것은 서로에 의해 생겨나고, 어렵고 쉬운 것도 서로에 의해 이루어지고, 길고 짧은 것도 서로에 의해 형성된다'는 것이다. 이것은 세상의 이치가 대립에 의해 포용이, 반목에 의해 화합이, 분열에 의해 통합이, 희생에 의해 보상이 드러나는 것으로 상대적 개념에서 상호의존적 가치를 찾을 수 있는 공동 번영을 의미한다.

광주·전남 최대 상생의 과제는 1964년의 광주군공항 이전일 것이다. 광주시는 기부 대 양여 방식으로 이전대상지에 4천500억원의 현금을 지원하고 2차 공공기관 이전 혜택을 주는 인센티브를 제공했지만 유력 후보지들은 모두 반대한 상태이다. 지금까지는 기부 대 양여 방식과 빅딜 형태로 비용과 편익 추정에 의한 형식이 제시되어 왔다. 그러나 유력 후보지의 주민들은 보상과 지원 방안이 피부에 와 닿지 않고 소음 등의 피해만 줄 것으로 우려하는 것이다.

문제의 핵심은 지금의 사업방식으로는 이전 대상지역의 민원을 해결할 수 없다는 것이다. 이런 상황에서는 향후 광주·전남은 투명성, 구체성, 실효성의 원칙에 의해 보상과 지원 방안을 마련하길 기대한다. 투명성은 후보지 주민들에게 군공항의 건설과 운영의 정확한 예측 자료에 의해서 소음 피해의 정도와 방지대책 및 보상과 지원방안을 알려주는 것부터 시작된다. 구체성은 접근성의 인프라 구축 방안과 함께 지역의 지속적인 발전을 위해 지역주민의 일자리와 소득을 보장할 수 있는 지역경제와 서비스 산업을 성장시킬 수 있어야 하는 것이다.

이전 주변지역의 지원계획은 중앙정부와 양 지자체의 인센티브 제공과 세금감면을 통해 첨단산업이면서 고용창출 효과가 큰 항공정비 산업의 분야별 및 단계별 육성 로드맵과 일자리 창출 전략을 담는 것이다. 실효성은 유력 후보지의 관련 계획과 지원방안이 중앙정부와 지자체에 의해 보장되도록 4자 협의체(국토교통부, 국방부, 광주시, 전남도)를 통해서 국가산업단지나 클러스터로 지정하는 방안을 담아 유력 후보지 지자체와 협약하는 것이다.

이런 상생 노력만이 후보지 지역과 주민을 설득할 수 있으며 공감을 얻어 자발적인 유치도 기대할 수 있고 광주·전남의 공동 번영을 누릴 수 있다.

■ 2021.1.27

■ 인구절벽과 지역정책

지난해 처음으로 국내주민등록인구가 감소했다. 특히 연간 출생아 수는 최근 3년간 30만명대로 감소하고 지난해는 20만명대에 이르렀고 합계출산율(2020년 기준)은 0.86으로 OECD 평균 1.63에 비해 거의 절반수준이다. 이제 인구의 자연 감소가 빠르게 진행돼 인구절벽에 직면하고 있다. 인구절벽(The Demographic Cliff)은 미국 경제학자 해리 덴트의 '2018 인구 절벽이 온다'에서 제시된 개념으로 인구 감소로 생산과 소비가 급격하게 위축돼 경제활동이 벼랑 끝에 몰린다는 현상을 반영한 것이다.

우리에게 인구절벽(人口絕壁) 은 사회의 모든 분야와 지방에서 체감할 수 있을 정도로 현실로 다가왔다. 특히 이 지역은 더욱 심각하다. 지속적인 학령인구의 감소로 유치원은 물론 초등학교는 미니학교나 폐교로 몰리고 있으며, 일부 지방 사립대는 미달 사태로 학생 충원이 어려워 구조조정이 불가피하다. 심지어 지역 거점대학도 일부 전공들은 정원을 채우지 못하고 학력수준도 점차 저하하는 상황에 놓였다. 앞으로 대학이 혹독한 혁신과 변화가 없으면 수도권 쏠림 현상은 가중될 것이다.

지방은 초토화 일보직전이다. 행정안전부의 인구 감소 시군의 비중(2019년 말 대비 2020년 말 기준)에 관한 자료(특별·광역시와 세종시, 제주도 제외)에 따르면 경기·강원·충북을 제외한 나머지는 전체 인구가 감소하고 시·군별로 전북은 14곳 중 전주를 제외한 13곳(92.9%), 전남은 22곳 중 순천·나주·무안을 제외한 19곳(86.4%)의 인구가 감소했다. 특히 전남의 경우 순천, 나주, 무안의 인구 증가는 교통의 요지이거나 교육도시, 혁신도시 조성, 도청이전으로 인근 시·군 인구를 흡수하는 효과에 지나지 않는다. 또한 산업도시 여수(화학), 광양(제철), 영암(조선)은 업종의 장기적 경기침체와 고용특성으로 인구가 유출돼 2004년 200만명이 무너지고 지난해 185만명대이다. 광주시 인구도 2015년 147만2천명 수준에서 2020년 145만62명으로 해마다 감소세다. 주로 청년층이 교육과 일자리로 떠나가고 있다.

그럼에도 지난 60년간 일부 선진국 중심도시의 인구비율을 보면 파리, 베를린은 거의 변화가 없고 런던, 뉴욕 등은 약간 감소했다. 그러나 한국은 지난해 수도권 인구수가 비수도권 인구수를 처음으로 역전했으며, 일본도 인구 감소가 지속되면서 전국인구 대비 비율 10% 이상이 도쿄에 집중하는 일극현상이 계속돼 지방은 쇠퇴하고 있다.

이런 심각한 한계 상황에서 정부는 권역별 거점도시를 육성하고 소멸 위기 지역의 노후 인프라를 정비하고 교육·행정·복지 등 각종 도시 기능을 집약한 '압축도시'를 만들어 지방의 인구 유출을 억제하는 방안을 마련하기로 했다. 그러나 그동안 지역정책들은 대부분 실패해 지방의 청년들은 수도권의 교육과 일자리를 찾아 모여들어 1인 가구는 증가하고 주택은 부족하다. 또다시 인구의 절반이 넘치는 서울과 수도권에 각종 인센티브와 엄청난 재원을 투입하고 있다. 이런 반복적인 지역발전의 악순환으로 머지않아 수도권은 인구증가로 폭발하고 지방은 인구감소로 붕괴할 것이다.

앞으로 지역발전은 농어촌 생활권의 회복을 통해서 일상적 근린생활시설을 갖춘 기초지방자치단체의 시와 읍면의 커뮤니티를 활성화시키고 광역지방자치단체의 거점도시에 교육 혁신과 일자리 창출의 활력으로 주변지역을 포용해 지방에서도 떠나지 않으며 수도권에서도 지방으로 사람들이 이주하는 흐름을 만드는 것이다.

먼저 소멸 위기의 농어촌을 살리는 길이 급선무이다. 농어촌은 로컬 푸드의 원천으로서 인프라 정비로 1차 산업과 식재료 가공을 통해 안정적인 지역소득기반과 안전한 정주기능을 회복해 귀농귀촌이나 귀어귀촌의 기회를 만드는 것이다. 그리고 지방 중소도시는 일상생활에 필수적인 행정, 학교, 의료복지, 문화 및 생활편의시설, 상업시설 등을 압축해 근린생활권을 형성하고 농어촌과 연계함으로써 근린생활권 관련 일자리를 창출해 농어촌과 지방 중소도시 간에 사람과 물자의 흐름을 연결하는 것이다.

권역별 거점도시의 역할은 권한과 재정, 그리고 공공의 지원체계를 통해서 교육의 질 향상과 좋은 일자리를 확보하는 것이다. 거점도시는 수도권 상위 대학과의 경쟁에서 뒤처지지 않는 교육의 질을 확보해 인재를 양성해야 한다. 그리고 지역의 주력 및 미래 신산업, 자연환경, 관광과 문화 등 지역 특화 및 비교우위 자원, 6차 산업의 독자적인 브랜드로 비록 수도권에 비해 임금 차이는 있지만 청년들의 삶을 풍부하게 하는 안정적인 일자리를 제공하여 결혼, 출산, 육아의 기대를 충족시켜 젊은 세대의 유턴을 유인하는 것이다.

이제 지역정책은 저출산과 수도권 유출로 인구가 감소하는 지방을 회복시키는 방안을 전제로 수립돼야 한다.

■ 2021.2.24

■ 대구·광주 연계협력과 달빛내륙철도

지난 6월 말 대구·광주 연계협력권 발전종합계획 변경(안) 공청회가 광주에서 개최됐다. 본 계획은 2013년 수립한 계획을 변경한 것으로 '동·서·남해안 및 내륙권발전 특별법'의 유효 기간이 연장돼 2030년을 목표연도로 설정했다. 또한 광주와 대구, 그리고 인접한 전라남도와 경상북도의 각각 4개 기초자치단체를 포함한 장기적인 법정계획이다. 계획(안)은 문화관광 및 인적자원 활용, 첨단·융합산업, 지역특화산업, 초광역 연계 인프라 구축의 4대 추진전략에 의한 8개 프로젝트, 36개 단위사업, 87개 세부사업으로 2조4천330억원의 사업예산(사회간접자본 사업 제외)을 추계했다.

연계 협력은 인적 자원, 물자, 돈의 흐름이 협력의 틀에서 지역 간에 자유롭게 순환함으로써 지역의 자원과 산업의 잠재력을 활용해 일자리가 늘어나고 세수입도 증가해야 한다. 지역 간 연계는 관광과 문화, 레저, 그리고 물류와 유통의 흐름을 연결시켜주는 초광역 연계 인프라 철도망 구축으로 시작되고 동서 내륙 광역경제권 형성의 기틀이 된다.

최근 연계협력권 발전종합계획(안)의 근간이라 할 수 있는 광주와 대구의 198.8km 거리를 1시간대로 연결하는 달빛내륙철도사업이 제4차 국가철도망 구축계획에 신규 사업으로 반영됐다. 이번 달빛내륙철도에 대해 이용섭 광주시장은 "달빛동맹 역사상 가장 큰 산맥을 넘었다"라고 감회를 피력했고 "1천700만명 시장을 가진 동서광역경제권을 형성해 수도권 블랙홀로부터 지역을 지켜내고 국가균형발전을 이루는 견인차 구실을 할 것"이라는 역사적 프로젝트의 의미를 부여했다. 이제 광주와 대구 '2기의 달빛동맹'의 시대가 열린 것이다.

광주(1986년 직할시 승격)와 대구(1981년 직할시 승격)는 일본 침략에 저항하고 민주주의를 지켜낸 서로의 공통점을 지니면서도 오랜 세월 정치적 이해관계로 대립했던 만큼이나 동서 내륙의 먼 거리에 있어왔다. 아마도 역사적으로 삼국시대 백제와의 접경지대이며 신라 서부의 군사 요충지 대야성(합천)을 두고 백제와 신라가 치열하게 다투었던 642년 대야성 전투이래로 거의 왕래가 드문 지역이 돼버린 것이다. 해방 이후에도 수도권 중심의 남북의 왕래가 최우선이었고 동서의 연결은 국토종합계획에 전혀 반영되지 못했고 경제력 격차도 심화됐다. 그만큼 물리적으로도 멀어져 있었다. 다행히 1984년 2차선 '88 올림픽 고속도로' 개통으로 5시간에서 2시간 30분대로 단축되어 왕래가 쉬워졌으며, 2015년 4차선으로 확장된 '광대고속도로'로 1시간40분대로 두 지역이 가깝다는 것을 실감하게 됐다. 이제 철도가 연결되면 광주와 대구를 잇는 지역은 하나의 초광역 생활권이 되는 것이다.

과거 내륙철도의 효시라고 볼 수 있는 광주와 담양 간에 열차가 다니고 있었다. 비록 일제 강점기에 물자 수탈을 원활하기 위해 1922년 20.9km 철도를 개통해 남원의 전라선과 연결을 염두에 두었지만 광주권과 여객과 화물 수송은 빈번했다. 태평양전쟁 시기 1944년에 군수물자 부족을 이유로 철길이 완전히 철거되는 비운을 맛보았고 1965년 광주선(전남 광주와 전북 금지 간) 철도를 복원해 1967년 개통할 계획이었지만 고속도로 건설이라는 우선순위에 밀려 중단되는 불운의 역사를 지니고 있다.

문득 필자는 달빛내륙철도사업의 반영을 보면서 1960년대 말 유년 시절 선친을 뵈러 신라의 고도 경주를 방문했던 옛 기억이 아련하게 되살아났다. 당시 신역으로 지칭된 지금의 광주역에서 아침 새벽 열차로 경전선을 타고 부산을 거쳐서 다시 동해남부선으로 갈아타고 한밤중에 경주역에 도착하는 온 종일을 기차에서 보낸 고달픈 여정이었다. 당시 영·호남의 지역주민들이 양 지역을 왕래한다는 자체가 상상하기조차도 힘든 일이었다. 지금 광주역은 KTX 정차역의 기능을 상실한 텅 빈 역사이지만 머지않아 동서를 관통하는 열차가 달리는 곳이 될 것이다. 이제 철도가 개통되면 일본 큐슈지역을 동서로 횡단하는 디자인과 스토리를 지닌 JR(일본 철도) 열차 유후인 노모리, 아소보이의 명칭처럼 달빛내륙철도의 가치를 내재한 상징의 로고와 고유한 네이밍의 열차가 달리기를 기대한다.

이제 2기의 동맹은 1기 달빛동맹에서 광주와 대구 중심의 관주도 교류와 우호행사, 그리고 공동협력과제의 범위를 벗어나야 한다. 대구·광주 연계협력권 계획(안)의 성공은 광주와 대구를 이어주는 내륙철도가 통과하는 역을 중심으로 지역의 차별성과 특성을 고려한 연계 및 협력 사업의 발굴이 중요하다. 또한 연계협력권 발전계획의 사업을 추진할 수 있는 자율성, 지속성, 재원을 지닌 특별자치단체의 지위를 부여하는 유형의 기구 설립이 절실하다.

■ 2021.7.21

제1부 시대정신

제5장 에필로그

■ 지역 균형발전을 위한 김일태 교수의 제언

지역불균형 해소…젊은 인재들이 찾는 지역으로 탈바꿈해야
청년 및 지역 일자리 불균형 현상 해소 위해 기업과 지자체의 협조 이끌어 내

우리나라는 국가가 국토의 효율적이고 균형 있는 개발과 이용, 지역 간의 균형 있는 발전을 실현할 의무가 있음을 헌법(제9장 제123조)으로 규정하고 있다. 1980년대부터 정부 주도의 갖가지 균형발전 정책들이 추진되었지만 수도권 중심의 산업개발과 투자는 결국 지역 간의 불균형을 가져왔다. 산업의 불균형 발전, 인구유출 및 일자리 창출 등과 같은 문제는 지방의 위기를 가져왔고 지역균형발전이란 국가의 의무는 제대로 이행되지 못했다.

지역의 균형발전이 곧 국가의 발전

우리나라는 지역균형발전을 위해 1980년대부터 정부 주도의 균형발전 정책들이 추진되었고, 노무현 정부에서는 지역균형발전을 국정과제로 격상시켜 혁신도시의 기틀을 마련하였다. 그리고 지금 문재인 정부는 국가균형발전 비전으로 '지역이 강한 나라, 균형 잡인 대한민국'을 천명했다. 대통령 개헌안에도 '지역 간 균형발전을 도모하고',

지방 정부 상호 간 '적정한 재정조정을 시행'하는 것을 명문화했다.

전남대학교 경제학부 김일태 교수는 "지역의 문제는 지방자치단체의 재정자립도 및 재정건전성 악화와 지방 공기업의 채무 문제, 열악한 지역경제로 인한 교육과 일자리 문제 등으로 이는 젊은 층의 인구유출로 이어져 경제 활력의 저하라는 악순환이 계속된다."고 말한다.

지역균형발전을 위해 지방분권, 지방재정, 지역경제에 대한 연구로 지역사회 발전에 많은 기여를 하고 있는 전남대학교 경제학부의 김일태 교수는 국가적 과제로서 오랜 시간 해결되지 않고 있는 과제인 청년 일자리 창출을 비롯한 지역 일자리의 불균형 현상을 해소하기 위해 기업과 지자체의 협조를 이끌어냈다. 그 결과 지난 2013년 12월 공로가 인정받아 '2013년 일자리창출지원 유공 정부포상 시상식'에서 대통령표창을 수상했다.

김일태 교수는 전남 지역의 컨설턴트 대표로서 지역일자리목표공시제가 지역에 자리매김하는 데 큰 역할을 해 온 결과 전남 지역은 2012년 '일자리창출, 미스매치해소, 인력양성, 인프라구축' 등 4개 분야 일자리사업에서 총 6만 8,890개의 일자리를 창출했고 이 중 상용직은 1만 8,095개로 30%에 달했다. 또 2010년부터 2012년까지의 고용지표를 분석한 결과 전남지역 일용 근로자는 계속 감소하고 상용근로자는 꾸준히 증가한 것으로 나타나는 괄목할만한 성과를 냈다.

김일태 교수는 "그간 한국경제가 급격히 발전해오면서 발생한 수도권과 지역 간의 격차 해소 과제는 역대 정부가 공통적으로 해결하고자 노력한 부분이다."라며 "하지만 '지역 일자리의 부족'이라는 근본적인 한계점에 대한 해결책을 내놓지 못하고 있는 상황이다. 이미 지역일자리목표공시제를 통해 지자체의 노력이 지속되고 있지만, 젊은 인재들을 지역에 끌어들이기에는 역부족인 것으로 보인다."라고 지적했다.

특히 아시아 문화 중심도시로서 광주의 발전 계획에 대해서 많은 관심을 가지고 있는 김일태 교수는 "'자동차, 가전, 광산업' 등 광주의 전략산업과 함께 문화콘텐츠의 생산 도시로서 자리매김하도록 정부가 적극적인 투자에 나서 민간기업의 자발적인 동침을 유도, 젊은 인재들이 찾는 도시로 탈바꿈하도록 지원해야 한다."고 피력했다.

지난 2015년부터 국토교통부 중앙도시계획위원으로 활동하고 있는 김일태 교수는 광주광역시 차세대 경제 발전의 핵심인 에너지 신산업 육성을 위한 '광주에너지 밸리 산업단지' 조성에 기여했다. 그 공로로 광주에너지밸리 산업단지 조성에 기여한 공로로 시정발전 유공 표창장을 수상했다.

Contribution to balanced regional development

The Korean Constitution chapter 9, article 123 states 'balanced and efficient development of the land'. Accordingly, and dutifully, the government started various state-run balanced developments from the 80s. The Roh Moo-hyun Administration made it a major government task during his term 2003～2008 and laid a foundation for innovative city plans, It is a pledge of new President Moon who stipulated the plan in his bill for constitutional amendment.

Professor of Economics in Chonnam National University, Kim says "Centralized development causes regional disparities associated with public finance, debts, jobs and education at the local level. it turns younger generations away from the local which then can be resulted in the regional economy being deteriorating. It is a vicious cycle." Professor Kim has devoted his life to researches on decentralization of power and local finance and regional economy, and has contributed to the development of local economy and society by drawing substantial cooperation between the firms and local governments. In recognition of his contribution,

Kim had an honor to receive the presidential prize at the 2013 Government Awards for Job Creation Contribution. Professor Kim has been playing his roles as consultant director to create 68,890 jobs and 30%(18,095) of total jobs as full-time position in Jeollanam-do Province between 2010 and 2012. Professor Kim pointed out "It has been many years that the government tried to marrow down economic gaps between the capital metropolitan and local provinces. It has been beyond capacity to create jobs at the local level." He has been serving as a member of the Central Urban Planning Committee of the Ministry of Land, Infrastructure and Transport since 2015 and made a contribution to creating the Gwangju Energy Valley Industrial Complex on which he was credited for receiving a citation.

경제학 연구 높은 성과 내…논문 발표 및 저술 활동 활발

김일태 교수는 지역발전을 위한 적극적인 현장 활동뿐 아니라 경제학자로서의 기본적인 역할인 연구에도 많은 성과를 냈다. SSCI(사회과학논문 인용색인) 등재논문을 비롯해 국내외 전문학술지에 위험과 불확실성 경제학(The Economics of Risk and Uncertainty) 분야의 다수의 논문을 게재하고 있는 김 교수는 이 외에도 국내외 학회에서 논문발표와 다수의 저술활동을 하고 있다. 이러한 학술적 성과로 마르퀴즈 후즈후 2008년도 '세계인명사전 25주년 기념판(25th Silver Anniversary Edition of Marquis Who's who in the World 2008)'에 등재되었고 마르퀴즈 후즈 후로부터 '2017-2018 알버트 넬슨 마르퀴즈 평생 공로상(Albert Nelson Marquis Lifetime Achievement Award)'을 수상하게 되었다.

뿐만 아니다. 지난 2013년 9월에는 동아일보가 발표한 영향력 있는 연구자, 경제학 분야에 선정되는 한편, 2012년에는 한국연구재단이 선정한 '인문사회기초학문육성 10년 대표성과'에 김 교수의 '불확실성 하에서 개인의 자발적 기부행위에 대한 경제적 분석' 논문이 선정되었다. 개인차원의 기부행위를 경제학적 관점에 접목시키고 나아가 정부와 지역사회, 민간부문이 요구하는 문제해결능력 방안을 제시한 것이 높은 평가를 받았다. 김일태 교수는 "불확실한 경제상황에서 개인의 자발적인 기부행위를 분석함으로써 바람직한 기부문화의 정착을 유도할 수 있다."고 말했다.

전남대학교 경영대학장, 한국경제통상학회장, 한국지역경제학회장 등을 역임한 김일태 교수는 2017년 대성에너지 지역경제학술상, 제26회 광주광역시민대상(학술부문), 제14회 용봉학술상을 수상한 바 있다.

경제학자로서 지역경제 발전을 위해 최선을 다하겠다는 김일태 교수는 "앞으로도 일자리 창출과 지역경제 발전 등 현안 해결에 실질적인 도움을 주도록 더 다양하게 노력할 계획이다."라고 말했다.

Honored for Marquis Who's Who in the World

As a scholar, Professor Kim has published many papers on economics of risk and uncertainty in international and domestic academic journals including SSCI (Social Science Citation Index) and a number of books on regional economy. By his academic achievements, he was honored to be listed in the 25th Silver Anniversary Edition of Marquis Who's Who in the World 2008 followed by receiving the 2017-2018 Albert Nelson Marquis Lifetime Achievement Award from the same organization. Professor Kim was also chosen as one of influential economists by the The

Dong-a Ilbo in September 2013, and his paper, 「**The Effect of Uncertainty on the Voluntary private Provision of Impure Public Good**」 was chosen for the 'Outstanding Performances of Humanities and Society Study Promotion for 10 Years' by the National Research Foundation in 2012. "I will keep carrying on my passion in bringing balanced regional developments and make more academic contributions regionally, nationally, and globally."

■ Power Korea, 2018.6 (118~120쪽)

제2부 삶을 반추하다

제1장 고향과 부모님

■ 고향 이야기: 수구초심(首丘初心)

본인의 탯자리는 전라남도 담양군(潭陽郡) 대덕면(大德面) 비차리(飛釵里), 차동마을로 부르고 있으며 읍내와 상당히 떨어진 곳으로 비차천이 흐르는 평지에 자리 잡고 있는 전형적인 농촌마을이다. '담양'이라는 지명은 고려 현종 9년(1018년)부터 사용하기 시작하여 천년의 세월이 흐른 '대나무의 고장'으로 1990년 이전만 해도 죽세 공예품이 넘치는 죽물시장이 개설된 곳으로 널리 알려져 왔다. 담양은 마을 뒤 야산이나 동네 가까운 어느 곳에 가든지 대나무가 무성하게 자라고 있다. 지금은 군과 지역주민의 노력으로 담양의 '대나무 밭'은 2014년 국가중요농업유산으로 지정되었고 2020년 유엔식량농업기구(FAO)로부터 세계중요농업유산(GIAHS)으로 등재되었다. 그리고 영산강 하천변을 따라 형성된 '담양 태목리 대나무군락'이 2020년 11월 천연기념물 제560호로 지정되어 대나무 전통 생활문화자원으로 가치를 인정받았다. 이러한 노력으로 담양은 이제 생태도시로 변모하였다.

본인은 김해(金海) 김씨(金氏) 담양도호부사(潭陽都護府使) 희필손파(希弼孫派)계열로 '종(鍾)'자, '훈(勳)'자를 쓰시는 선친과 창녕(昌寧) '조(曺)'씨 성에 '운(雲)'자, '열(悅)'자를 쓰시는 모친 사이에 4남의 장남으로 태어났다. 우리 가문의 조상이신 김희필(金希弼)은 자(字)는 인재(隣哉)이며 1547년 원주 출신으로 조선 명종 17년(1562년) 임신 별시(壬戌 別試) 을과 3위로 과거에 급제하였고 1580년 통훈대부(通訓大夫) 담양부사로 부임하였다. 마침 임진왜란이 일어나 강원도에서 12세손의 손자 두 형제(元福과 亨福)가 할아버지를 심방하고 함께 거하였는데, 손자가 할아버지께 고향으로 돌아가겠노라 아뢰니 할아버지는 먹을 것이 풍부한 담양에서 살 것을 권하여 김희필 공은 손자에게 차동마을에 새 터전을 잡아 주었다. 마을의 옆쪽 선산은 12세손의 묘소와 16세손 통정대부(通政大夫)를 역임한 김진령(金振齡) 묘소, 일가 친척 묘소와 선친의 부모님, 선친과 모친의 묘소가 자리 잡고 있다.

마을은 이전에 버스가 다니지 않는 곳이었다. 아쉽게도 본인은 이곳에서 태어났지만 어릴 적 선친을 따라 외지에서 지냈고 잠시 창평국민학교를 다니다가 전학하였다. 조부모님이 생존해 계실 때 고향을 방문하면서 보고 들은 이야기와 명절 때 부모님과 함께 친척 집에 들러서 전해주는 이야기로 마을을 기억하고 있다.

차동마을의 유래는 450여년전 하동 정씨가 처음으로 정주하고 홍양 이씨, 김해 김씨가 들어와 정착하였다고 전해진다. 마을의 형세는 하늘에서 금비녀가 날아와 떨어진 명당이라 비차동(飛釵洞) 또는 차동(釵洞)이라 전해지고 있다. 전설에 의하면 마을 뒤 절골(고을)이라고 부르는 곳에 원효사라는 대사찰이 있었다가 무등산으로 옮겨져 마을 부근이 한때는 수도하는 선비들이 많이 모여 살았던 승려촌이 있었으리라 짐작된다. 지금은 마을 뒤편으로 동암사라는 사찰이 자리 잡고 있다. 마을의 지세는 서쪽으로 창평면 화양촌과 남쪽으로 장전과 가홍동이 있으며 마을 뒤에 구아산이 병풍처럼 둘러 있으며 마을 옆쪽과 뒤쪽에 비차소류지와 원효소류지가 있다. 어릴 적 고향에 가면 저수지에서 흐르는 개천에서 고기 잡고 헤엄쳤던 추억이 아련하다. 마을은 드넓은 평야가 아니지만 논농사와 밭농사의 경작으로 생계를 유지할 수 있는 정도의 평지에 위치하고 있다. 특히 마을 입구에는 조선조 명종 때 담양도호부사 김희필이 벼슬을 그만두고 낙향할 때 심었다는 당산목(느티나무 노거수)이 지금도 마을입구에 버티고 서 있어 당산제를 지내고 있으며 정월 대보름이나 농사의 풍년을 기원하기 위한 농악놀이가 지금도 전해 내려오고 있다.(담양인 신문 발췌, 2018년 7월 11일자와 천년 담양 읍면동 포털)

조모님께서는 마을 어귀에 우뚝 선 당산목을 보시면서 어린 시절 선친께서 당산나무 꼭대기에 올라가 놀다가 미나리가 자라고 있는 아래쪽 습지로 떨어져 큰일이 날 뻔 했는데 다친 곳이 전혀 없어서 다행이었다고 말씀하시곤 하셨다. 조모님 말씀을 들으면서 사자소학(四子小學)의 "勿登高樹(물등고수), 父母優之(부모우지)"(높은 나무에 올라가지 마라, 부모님께서 걱정하신다)라는 글귀가 생각난다. 어린 시절 보았던 당산목의 우람하고 울창한 모습은 사라지고 지금은 고목이 되어 외롭게 서 있는 모습에서 세월의 흐름을 느끼게 한다.

마을 어귀에 서 있는 당산목

■ 선친과 모친의 회고

"樹欲靜而風不止(수욕정이풍부지), 子欲養而親不待也(자욕양이친부대야)"(나무는 고요하게 있고 싶어도 바람이 그치지 않고, 자식이 봉양을 하려 하나 부모는 기다려주지 않는다.)

선친은 김해(金海) 김씨(金氏) 금녕군휘목향파(金寧君諱牧鄕派) 중조(中祖)는 김목향(金牧鄕)이고 10세손인 담양 부사 희필손파(潭陽府使希弼孫派)계열로 22세손에 이르는 '김(金)'자, '종(鍾)'자, '훈(勳)'자이시다. 자(字)는 정순(正順), 아호(雅號)는 석전(石田), 여운(餘韻)으로 음력 1932년(임신년, 단기 4265년) 9월 11일 담양군 대덕면 비차리 1구(차동마을) 719번지에서 위로 누이(고모) 한 분만 계신 독자로 태어나셨다. 모친은 '운(雲)'자, '열(悅)'자이신 창녕 조씨(昌寧 曺氏)로 부는 조희창(曺喜昌), 모는 김흥남(金興南)이시고 음력 1933년 3월 8일 담양군 고서면 분향리 257번지에서 5남 3녀(외숙 다섯 분과 이모들)의 차녀로 태어나셨다. 모친은 일찍이 어머니를 여의시고 엄한 아버지 밑에서 서당의 한문 교육과 고서초등학교에서 일본식 교육을 받았고 중등학교에 진학할 수 없었던 것을 못내 서운해 하셨다. 모친이 다녔던 초등학교는 6.25 전쟁 중에 불타버려 모친의 흔적을 찾을 수 없어 애석한 마음이 앞선다.

선친의 부친은 21세손 '준(準)'자, '배(培)'로 자(字)는 국필(國弼)이시고 현욱(顯昱)의 아들로 고종 갑오년 1892년 8월 14일 출생하셔서 1967년에 작고하셨다. 그리고 선친의 모친은 광산 김씨(光山 金氏)로 부는 김상언, 모는 전주 최씨로 고종 을미년 1893년 11월 15일 생으로 단아한 모습을 지니신 분으로 기억한다. 두 분은 조상님이 물려주신 땅을 열심히 경작하여 자식을 서울대학교에 보낼 정도로 열성이셨다. 선친의 종형(金鍾完)께서 서울대학교를 졸업하신 후에 서울대학교 사범대학 교무과에 재직하신 영향을 받아서 선친과 작은 당숙께서는 6·25전쟁 중에 서울대학교 사범대학에 진학하셨다. 당시 차동마을 김씨 가문에서 세 분이 서울대에 진학한 것은 놀랍고 참으로 보기 드문 일이었다.

58세 초봄에 필자를 안은 조부님

조모님께서는 본인의 대학 시절에 서울로 올라오셔서 자취방에 살던 본인을 위해 끼니를 해 주실 정도로 건강하게 지내셨던 것 같다. 본인이 미국 유학을 가기 바로 전 1986년 9월 3일에 작고하셔서 당시로서는 90세를 훌쩍 넘겨 증손자(홍영)와 증손녀(윤아)를 보게 될 정도로 장수하신 분이었다. 묘소는 조부님과 합장으로 선산에 있다.

생전의 조모님

선친은 일본 식민지 시절 1930년 6월 1일 개교한 담양군 대덕면 소재 만덕공립보통학교에 다니셨고 화재로 자료가 유실되어 학적부 기록은 남아있지 않고 졸업생 명단(제13회 졸업, 1946년 3월)만 남아 있어서 아쉬움이 크다. 해방 이후 선친은 1951년 광주서중학교 제5학년을 수료(단기 4284년 7월 24일)하고 당시 학제 개편으로 광주고등학교 3학년에 편입하셨다.

선친의 학창시절
(1952.3)

선친의 서울대 사범대학
부산 피난시절(1952.4)

달성공원에 있는 시인 이상화
시비 앞에 선 선친

마찬가지로 서중학교 학적부 자료도 소실되었고 다행히 동창회원명부(1998년도)에 서중 26회 5년제 명단으로 선친의 존함이 등재되어 있다. 1952년 광주고등학교(단기 4285년 3월 31일) 제1회로 졸업하셨다. 당시 선친의 학적부에는 "극히 온순하고 고상하며 흥미는 독서이고 화목한 가정으로 독자로 교육열이 왕성하다"라고 기재되어 있다.

전쟁 기간 중 1952년 4월 1일 서울대학교 사범대학 문학부 국어과에 입학하셔서 1956년(단기 4289년 3월 28일)에 제10회로 졸업(문학사)하시고 바로 광주사범학교에서 교편생활을 시작하셨다. 해방과 전쟁의 어수선한 상황에서도 선친의 부모님께서는 자식을 서울로 유학 보내실 정도로 교육에 대한 열정이 대단하셨다. 당시 선친의 졸업앨범을 보면서 상상하기 힘든 시절에 엘리트 코스를 거친 문학적 상상력을 지닌 낭만적인 분으로 회상된다.

지금도 어린 시절에 선친과의 추억 몇 장면은 생생하게 남아 있다. 본인은 어린 시절에 선친의 심부름으로 당시 일본어 판 영화잡지 스크린지를 서점으로 사러 간적이 종종 있다. 내 눈에 비친 영화잡지는 일본어로 소개한 총천연색으로 찍은 외국의 유명 남녀배우들의 포즈와 영화 장면들이 담겨져 신기하게 느껴졌다. 또한 영화 관람을 즐기셨던 선친께서는 1960년대 중·후반 주말에 함께 광주 충장로에 소재한 제일극장, 동방극장 등에서 상영하는 개척기 미국 서부를 배경으로 한 황야의 총잡이(존 웨인과 클린트 이스트우드 등의 주인공 출연) 영화를 관람시켜 주었다. 영화 관람 후에 출출함을 달래 줄 모밀 집을 간 것 또한 즐거운 추억이다. 특히 집안의 서재에는 선친의 문학책과 잡지 및 관련 책자들이 빽빽하게 꽂혀 있었다. 대부분이 1950-70년대 구입한 당대의 유명한 작가들의 시집과 소설책, 문학잡지들로 이사 중에 대부분은 버려지고 지금 약간 남아있어 아쉬움이 크다.

젊은 시절의 부모님

동생 경태의 서울대 입학식에서
(1985.3)

선친은 대학 졸업 후 1956년 5월 14일 광주사범학교로 첫 발령을 받은 이후 1988년 10월까지 광주사범, 목포사범, 광주동성중, 경주고등학교, 순천간호고등기술학교, 모교 광주고등학교, 전남여자고등학교, 장성실업고등학교, 담양여자고등학교에 근무하셨다. 선친은 5.16 군사정변 이후 군대 생활로 잠시 교편을 떠난 적을 제외하고는 평생을 후학 양성에 헌신하셨고 전남도교육감 표창(1979)도 받으셨다.

다보탑 앞에서 선친과 동생 윤태와 함께(1968.12)

선친은 본인이 한창 중학 입시를 준비했던 시절 1968년 5월부터 경북 경주고등학교에서 교편을 잡고 계셔 가족과 한동안 떨어져 지내셨다. 본인은 광주서중학교에 합격하고 1968년 12월 말경에 처음으로 신라의 고도 경주를 견학하는 행운도 얻었다. 당시 동생 윤태와 함께 광주에서 아침 새벽에 출발하여 부산역까지 다시 동해남부선으로 바꾸어 타고 경주역에 도착한 시간이 저녁 10시가 넘었다. 지금 생각해 보면 상상할 수 없는 먼 거리에 계신 것이다. 그 시절 경주 시내는 옛 기와집과 왕릉 등이 즐비한 한적한 동네이었다. (통일)신라시대의 유적을 직접 보게 되는 설렘으로 추운 줄도 모르고 신바람 났다. 당시 불국사, 석굴암, 첨성대, 계림, 김유신 장군 묘 등 역사적 유적지를 돌아다녔던 모습이 눈에 선하다.

아마도 선친은 대학 시절부터 의형제로 지내셨던 시인 서영수(徐英洙) 선생님의 초청으로 경주고등학교에서 교편생활을 하셨다. 서영수 시인은 평생을 모교 경주중·고등학교에서 선생님으로 살아오셨고 1955년 신춘문예 시 당선 현대시학을 통해 박목월 시인의 추천으로 등단하여 『경주하늘』, 『바람의 고향』 등의 시집을 출간하시고 동리목월문학관 운영위원장으로 활동하시다가 2020년 3월 작고하셨다. 선생님께서는 경북문인협회장, 한국예총 경주지회장 시절에 광주를 방문하셔서 모친과 굉장히 오랜 만에 만나셨고 2016년 저에게 아호 명강(命江)을 지어 주신 분이시다. 선생님께서는 젊은 시절 선친의 성격과 기질을 잘 알고 계셔서 선친과 선생님과의 일화를 소개한다. 선친과 서영수 선생님과의 인연은 45년 전으로 거슬러 올라간다. 선친의 회갑기념시집(1992)에 실린 서영수 선생님의 「김종훈 선생과 나」의 글에서 선친을 기억한 선생님의 생생한 이야기를 적어본다.

> "1950년대 초반 6.25의 전흔(戰痕) 속에 사회는 가난과 무질서에 병들어 허덕이었고 보리 고개의 실상이 이 나라의 현실을 그려갔던 딱한 시절에 우리는 오토지 의(義)와 정(情)으로 맺어진 형제가 되었다... 우리는 경상도와 전라도를 오르내리면서 문학을 논하고 시를 생각했던 우리들 사이는 짐짓 뜨겁기만 했다... 그러니까 내 중3시절, 경주중학 3학년에 다니면서 그저 이름 석 자가 활자화됨이 좋아서 당시 유일한 학생 잡지였던 '學園誌(학원지)'에 나의 시가 실린 것이 김종훈(金鍾勳) 선생의 눈에 띄어 우리의 관계가 시작된다. 당시 김종훈 선생은 서울대학 사범대학 국문과에 재학 중이고 나는 어느 시골의 가난한 중학생이었으니 참으로 좋은 선배를 만나게 된 것이다. 얼마나 기뻤을까. 생각하면 까마득한 옛 일이나 실로 잊을 수 없다.. 오로지 우편으로 일주일에 몇 차례씩 편지를 쓰고 받은 동안에 정은 무르익었고 나의 문학의 참뜻과 시심의 맑은 하늘은 서울에서 온 형님의 편지에서 무럭무럭 자랄 수 있었다. 연배가 다르고 고향이 다른 우리들 사이는 혈연보다 강한 믿음과 사랑으로 모든 것을 이겨 나갈 수 있는 탑을 쌓았다... 금년 회갑을 맞으신 김종훈 선생 내외분은 동갑으로 알고 있다. 형님으로 모신 김 선생보다 형수씨의 그 순박하고 근면한 마음씨를 나는 잊을 수 없다... 한 때 전라도에 살기로 작정하고 광주 충장로, 계림동 거리를 누비며 술집이란 술집은 형님과 함께 죄다 익혔던 시절, 가난한 박봉을 마다 않고 쪼개가며 우리 둘의 술국, 해장국 바라지에 여념이 없는 형수씨, 아니 너무도 고생하셨던 일태 엄마, 시인의 아내 교육자의 부인으로선 천하 일급이었음을 나는 자신 있게 선포하고 싶다... 다만 일생 동안 겸손과 미덕만을 위해 자신을 숨기며 살겠다는 일념만을 갖고 시의 문을 기웃거리며 진실과 진리를 담을 바구니만 든든하게 챙겼던 시인(詩人) 아닌 시인임을 밝히고 싶다."

이처럼 문학적 기질이 풍부하신 선친은 조선조 송강 정철의 가사문학에 대한 조예가 깊으셨고 시를 사랑하여 교단 시절 동료와 친구들과 풍류로 술자리를 즐기신 낭만적인 분위기를 지닌 분이시다. 서영수 선생님은 선친의 자유분방한 기질을 익히 아시고 김종훈 선생 회갑에 부치는 축시를 보내오셔서 선친의 흔적을 느낄 수 있었다.

勸酒歌

형님.
오늘은 한 잔 하셔야지요.
술다운 술 맛을 알기 위해
살아오신 형님.
오늘은 그 한잔 드시어요.
人生의 珍羞盛饌 가득히 차려 놓고
육십여년 괴어온 술 단지를 헐어
산 그림자를 건져 내는 오늘.
형님의 술잔은
정녕 금결보다 귀하옵니다.

담양군 차동마을 댓잎 소리
귀를 열고
松江의 창평 길이 황사 바람에
굽어 돌던
1950년대 젊음의 뜰을 건너
무등산 산허리를 아름하여
가꾸셨던
地平이 꿈틀거리는 오늘의 광장
꽃 들이 수군대는 형님의 花園이여

백발 성성한 고갯길 위에
회갑의 잔치상이 덩그런 山峯에
지나간 구름들은 불러 모은 자리
햇살 맺힌 꽃잎들이
둥둥 떠 차오르는 향기론 술잔
오늘은 높이 들고 한잔 하셔야지요.
수묵빛 산그늘이 살아서 출렁이는
이 술잔 남김없이 드시어요. 형님

선친과 모친의 회갑연(1992.10)

선친은 타고난 문학적 기질과 방랑자적 성향으로 1987년 3월 담양여자고등학교 재직하면서 수업 도중에 쓰러지셔서 생사의 고비를 넘기셨다. 당시 본인은 미국 유학 중이어서 겨우 그해 여름 방학 중에 귀국해서 깨어나신 선친을 뵐 수 있어서 다행이었지만 예전의 멋진 모습이 사라져 서글픔이 앞섰다. 다음 해(1988년 10월 8일) 교단을 퇴직하시고 국가유공자(제50-6585호)로서 예우를 받으셨다. 선친께서는 평생을 봉직하셨던 교단을 떠나시던 날 「정년의 아침에」 시를 통해서 자신의 심정을 담담하게 남기셨다.

구름이 산을 넘듯이 넘고 넘는 한 해 한 해
이아침 생각나는 건 새삼스런 가는 세월뿐인데
떠오르는 해를 안고 빈 뜰 한번 또 쓸어본다
대 숲에 바람일 듯 새벽에 이는 꿈틀
수많은 내일 아침 차곡차곡 쌓을 床에
따끈한 한잔 술 놓고 병풍처럼 그려 본다
어제 밤 차가웠기에 정년의 아침은 어떨고
어린놈들 이 아침 차림새 고운 옷으로 일색인데
넥타이 벗어 던지고 한복 입은 나의 고향

선친께서 병환이 호전되어 모친과 함께 1989년 미국을 방문하셨다. 우리 가족은 두 분과 함께 지낸 미국 생활이 꿈만 같다. 부모님께서는 미국의 풍요롭고 광활한 대학의 모습을 보시고 놀라셨다. 당시 본인은 논문도 거의 마친 상태여서 계시는 동안에 조지아대학교 교정은 물론 뉴욕 자유의 여신상, 세난도 국립공원, 나이아가라 폭포 등을 둘러보는 기회를 가졌다. 그토록 손주들을 보고 싶은 심정을 효도 관광을 통해서 조금이나마 달래드린 것 같았다.

조지아대학교 앞에서 (1989.8)

우리 가족이 미국에서 귀국한 이후 선친께서 회갑을 맞이하셨고 병환에서 완전히 회복되지 못하시다가 1998년 3월 11일에 작고하셨다. 그 당

미국 나이아가라 폭포에서 (1989.9)

애틀란타 스톤마운틴 정상에서 (1989.9)

시에도 본인은 미국 조지아대학교에 파견되어 임종도 지키지도 못하고 발인 날에 도착하는 불효를 저지르게 되었다. 선친은 교단에서 후학을 가르치면서도 시인으로서 문학적 소질을 충분히 발휘하지 못하심을 심히 괴로워하신 것 같다. 선친을 사모하는 마음에서 선산에 건립된 선친의 시비에 1992년 회갑기념시집에 실린 「餘韻(여운)」의 시를 적어본다.

선친의 시비

잊을 수 없는 네 이름 하나 하나 접어서
소리 없는 맑은 餘韻으로 여울져, 여울져 흐르게 하마,
넘치도록 주고받은 깊은 情을랑은
산울림 되돌아 오 듯 너를 아끼마.

모친께서는 어린 시절에 엄한 부친으로부터 한문과 사자소학을 배운 영향으로 단아하시고 교양과 예절을 중시하신 분이었다. 그러나 평생 사시는 동안 남편의 문학적 감성과 빚보증, 그리고 경제적 무관심에서 네 명의 자식을 가르치려고 힘든 나날을 보내신 것으로 본인은 기억한다. 모친은 자신이 하고 싶은 공부를 계속할 수 없었던 당시 자신의 처지를 말씀하시면서 자식들의 교육을 위해서 장사라도 하면서 뒷바라지하고자 했다. 철부지 어린 시절에 선친께서 자주 애용한 전축 레코드판에서 흘러 나오는 가요를 알지도 못하고 흥얼거렸고 모친을 졸라 함께 보호자 동반 영화를 관람하는 경우가 종종 있었다. 지금도 기억나는 영화는 김석훈과 엄앵란 주연의 작품, 「열풍(熱風, 1965)」으로 일제 말기에 학병으로 끌려간 주인공이 조국 광복을 위해 싸운 이야기를 그린 작품이다. 눈보라가 세차게 휘날리는 만주 벌판에서 일본군에게 쫓기는 장면을 담은 대형 간판이 눈에 선하다. 그 영화의 주제가인 「울어라 열풍아」는 가수 이미자가 불러 크게 히트하였고 여전히 사랑 받고 있는 가요이다. 그리고 영화 상영 전 대한뉴스에서 맹호, 청룡부대의 전투 장면과 월남인을 위해 봉사하는 모습을 담은 월남 파병 소식을 보면서 대한민국을 자랑스럽게 생각하곤 하였다. 1970년 초중반에 모친 주도하에 TV를 구입하여 선친께서 주말의 영화와 드라마를 시청하시면서 영화관 스크린 시절의 막이 내렸다.

모친께서는 향토음식을 때마다 만드셨다. 평상시 확독에 양념을 갈아 만든 포기김치는 물론이고 자식들 영리하라고 검은 콩자반, 멸치 등의 밑반찬과 수제 약과, 산자와 같은 한과는 따라 올 수 없는 모친만의 손맛이었다. 그렇게 정성스럽게 만든 음식들은 대학 시절에 자취하고 있는 자식들을 위해 새벽 버스로 선친과 함께 반찬그릇이 담긴 보자기를 들고 동대문 고속버스터미널에 도착하신 모습을 생각하면 지금도 마음이 뭉클해진다.

대한생명에서 장한 어머니상을 수상하신 모친(1995.5)

모친은 흘로되신 말년에 자신만의 삶을 사시면서 주위 지인들과 함께 분주하게 생활하신 것 같다. 특히 모친은 본인이 해의 파견으로 조지아대학교에 있을 때 1998년 홀로 미국을 재차 방문하셔서 우리 가족들과 함께 당시 필수품인 전기밥솥을 싣고 여행을 시작했다. 긴 15일 간의 미국 서부지역(그랜드 캐넌, 콜로라도강의 후버댐, 라스베가스, 캘리포니아 데스밸리 사막과 소금호수 모노 레이크(Mono Lake), 네바다의 레이크 타호, 유타주의 그레이트솔트호와 솔트레이크시티의 모르몬교 성지, 옐로우스톤 국립공원, 마운틴 러시모어 국립기념관의 큰 바위 얼굴, 세인트루이스의 웨스트게이트 등)으로 효도 관광을 하게 되었다. 모친은 캘리포니아 데스밸리 사막에서 뜨거운 모래로 손발을 찜질하시거나 유타주 솔트레이크호수의 소금으로 김치를 담아 가족을 위해

미국 가족여행
모친과 함께
(1998.6)

맛있는 식사를 손수 지으셨다. 그간 못 본 손주들과 사랑을 나누며 지낸 기간으로 홀로 되신 어머니에게 큰 위로가 되었던 것으로 기억한다. 이후 친구들과 자주 어울려 지내셨지만 수술 받은 심장병이 악화되어 3개월간 죽음을 넘나드는 사경을 헤매시다가 기적적으로 깨어나셨다. 그러나 거동이 불편하셔서 요양병원에서 지내시다가 2017년 2월 20일에 작고하셨다. 모친은 선산의 선친 묘소 곁에 잠들어 계신다.

부모님은 슬하에 4형제를 두셨다. 당시 선친과 4형제 모두가 서울대학교를 졸업한 동문이라는 영광을 얻었고 부모님은 주위의 부러움을 사셨다. 본인은 장남으로 태어났고 동생 윤태는 미국 노스캐롤라이나대학교(University of North Carolina at Chapel Hill)에서 통계학을 전공하여 지금 한림대 교수로 재직하고 있다. 둘째 동생 경태는 농업전공으로 공무원 생활을 하다가 지금은 사업을 하고 있으며 제수씨 이전옥 선생은 영양교사로 학교에서 근무하고 있다. 막내 인수는 철학 전공으로 미국 유학의 학위 과정을 마쳤지만 가정 사정으로 인해서 미국에 남아 사업을 하고 있다.

가족사진 (1979.2)

• 사모곡

미국 유학 기간 동안에 보내주신 편지를 통해서나마 부모님께서 본인과 며느리, 손자와 손녀를 향한 애틋한 사랑을 남기고 싶다.

홍영 아비 보아라.

오늘은 양 10월 12일(음 9월 9일) 일요일이다. 몇 일전에 서신과 책을 보냈는데 받았는지 궁금하구나.

한국은 꽤 쌀쌀한 날씨이니 추운 겨울을 재촉하는 것 같구나. 벌써 한국을 떠난 지도 1개월이 넘었으니 세월의 빠름을 새삼 느끼게 하는구나.

그간 몸 건강히 학문연구에 여념이 없으리라 믿는다. 그리고 네 안도 아무 탈 없느냐. 홍영이와 윤아도 충실하게 많이 성장하였으리라 생각하며 날로 달라지는 모습을 생각하기도 하고 보는 것 같은 느낌이다.

윤태가 보낸다는 책은 다 구해서 보내는데 5kg이 넘어 그 책에서 한권만은 보내지 못했다고 한다. 여기 서울에 있는 한권의 책은 또 필요한 책이 있으면 다음 보낼 때 함께 보낸다고 하니 서울로 연락하기 바란다.

10월 11일에는 서울대공원을 인수가 구경시켜 주어서 네 모와 함께 다녀왔다. 그 넓은 공원과 여러 종류의 동물을 보는데 홍영이와 함께 한번쯤 왔었으면 얼마나 좋았을까 생각나는구나. 그렇게 멀지 아니한 위치에 있는 줄 몰랐지, 한번쯤 구경도 못하고 홍영이를 미국에 보내고 말았으니 섭섭하기 이를 데 없단다. 10월 12일 下光한다.

홍영이 모 보아라. 고생이 이만저만 아니겠지. 그렇지만 노파심에서 당부하니 홍영, 윤아 뒤를 잘 살펴 주도록 하여라. 네 보살핌이 잘

되어가는 성실에 따라 훌륭하게 자랄 것이다.

그러면 몸 건강하기를 바라고 이만 줄인다.

1986.10.12

고국에서 아비 씀

홍영 어미 보아라.

보내준 편지 잘 받았다. 애비는 일 학기 마지막 시험을 치루었다니 고생이 많았겠구나. 그리고 홍영, 윤아 남매는 일기가 고르지 못해서 감기가 온 모양인데 뒷바라지 잘 해 주어라.

지금쯤은 많이 쾌차 하였으리라 생각한다. 보내준 물건을 잘 받았다니 얼마 되지 않지만 잘 먹도록 하여라. 그런데 조지아주에서 애들에게 여러 가지를 무상으로 준다니 홍영이와 윤아 먹을 것에는 이제 신경을 안 써도 되겠구나. 그렇지만 이곳의 우리들은 한시도 홍영, 윤아의 여러 가지 일들이 마음에서 떠난 적이 없단다.

몇 일후에는 애들을 위해서 곶감을 보내겠다. 도착하면 애들에게 알맞게 잘 먹이도록 하여라. 너무 많이 먹으면 변비가 생기가 쉬우니까 조리있게 잘 먹이도록 하여라. 겨울 방학을 곧 하게 되니 방학 때는 네 어머니와 같이 서울에서 지낼 계획이다. 편지할 때 서울로 하도록 하여라.

홍영 애비는 방학을 언제쯤 하는지 모르나 잘 지내도록 하고 홍영이, 윤아도 많이 컸을 걸로 생각되나 사진 찍어서 보내지 않고는 상상만 되는구나. 그리고 방학 때는 홍영이 외가도 가볼 계획이며 몇 군데 다녀볼 예정이다. 그리고 홍영이 작은 엄마도 한 달 전부터 아기를 가졌단다. 건강에도 지장이 없다고 한다.

몇 일전에 서설이 좀 내렸으나 아직까지 많은 눈은 오지 않았고 날씨도 그렇게 추운 편이 안 되는구나. 김장도 서두르고 있다. 언젠가 금년도에는 눈이 많이 올 거라는 기상예보가 있었지만 곧 내릴 것 같지는 않다.

오늘은 이만 줄인다. 모두 내내 건강한 몸으로 지내도록 어미가 유념하여라.

1986.12.10

고국에서 아버지 씀

홍영이 할미 몇 자 적는다.

고생이 많겠지만 아범 뒤를 보살피고 애들 뒤를 치다꺼리 할라 정신이 없겠구나. 그러나 그것이 바로 홍영이 어미 보람일 것이다. 지금쯤 홍영, 윤아가 얼마나 크고 자랐는지 무척이나 보고 싶단다. 말도 썩 잘 하리라 생각도 해 본다. 피문어는 길게 잘라서 빨아 먹도록 하고 매사 유념해서 처리하도록 하라.

그리고 몇 일후 곶감, 나물도 보내겠다. 이제 사 김장도 했으니 배추김치도 보낼 예정이다. 할 말은 많으나 이만 줄인다.

홍영 할미 씀

미국 (모노 레이크) 가족여행 모친과 함께(1998.6)

■ 가족 이야기

처가 가족사진 (1965년 정월)

본인의 아내 채명애(蔡明愛)는 평강 채씨(平康 蔡氏)이고 인천 영종도에서 독실한 카톨릭 집안의 2남(세용, 동율)4녀(명자, 명옥, 명희, 명애)중 막내로 태어났다. 부모님께서는 교육열이 높으셔서 6남매 모두 인천의 명문고, 서울에서 의대, 약대까지 보내신 신실하시고 자식의 앞날에 관심과 교육투자를 많이 하신 분들이다. 지금은 인천국제공항이 들어서 상전벽해(桑田碧海)가 되었지만 당시는 배를 타고 가는 섬이라는 열악한 환경에도 그 분들의 열정을 막지는 못했다.

아내의 부친은 평강(平江) '채(蔡)'씨 성에 '수(壽)'자 '남(男)'자(프란체스코)로 영종면 573번지에서 1920년 11월 6일(음력)에 독자로 태어나셨다. 일제 강점기 시절은 영종보통학교 수업료가 월 70전을 내며 졸업하는 어려운 시절이었다. 당시 일제는 만주에서 7~8년 묵은 메조를 주었는데 그것으로 죽 쑤어 먹었던 배고프고 슬픈 시절의 이야기도 남겨 놓으셨다. 졸업 후 미두장(지금의 증권회사) 말단으로 취업하셨다. 1942년 일제 지원병을 피하기 위해 영종면 사무소에 임시직으로 다니다가 김인순 여사와 결혼하셨다. 1942년 일본 징용령으로 인천의 일본 차량조선주식회사 현원징용으로 입사하여 근무하셨다. 1945년 8월 15일 해방이 되자 일본인들이 물러가고 적산가옥과 두고 간 시설물들 사이에서 자신이 확실한 기술을 배우지 못해 곤욕을 치른 추억을 말씀하시곤 하셨다. 6.25 전쟁 중 고향으로 돌아와 치안 유지를 위해 영종의용소방대에 입대하였고 16년 간 지역사회에 봉사하셨다. 독자라서 한 평생 부모님을 봉양하고 자식들을 위해 사시다가 2012년 6월 9일에 작고하셨다.

아내가 기억하는 장인어른과 추억은 각별하다. 영종국민학교 입학 시에 긴장과 기대 반으로 아버지 손을 잡고 등교하고 보니 일전에 집에서 뵈었던 선생님들이 계셔 어리둥절하였단다. 위로 언니, 오빠들이 많다보니 그 당시에는 흔한 일이 아니었던가 싶다. 초등 4학년일 때 비바람을 이기고 항해하는 배를 주제로 '아버지의 십년계획'이라는 제목으로 그림을 그려 아버지의 마음을 풀어드렸던 기억이 있다고 한다. 초등학교 때 빨간 실내화, 노란색 공주 책가방, 소년중앙 잡지 등은 모두 아버지의 선물이었고 6학년이 되어야 도전하는 전교어린이 회장도 당시 5학년인 아내에게 도전해서 연설할 기회를 만들어 주셨다한다. 용기 있고 솔직하며 도전하는 정신은 장인어른으로부터 물려받은 것이 아닌가 싶다. 우리의 결혼을 처음엔 반대하시던 장인어른께서 광주에서 결혼식을 끝내고 나온 홍어회에 녹아서 섭섭한 마음을 녹이고 호탕하게 집에 가셨다는 일화도 전해진다. 살아계실 때 홍탁을 더 자주 대접하지 못한 게 후회로 남는다.

아내의 어린 시절 부모님과 함께(1967.2)

아내의 모친은 김해(金海) '김(金)'씨 성에 '인(仁)' 자 '순(順)'자(마리아)이시고 1924년 10월 27일(음력) 경기도 시흥시 신철리에서 6남매 중 셋째 딸로 태어나셨다. 대원군의 병인박해 때 천주교 신자였던 장모님의 할아버지(김대봉)가 전쟁에서 공을 세우셔서 그나마 박해를 피하고 신앙을 유지하셨다고 한다. 장모님의 아버님(김성현)께서는 당시 대장장이로 돈을 잘 버셨다한다. 이렇게 번 돈은 열병 앓는 사람 도와주기, 객사한 사람은 사람사서 산에 묻어주기, 옷 없는 사람은 자신의 옷 벗어주기, 장날에 못 판 떡, 생선, 과일들을 다 사 주셨다고 장모님 기록에 남아있다.

장모님은 항상 자상하시고 인정이 많아서 아내의 어린 시절에 집에 물건 팔러 오는 사람들에게 식사나 쉼의 호의를 베푸셨다 한다. 초기 카톨릭이 전파된 집안에서 자라셔서 독실한 신앙심을 지니고 평생을 자비함으로 사신 분이다. 겨울이 되면 팥 앙금을 듬뿍 넣은 수제 찹쌀떡과 살얼음이 살짝 있는 수정과로 야식을 만들어 주셨다. 자식들에게 '엄마의 부탁'이란 말에 "무섭고 험한 세상 하느님께 기도하고 조심조심 살펴가며 잘 살아줘 인생이란 다 그렇게 살다 가는 거야." 말년까지 남편 간호를 손수하시다가 2011년 4월 26일에 작고하셨다.

미국 방문 중 장인어른과 장모님(1994.7)

이제 와서야 이런 장모님 말씀을 접하니 만시지탄(晩時之歎)이란 말이 맞구나하면서 자애로우신 장모님의 손 한번 잡아드리고 싶은 생각이다. 두 분은 평생 자식을 위해 일하신 분이시다. 두 분을 추모하면서 아내는 막내로 자라서 한없이 해맑은 성격을 지니고 있을 뿐 아니라 아버지의 용기와 결단력, 어머니의 자비로움까지 받았나 하여 늦게나마 두 분께 감사드린다. 두 분은 김포의 천주교 공원묘지에 잠들어 계신다.

생전에 장인어른과 장모님께서 자식 사랑과 걱정의 마음이 묻어난 유학시절에 보내 주신 서신 한 장을 소개한다.

• 장인어른과 장모님의 서신

보낸 분: 채수남

경기도 옹진군 영종면 운남2리 573

홍영 아범, 엄마 보아라. 너희들이 보내준 편지 잘 보았다.

이곳은 너희들이 원념지덕으로 무고히 잘들 지내고 있어. 이역만리 타국에서 얼마나 고생이 되니, 너희 내외와 홍영이, 윤아 모두 잘 있겠지. 가느라 고생이 많았다면서 정착이 되어도 처음에는 어려울거다(고진감래)라는 말이 있지. 쓴 것이 다하면 단 것이 온다는 옛말 틀림이 없어. 젊어서 그런 고생은 있지. 용감히 싸워 이겨야 돼. 너의 엄마는 너희들을 보내고 나서 신경을 너무 쓴 탓인지 요즘 소화가 잘되지 않은 모양이드라. 좀 세월이 지나면 나아질 테지. 홍영 아범은 학교에는 잘 나가는지. 특히 이국에서 건강에 유의하여라. 그리고 9월 26일 부평에 갔더니 효진 아범도 87년 3월쯤이면 외국 유학을 가게 되는 모양이드라. 갈 곳은 미정이나 미국이 되지 않을까 생각이 돼드라. 그럼 또 소식 전할게, 새삼 부탁하지만 건강에 조심들 하여라.

• 엄마가 홍영어멈에게

꿈 같이 헤어진 이별. 새끼들을 안고 업고 들러 가는 딸에 모습 지금도 생각하면 눈물 덮고 가슴 아픈 엄마에 마음고생이 많아 슬플 줄 알았다. 낫 설고 물 설은 타국 땅 열심히 살아야 한다. 우선은 건강해야 한다. 식구들이 잘 있다니 엄마는 무엇보다 반갑다. 홍영 아범이 착실하니 잘 풀릴 것이다. 어멈도 고생이 되도 엄마 고생한 생각하고 잘 참아 나가야 한다. 눈물이 너무 나서 오늘 더 못 쓸 것이다. 엄마도 하느님께 기도 많이 드리니. 너희들도 하느님 믿고 기도드리면 살아야 한다.

주의할 점 : 나쁜 사람 만나서 손들어라 하면 손들고 있어야지 몸을 움직이거나 돈 준다고 주머니에 손을 넣거나 하면 총 꺼내는 줄 알고 그 쪽에서 먼저 쏜다드라. 그 점을 주의해라. 한국 같이 않아서 말을 못 통하니간 여러 가지 주의를 많이 해야 한다. 타국 땅에서 몸 조심해라.

1986년 9월 29일

받은 분: Myung Ae Kim

260 Little St. #2, Athens, Ga 30605, USA.

외손주들과 함께 장인어른과 장모님(1993)

아내는 고향을 떠나 초6, 중·고등학교 시절을 인천으로 유학 왔고 인천인성여고를 거쳐 동덕여대('79년), 전남대 대학원('91년)에서 약학을 전공하였다. 아내와 나는 '81년 2월 의식화 써클에서 선후배로 만났다. 당시 아내는 약대 3학년으로 올라가는 학생이었는데 본인은 많은 학생들과 한꺼번에

만난 자리인지라 첫인상에 대한 기억이 별로 없다. 그러나 아내는 당시 대학원생이었던 본인의 첫 모습을 또렷하게 기억하고 있었단다. 당시 약간 곱슬거리는 장발에 단정한 체크 코트를 입었다는데 본인으로서도 기억에 없는 자신의 모습을 기억한다는 점에서 보면 호감도에서 우위를 점한 것이 아닌가 웃어본다. 선후배로 만났지만 그녀만의 지독한 성실함으로 바쁜 전공가운데서도 열심히 책을 읽고 토론에 참가하였다. 시대를 고민하는 열정과 예측할 수 없는 진취적이고 독립적인 모습은 본인을 코너로 몰아 놓기도 했지만 그것은 그녀만의 매력이었다. 본인의 성격과는 다른 모습에서 또 다른 자신의 모습이 투영되고 본인의 미래인생이 그려지면서 그녀는 '나의 사랑의 대상자, 결혼의 대상자'로 자리를 옮기게 되었다. 1983년 12월 4일 광주의 북동성당에서 백년가약을 맺게 되었다. 당시 아내는 카톨릭 신자였고 본인은 개신교 신자였기에 성당이냐, 또는 교회냐 하는 종교적 갈등이 있을 법했다. 하지만 시대를 고민한 동지애를 발휘하여 종교적 예식은 아내편인 성당에서 결혼식 장소는 고향 광주에서 하는 절묘한 기지로 결혼에 골인하였다.

본인은 신혼 중에도 직장과 학업을 병행하게 되었고 아내는 직장과 가사, 두 아이의 육아를 책임지는 힘든 시절을 서로들 보낸 것 같다. 최근 결혼기념일에 오랜만에 성당을 방문하게 되었는데 본당의 내부는 아직도 이전의 모습

결혼식 : 광주 북동 성당에서(1983.12.4)

이었지만 일부 옛 모습은 사라지고 새 단장한 건물이 들어서서 많은 변화가 있었다.

우리의 신혼생활은 본인 외 동생 두 명과 함께 살면서 시작되었다. 당시에도 내 집 마련이 화두였기에 우린 방 2개에 연탄보일러가 있는 서울 고척동의 작은 5층 아파트에서 함께 살았다. 사실 달콤한 신혼생활도 없이 살림이라곤 일도 모르는 아내는 예전 우리 형제들의 자취생활에 일원이 되었다고 봐야 한다. 불편한 집에서 연탄도 갈고 석유곤로에 밥도 해야 하고 좁은 공간에서 동생들과 지낸 것에 대한 미안함이 늘 있다. 동생들이 먹는 것이 한창이던 그 시절인지라 모친께서 밑반찬을 계속 공급해도 끼니걱정하며 반찬 사러가는 아내를 몰랐던 게 사실이다. 그러나 나이 들고 보니 그 당시 형성된 유대감이 본인 동생들을 마치 자신의 동생들처럼 챙기고 동생들 또한 형수 대접을 하는 것으로 보아 마음이 훈훈하다. 미국 가기 전 '85년 큰아들 홍영이, '86년 둘째로 딸 윤아를 낳고도 분주하게 작은 약국도 개업을 했다.

1986년 9월 미국 유학을 위해 김포공항 출국 당시 양가 부모님과 친척 분들이 나오셔서 우리를 배웅해주셨다. 당시엔 해외 유학도 비행기 타는 해외여행도 흔하지 않아 이런 일들이 있었던 걸로 기억한다. 나는 큰 아들을 안고 아내도 딸과 애들 용품이 담긴 큰 가방을 메었으니 유학이 아닌 이민 가는 모습이었으리라. 미국 유학 시절에 아내는 자신의 삶을 포기하고 낯선 땅에서 외롭게 두 자녀를 양육하면서 따뜻한 한식 도시락과 보온병의 물까지 챙겨 주었다. 밤늦게 까지 공부하던 본인에게 당시 유명한 미국 요리의 대가 베티크로커(Betty Croker)의 쿡 북과 각종 디저트 북, 그리고 중국음식 요리책(The joy of Chinese cooking)까지 섭렵해서 늘 음식위로를 해 주었다. 고단하고 외로운 미국 삶은 젊음의 전쟁터와 같아서 훌륭한 박사학위 논문과 졸업 없인 고국에 갈 수 없다는 비장함도 있었다. 또한 부부싸움을 해도 하소연 할 곳이 없으니 동지애로 뭉치지 않으면 살 수 없는 환경 탓도 있었으리라. 이런 아내의 헌신적인 노력이 없으면 지금의 나도 없었을 것이다. 그 때 아내와 부부싸움을 하면서 결혼관은 무엇이 길래 결혼했냐고 물으면 첫째 내(아내)가 평생 존경할 수 있는 사람, 둘째는 미래관이 확실한 사람, 셋째는 나를 인격으로 존중해 주는 사람이란다. 지금 와서 보면 개인적 사랑이 빠진 무슨 인생 공채시험이 아닌가 하는 생각이 들지만 아내 특유의 용기와 직관적 방식으로, 나는 하나님 앞에서 결혼을 맹세했기에 끝까지 잘 살아야한다는 설득적 동문서답의 사랑방식으로 살아왔다.

1990년 이후 광주에서 30여년을 함께 생활하면서 광주시민의 한 사람처럼 전라도 사투리를 쓰며 고향도 잊고 부모님 봉양과 세 자녀 교육을 위해 살아왔다. 귀국 후 학구열을 불태우며 전남대 약대 고익배 교수의 지도하에 「흰쥐에 있어서 페노바르비탈 전처리가 나프록센의 비선형 체내동태에 미치는 영향」으로 약학 석사 학위('93년)를 취득하였다.

전남대 석사학위 수여식에서(1993.2)

이런 열정으로 아내는 미국 약사 취득을 위해 자격시험(FPGEE)과 영어 시험을 통과하여 1996년 7월 FPGEC Certificate를 받았지만 비자 문제로 인한 실무가 어려워 뜻을 이루지 못하여 큰 아쉬움으로 남아 있다. 하지만 아내는 50이 넘어서 병원약사로서 행정업무, 개인약국에서 환자중심 복약지도를 하면서 다시금 자신의 직업에서 빛을 내며 제2의 인생을 살고 있다.

최근 결혼 36년을 지내온 아내가 회갑을 앞두고 있었다. 그동안 가족들과 함께 외국 생활을 해 왔지만 다행히도 코로나19가 오기 전에 오랜만에 둘이서 동행하는 행운의 기회를 가지게 되었다. 중국 장춘에 소재한 길림대학 경제학원 장호 교수 초청으로 중국인과 외국인 대학원 학생을 위한 한국경제의 영어 강의와 논문발표 세미나에 참석하였다. 길림대학은 동북 3성의 거점대학으로 광활하고 역동적인 캠퍼스였다. 동북 3성의 중국 땅, 우리가 흔히 만주 벌판이라 부르는 곳이다. 장호 교수의 배려로 주말에 백두산 천지에서 발원된 송화강이 흐르는 안중근 의사의 기개가 살아 있는 하얼빈 역사와 조린공원의 청초당, 일제의 만주 침략으로 청나라 마지막 황제 푸이(溥仪)를 꼭두각시로 세운 만주국의 가짜라는 의미의 위((伪)를 붙인 위만황궁이 있는 장춘, 조선의 무능한 왕(인조)으로 인해 소현세자와 봉림대군, 그리고 힘없는 백성들이 인질로 잡혀간 후금의 본거지 선양, 비록 중국 땅이지만 봄이 오는 길목에서 눈이 펑펑 내린 가운데 꽁꽁 얼어붙은 민족의 영산 백두산 천지를 보게 된 것은 천운(天運)인 것 같다.

백두산 천지에서 (2019.4)

연구차 동유럽 슬로베니아의 류블랴나 대학을 방문하게 된 것도 행운이었다. 슬로베니아는 2차 세계대전 후 유고슬라비아 연방공화국으로 있다가 소련 붕괴 후 독립한 동유럽 국가 중에서 가장 부유한 국가이다. 동 유럽의 땅, 슬로베니아의 류블랴나 성, 국민시인 프레셰렌 동상, 율리안알프스 산맥의 만년설과 빙하가 녹아서 만들어진 블레드 호수와 블레드 섬에 위치한 성모승천교회, 그와 어우러진 아름다운 호수의 풍경, 포스토이나 동굴, 아드리아 해안을 따라 자연과 도시로 이어지는 멋진 전경의 크로아티아에서 자연의 신비로움과 경이로움이 합쳐진 플리트비체 국립공원, 중세 시대 무역의 중심지에서 도시국가로 변모한 '아드리아 해의 진주'로 불리는 드브로브니크, 3세기경 로마의 황제였던 디오클레티아누스가 궁전을 지은 유서 깊은 도시 스플리트, 헝가리 도나우 강을 따라 부도 성, 국회의사당 등 역사적인 건축물과 문화 유적이 즐비한 세계문화유산으로 지정된 부다페스트의 풍경이 지금도 생생하다.

크로아티아 드브로브니크 스르지산 정상에서(2019.8)

본인과 아내는 슬하에 2남 1녀를 두었다. 장남 홍영은 집안의 장남답게 책임감과 통솔력이 있다. 1997년 조지아대학교 해외 파견 시절에 중학 시절을 보내게 되었다. 그 후에 미국 고등학교도 한국에서 전화인터뷰를 보고 미국유학을 갈 정도로 독립심도 강하다. 항상 선구자이며 개척자의 정신이 있다. 동생들과 주위사람들에 대한 인정도 많아서 어디에 있거나 지인과 친구들이 넘치는 한국인답게 살고 있다.

장남 홍영 미국 중학 시절에 동생과 함께 (1997)

장남 홍영 대학원 시절(2014)

장녀 윤아 박사학위를 받고서 (2021.8)

장남은 인디언 스프링스(Indian Springs) 고교를 거쳐 퍼듀(Purdue)대학교에서 경제학을 전공하였다. 졸업 후에 공군(오산공군기지 근무)을 제대하고 조지워싱턴(George Washington)대학교 대학원에서 회계학을 전공하였다. 지금은 유일한 한국인으로 앨라배마 주 스포츠 유통회사(Hibbett Sports)에서 내부 감사파트의 시니어 애널리스트로 활동하고 있다.

둘째 윤아는 딸답게 집안을 이끄는 살림꾼이자 집안의 피스메이커이다. 어디서나 적응력이 뛰어나며 오랜 외국생활에서도 자신감을 잃지 않고 여성으로서 자신의 커리어인 공부를 꾸준히 해왔다. 캐나다 라이어슨(Ryerson)대학에서 호텔 관광학부, 겔프(Guelph)대학원에서 동일한 전공으로 석사학위를 받았다. 2021년 8월에 미국 오번(Auburn)대학교에서 호텔관광 전공으로 박사학위를 취득하였다.

동시에 5월 21일 윤아가 Nate Conoly와 결혼함으로써 우리 집

개혼(開婚)을 시작하였다. 오번(Auburn)대학교 학사와 UAB 석사로 수학교육을 전공한 실력자로 마음까지 따뜻한 친한파 사위이다. Steven, L. Conoly & May, L. Conoly 부모님께서도 오번(Auburn)대학교를 졸업하신 훌륭하신 분들로 미국서 결혼식을 멋지게 열어주셨다. 다만 코로나19로 우리 부부가 가지 못한 것이 대단한 아쉬움으로 남는데 바쁘신 가운데 뉴욕에 계신 처형네 부부가 참석하여 주셨다. 지면을 통하여 감사드린다.

윤아 결혼식 사진(2021.5.21)

막내 영빈 Virginia Tech 졸업(2021.5)

막내 영빈은 늦둥이로 본인 만 42세에 본 아들이다. 형과 누나가 열정적이라면 막내는 차분하면서도 사려 깊어 자신의 앞날을 빈틈없이 준비하는 스타일이다. 버지니아 공대(Virginia Tech)에서 생화학을 전공하면서 어너스 칼리지(Honors College) 학생으로 더 많은 학점과 연구에 참여하였다. 코로나19로 힘든 상황에서도 마침내 Magna Cum Laude(준 최우등생)으로 졸업하였다. 쉴 틈도 없이 국가의 부름에 응답하여 2021년 12월 6일 공군에 입대하였다. 2020-22년 코로나19로 힘들지만 모두들 자신의 자리에서 열심히 살고 있다.

이제는 나이가 들어 제자리에서 열심이지만 어린 초등학교 시절에 일상생활과 부모님을 생각하면서 쓴 자녀들의 일기와 편지의 한 대목을 소개한다.

• 어린 시절 자녀들의 일기와 편지 기록

기록한 날짜 : 1995년 12월 24일(장남 초등 5학년 시절)

주제 : 크리스마스 이브

오늘은 크리스마스 이브이다. 25일은 크리스마스이다. 크리스마스는 아기예수가 마굿간에서 태어날 때 크고 밝은 별이 마굿간에 비치

어 사람들이 이 어지러운 세상을 바로 잡을 사람이라고 생각했다. 그래서 25일은 바로 크리스마스다.

기록한 날짜: 1996년 7월 15일(장남 초등6학년 시절)

주제: 우리가 찾는 진실한 사회란....

오늘 있었던 일이다. 아빠 심부름을 마치고 돌아오는 도중 소방차 2대가 이동하는 것을 보았다. 불이 난 줄 알고 나도 달려갔다. 장난 전화라고 안 소방관들이 5-6분 뒤에 철수했다. 그리고 아무 일이 없었던 것처럼 되었다. 내가 이 일을 보고 느낀 점은 정말로 우리가 찾는 진실한 사회가 이 정도밖에 안된다는 것에 크게 실망했다. 그 순간 사이에 진실로 구조를 필요한 사람들이 죽어가고 있을 것이다. 마지막으로 우리가 찾는 진실된 사회는 옛날처럼 서로가 돕고 인심이 풍부하고 서로를 잘 이해해 주는 사회이다.

홍영 어린 시절 모습(1993.8)

기록한 날짜 : 1995년 3월 22일(장녀 초등3학년 시절)

주제 : 아빠와 이별

아버지께서 미국에 가신다. 공항에 가셔서 비행기를 타셨다. 먼저 서울로 가셔서 전화를 하셨다. 나는 “아빠, 책 아니면 다른 것을 사오세요.”하였다. 아빠는 “알았다.”하고 대답하셨다. 빨리 돌아 오셨으면 좋겠다. 저녁밥을 먹을 때 아빠의 텅 빈자리가 생각났다.

윤아 초등학교 입학(1993.3)

기록한 날짜: 1995년 4월 2일

주제: 아버지께서 집에 도착

아버지께서 집에 돌아오셨다. 선물을 사오셨는데 시장 놀이와 플레이도를 사오셨다. 게임팩도 사오셨다. 과자도 사오셨다. 나는 과자를 먹었다, 맛있었다. 게토레이도 사오셨다. 물에 타 먹으니 맛있었다. 근데 아버지께선 얼마나 피곤하실까 생각을 했다.

기록한 날짜: 2007년 3월 18일(막내 초등 3학년 시절)

주제: 효도하기

나는 어제 토요일 날 아빠와 엄마와 등산하러 갔다. 나는 산을 올라갔을 때 다리가 아팠다. 엄마는 마찬가지 이었다. 나무 막대기로 지팡이를 만들어 엄마에게 드렸다. 그래서 엄마는 지팡이를 잡고 올라갔습니다. 내리오면서 엄마는 나에게 말씀했습니다. "영빈아, 효도 지팡이를 만들어서 고마워." 나는 기분이 행복했습니다. 아버지는 방귀를 뀌었습니다. 고약한 냄새가 지독했습니다. 아빠 엉덩이에 효도 부채를 달아서 냄새를 없애 주겠습니다.

막내 영빈이와 함께 폼페이 유적지에서(2007.10)

- 담임 선생님의 소감: 하하하 ~ 재미있고 기발한 생각 ~, 영빈이

문학 소년이었네~♡.

부모님께

아빠 엄마 저 영빈이에요.

엄마께서 11년 동안 키워 주셔서 고맙습니다.

앞으로 제가 어른이 되면 열심히 공부할게요.

엄마와 아빠는 저랑 같이 놀아 주시고 공부도 같이 해 주시고 저녁 밥도 같이 먹으니까? 저는 정말 좋아요. 아빠도 나랑 같이 TV도 보시고 얼마나 좋은지 저도 알고 엄마도 마찬가지예요.

엄마와 아빠는 참 좋아요.

저도 아빠같은 사람이 될꺼에요. 진짜에요.

그럼 엄마 아빠 안녕히 계세요.

- 2009.5.7. 영빈

가족사진 (2011)

제2부 삶을 반추하다

제2장 학창 시절

■ 학창 시절

본인은 선친의 고향 담양에서 태어났지만 집안 사정으로 잠시 동안 고향의 창평국민학교를 다닌 것이 전부이다. 광주로 이사와 광주교육대학교부속국민학교를 다녔고 당시에도 학년 당 3학급의 적은 학생 수로 비교적 좋은 환경에서 교육을 받게 되었다. 학교는 시내와는 떨어진 한적한 광주교육대학 캠퍼스에 있어 가까운 계림동에서 살면서 걸어 다니곤 하였다. 당시 선친께서는 광주동성중학교에서 교편을 잡고 계셔서 선친의 점심 도시락을 심부름하곤 하였다. 1960년대 후반(1967-69년)은 한창 개발 시기로 옛 시청사가 있었던 경양방죽은 쓰레기 매립장으로 사용되고 있었고 대인동 근처의 광주역은 조선 인조 시대의 태실이 출토된 설화가 깃든 태봉산이 사라진 곳에 지금의 광주역사가 이전하는 시기이었다. 1968년 혁신적인 교육개혁으로 중학교 입시의 무시험 전형제도가 도입되어 1969년부터 서울은 무시험 중학 입시전형이 실시되었다. 그러나 광주나 다른 지역은 중학교 입학시험을 치러야 하는 상황이어서 6학년이 되어서는 늦게까지 학교에서 공부를 하였다. 정덕기 담임 선생님의 헌신적 교육열에 힘입어 광주서중학교에 합격하는 영광을 얻었다. 당시 친구들인 손희하 교수(국문학), 이재일 교수(수의학)는 전남대학교에서 함께 재직하고 있으며 조성운은 의사로 활동하고 있다.

1969년부터 시작된 중등 시절에 광주서중학교는 전통과 역사를 자랑하는 지역의 명문으로 뛰어난 인재들이 모인 곳으로 자부심이 대단했지만 무척이나 평범하게 지낸 것 같다. 당시 친한 초등학교 친구들인 박종혁, 정승인(목사)도 함께 진학하게 되어 어울려 다녔다. 학교

중학교 졸업식에서 가족과 함께(1972.2)

까지 꽤 먼 거리를 걸어 다니곤 했다. 1970년 당시 학생들의 수학여행 기간 동안에 대형 교통사고가 발생하여 수학여행도 가지 못한 불운을 겪었고 3학년이 되어 당시 광주제일고등학교 동계진학은 없어지고 입학시험제로 바뀌는 상황이 되어 혼란한 시절을 보낸 것 같다. 당시에 친한 친구들이 서울 소재의 명문 고등학교로 진학하려고 하였다. 본인도 서울 진학을 마음먹었지만 집안 사정으로 포기하고 말았다. 포기한 날 서러움에 복받쳐 하루 종일 울었던 기억이 있다.

1972년 광주제일고등학교에 입학한 후로 친구들과 수학여행, 해수욕장 등으로 놀러 다닌 기억이 있었다. 재학 시절에 학교동창회로부터 장학금을 받은 적도 있어서 꽤나 열심히 한 것 같다. 당시 부친이 광주고등학교에서 교편을 잡고 계시고 자신이 다녔던 서울대학교로 진학하기를 원하셨다. 부친과 함께 재직하고 계신 광주고등학교의 수학 선생님으로부터 수학 과외 공부를 하게 되었고 정은수(작고, 삼성전자 부장 퇴직), 이정규(호남대 교수)들과 함께 동고동락하면서 지냈다. 그리고 고3 시절 같은 반으로 학창 시절을 보낸 노만주(변호사), 조성인(서울대 교수), 김덕일(전 해양수산부 청장), 송영중(전 고용노동부 기획실장) 친구들과는 지금도 잘 지내고 있다.

곧바로 대학 입시에 직면하게 되었지만 문과에서 이과로 전환한 과욕으로 첫 해 서울대학교 입시에서 실패의 맛을 보았다. 1975년 2월 어

고등학교 수학여행 중에
선생님과 친구들과 함께 (1973)

고등학교 졸업 가족과 함께(1975.2)

느 날 온종일 울었다. 두 번째로 실컷 울었던 기억이 난다. 낙방 후에 부모님은 어려운 살림살이에도 불구하고 자식 교육을 위해서 다시 시작할 수 있는 기회를 주셨다. 소위 서울의 재수생활이 시작된 것이다. 1966년 부친이 이화여대에서 교육 연수를 받았던 시기에 처음으로 서울을 구경한 추억을 지니고 있었다. 당시 광주에서 기차(태극호)로 6시간 이상을 타고 간 것으로 기억한다. 대한민국의 수도로 교과서 사진으로만 보았던 남대문, 경복궁, 창경원(당시 일제 때 개장한 동물원이 있었다), 비원, 동대문 등의 모습을 직접 보게 되어 흥분

창덕궁 魚水門 앞에서 선친과
함께(1966.8)

그 자체였다. 또 당시 전차를 타면서 무척이나 신기했으며 서울은 모든 것이 새로운 전경으로 기억되었다.

그러나 1975년 서울은 황량하게 다가왔다. 먼 거리를 만원 시내버스로 통학하면서 공부를 시작되게 된 것이다. 그나마 국민학교부터 고등학교 친구인 정승인, 그리고 국민학교 친구 임웅, 고등학교 친구인 심윤식(작고)과 함께 서대문구 응암동에서 함께 하숙을 하면서 힘든 시절의 외로움을 달랠 수 있었다. 그래도 가끔 주말에는 두 편의 영화를 상영하는 동네의 3류 영화관에서 문화생활도 즐기곤 하였다.

그런 환경에서 서울대학교에 합격하게 되어 본격적인 서울 생활이 시작되었다. 지금은 거미줄 같은 지하철이 다녀 천지개벽(天地開闢)이 되었지만 그 때는 입주 아르바이트하면서 관악캠퍼스까지 꽤 먼 거리를 버스로 통학하게 되었다. 자부심도 있었지만 상당히 힘든 시절이었다.

서울대 합격 기념 가족과 함께(1976.1)

제2부 삶을 반추하다

제3장 학업과 연구원의 서울 시절

■ 대학과 대학원 시절

1976년 유신 정국에서 대학 생활은 암울하였다. 이런 한국 사회를 변화시키려는 열망으로 관악캠퍼스 신입생 시절은 국제경제학회(국경회) 서클에 가입하여 지적 호기심과 한국 사회의 갈등에 대해서 공부하는 계기가 되었다. 당시 김경택 선배와 함께 공부한 친구들은 김창호(전 국정홍보처장), 장봉규 교수 (경상대), 김낙년 교수(동국대)가 있다. 당시 책들은 "역사란 과거와 현재의 대화이다"로 유명한 E.H. Carr의 「역사란 무엇인가」, 이영희 교수의 「전환시대의 논리」와 「우상과 이성」등으로 엄청난 충격으로 다가왔다. 그래도 관악캠퍼스는 학문의 자유를 누릴 수 있는 분위기와 공간이었다.

2학년이 되어 전공학과를 선택하는 시간이 되었다. 문과적인 성향이 있던 본인은 앞으로 도래할 융합과 체계적 시스템으로 효율성을 높이며 유연성을 지닌 산업공학을 전공으로 선택하여 공릉동캠퍼스로 다니게 되었다. 산업공학의 꽃인 OR(Operation Research)을 비롯하여 경제성공학, 신뢰성공학, 생산관리, 원가관리 등의 과목들을 수강하여 훗날 경제학을 전공할 수 있는 방법론의 기초가 되는 수학과 통계학의 무기를 얻게 되었다. 그리고 처음으로 대학캠퍼스를 벗어나 종로 3가 피카디리 극장의 골목길에 있는 당시로는 제법 큰 한국기독교장로회 소속의 초동교회 대학부에 나갔다. 그곳에서 성경과 예수의 사회 운동에 관해 선배 권진관 교수(성공회대), 후배 홍완표 교수(인제대) 등과 공부하는 기회를 가지게 되었다. 초동교회 대학부를 다니면서 타 대학교 학생들과의 교류와 사고의 폭이 넓어지고 1981년 9월 세례까지 받게 되었다. 대학시절에 만난 친한 친구들, 김지수 교수(충북대), 박철규 교수(작고, 캐나다), 이강릉 박사(미국 거주)와는 유학가기 전까지 절친으로 지냈지만 후에는 거의 얼굴도 보지 못하고 간간이 소식만 들으면서 지내고 있다. 유신 정국은 1979년 10.26 사태로 막을 내리고 12.12 군사반란으로 정국은 소용돌이치는 상황이었지만 겉으로는 고요한 정막이 흐른 것 같았다. 이런 와중에 학과 동기생들 대부분이 카이스트 대학원으로 진학하였고 본인은 몇 안 되는 동기들과 당시 석사 장교의 혜택이 주어지는 대학원에 진학하게 되어 본격적인 학업의 기회를 가지게 되었다. 고등학교와 대학의 동창생들로 구성된 만성회 회원으로 성치남 교수(순천대), 강홍석 교수(전주대), 나승수 교수(목포대), 서병남 대표이사를 종종 만나서 추억을 이야기하곤 한다.

관악캠퍼스의 대학원 시절에 대한민국은 유신의 그림자가 사라지면서 비로소 민주화가 싹트기 시작하여 3金의 등장과 함께 '서울의 봄'이 오는 듯한 분위기에 젖어있었다. 학내는 자율화의 열기로 가득하였고 공부할 수 있는 자유로운 분위기가 되어 관악캠퍼스에서 전공을 공부하던서 경제학 관련 강의도 틈틈이 청강하게 되었다. 그러나 곧 잔인한 5월이 되어 대학원생으로 신군부 타도를 위한 반정부 데모에 참여하게 되었고 1980년 5월17일 학생들과 함께 남대문 가까이 행진하여 대치하면서 신군부의 독재타도를 외쳤다. 그날 자정에 비상계엄령이 선포되었고 5.18 광주민주화운동으로 캠퍼스는 휴교령으로 계엄군들이 대학 교정에 진주하고 있을 뿐 대학은 텅 비어 더 이상 학문의 전당이 될 수 없었다. 이제 유신이 끝나고 민주화가 되었다고 기대하였지만 신군부의 등장으로 다시 암흑의 시절을 맞이한 것이다.

이런 어두운 시절에 강석호 교수님의 지도하에 난생 처음으로 영어 논문을 쓰고 석사학위를 받아 졸업하게 되었다. 지도교수님과 공동 저자로 석사 논문, 「A Study on the Price and Production Level of the

Deteriorating Inventory System」, International Journal of Production Research(SCI, 1983) 저널에 게재되었는데 당시로서는 거의 드문 사례였다. 지금도 이 논문은 자주 인용되고 있다. 이런 기회가 학업에 자신감을 심어주는 원동력이 되었던 것 같다. 이제 졸업을 하고 계속해서 학업을 위해 박사 과정 진학이냐, 아니면 취업이냐의 기로에 섰다.

대학원 시절 강석호 지도교수님과 함께(1980)

서울대학교 석사학위 수여식에서 부모님과 함께 (1982.2)

■ 연구원 시절

본인은 취업하기로 결정하고 국토연구원(당시는 국토개발연구원)의 입사 시험에 합격하여 1982년 3월부터 지하철 2호선 강남역 부근에 소재한 연구원에서 소위 직장생활을 시작하였다. 연구원 첫해에 주택 분야로 시작하여 교통, 부동산 분야로 확장 심화하는 연구에 참여하였다. 연구원은 매년 주제에 따라 연구보고서를 작성하는데 그러기 위해서는 토론하고 발간하는 작업을 반복하는 것이 일상이었다. 그래도 당시의 참여했던 연구와 경험들이 후에 국토교통부 중앙도시계획위원회 활동(2015-2018년)에 크나 큰 도움이 되었다. 그 때 심동희 교수(전주대), 홍순영 박사(전 경기연구원장)들과 함께 근무하였다. 한편 경제학의 미련을 버리지 못하고 고려대학교 대학원 경제학과 석사과정에 입학하여 당대 최고의 경제학자이신 윤창호 교수님을 지도교수로 만나 체계적인 경제학 공부를 하게 되었다. 논문은 「내구재산업의 자연독점과 준경쟁적 시장(Contestable Market)에 관한 고찰」로 경제학 석사학위(1984)를 받았다.

이제 본인의 인생에 결단의 시기가 다가오고 있었다. 당시 연구원 생활은 박사 중심으로 팀을 구성하여 연구하는 시스템으로 연구원의 권익을 보호하는 노동조합이 없는 상황에서 업무 충돌로 인한 스트레스로 좌절감에 빠지곤 하였다. 상당수의 연구원들이 직장생활과 학업을 병행하는 국내 박사과정에 진학하거나 직장을 그만두고 해외유학을 떠나는 상황이었다. 그러는 동안에 4년의 연구원 생활이 흘러간 것이다. 주위 동료나 친구들이 학업을 지속하기 위해 떠나는 상황을 보면서 이제 본인도 직장을 그만두어야겠다는 결심을 하게 되었다.

이제 국내보다는 미지의 나라로 간다는 두려움도 있었지만 해외유학 준비에 전념하기로 하였다. 1986년 그 당시 본인과 함께 지낸 연구원의 동료인 홍순영, 박철규 등이 학업을 위해서 해외로 떠나갔다. 4년 넘는 연구원을 1986년 8월에 마감하였다. 연구원 생활은 힘들고 아쉬운 기간이었지만 학업 연속의 귀중함을 깨우쳐 주었던 시기였다. 당시에 경제학 석사도 받은 상황에서 경제학을 새롭게 시작하느냐, 그래도 산업공학을 계속하느냐의 고민에 빠지게 되었다. 다행히도 여러 대학의 두 전공으로부터 합격 편지를 받게 되어 선택할 수 있는 행복한 고민도 하게 되었다. 이제 전공과 대학을 선택하는 순간만이 남았다.

우리 가족은 당시에 광화문에 소재한 외무부 여권과에서 여권을 수령하고 미 대사관에서 F1와 F2 비자를 받는 수속을 마치고 마침내 1986년 9월 8일 미국행 노스웨스턴 항공 비행기에 몸을 실었다. 비행 동안 미지 생활의 두려움과 학업의 설렘과 기대가 교차하였다. 12시간이 넘는 비행으로 미니애나폴리스를 경유하여 8일 저녁 미국 조지아주 애틀랜타 공항에 입국하였다. 당시의 노스웨스턴 항공은 경유지를 거치기 때문에 상대적으로 저렴하여 가족의 항공편 비용을 절약하기 위해서는 어쩔 수 없는 선택이었다. 조지아대학교는 애틀랜타에서 1시간 정도 떨어진 에덴스(Athens)에 소재하고 있어서 밤늦게 도착하여 컴컴한 도로만을 달렸던 기억이 난다.

아내와 두 자녀의 미국행 여권 사진
(1986.8)

제2부 삶을 반추하다

제4장 미국 유학 시절

■ 경제학의 길로 들어서다

학창 시절부터 꿈꾸었던 경제학 공부의 미련을 버리지 못하고 최종적으로 미국 조지아주 에덴스 소재의 조지아대학교(University of Georgia, UGA) 경제학과를 선택하여 경제학의 길로 들어서게 되었다. 1986년 9월 당시 4년간 근무한 연구원의 퇴직금 2,000달러와 아내, 그리고 두 자녀를 데리고 운전면허증도 없이 미국 유학길에 올랐다. 당시엔 그것이 얼마나 무모한 모험인 줄 몰랐다. 아마도 젊은 패기와 공부하고자 하는 열망 없이는 불가능한 일이었다. 한 학기가 지나서야 미국에서 운전면허증을 받고 중고 폰티악 카탈리나 8기통을 운전하게 되었다.

조지아대학교는 1785년 설립되어 미국 주립대학 중에서 가장 오래된 대학 중의 하나이고 학교 상징 색은 'Red and Black'으로 마스코트는 불독(Bulldogs)이다. 대학 스포츠에서도 명문으로 2021년 전미대학미식축구리그(NCAAF)에서 우승하였다. 당시에는 학기제(Semesters)가 아니고 쿼터제(Quarters; 10주씩 4학기)였다. 경제학과로부터 등록금을 면제받고 쿼터당 2,000달러의 장학금을 받는 조건으로 입학하게 되었다. 아래 사진은 본인이 미국 생활 4년을 보낸 경제학과가 있는 Brooks Hall 이었지만 그 후에 기증자의 이름 딴 Terry College of Business로 바뀌었다.

조지아대학교 Terry College of Business

대학 소재의 조지아주는 미국 독립 당시 13주에 속한 보수적이고 노예제를 찬성하여 남북전쟁 때 남부연합에 가입하였다. 유명한 영화 「바람과 함께 사라지다」의 무대이고 남북 전쟁 당시 남군이 애틀랜타 전투에서 대패한 곳이다. 본인의 유학 시절에도 애틀랜타 스톤마운틴 정상에 남부연합에 참가한 16개 주의 깃발과 남부연합 깃발이 펄럭이고 세계 최대의 양각화로 남부의 상징인 제퍼슨 데이비스(남부연합 대통령), 로버트 리(남군 총사령관), 스톤월 잭슨(장군)이 조각된 석각이 있다. 지금의 애틀란타는 남부의 중심지로 코카콜라와 CNN의 본사가 위치하고 있으며 1996년 하계 올림픽도 개최하였다. 1986년 처음으로 미국에 수출된 현대자동차 포니 엑셀은 거리에서 눈에 띄는 것조차 거의 불가능한 시절이었지만 지금은 현대기아차가 거리를 누비고 있다. 조지아주의 작은 도시 웨스트포인트에 기아차 공장이 들어서 연간 38만대의 자동차를 생산하여 미국 시장에 팔고 있다. 2016년과 2018년 방문한 조지아주와 앨라배마주(몽고메리시)의 현대기아차공장은 미국인을 고용하여 자동차를 생산하여 미국 소비자들에게 판매하는 현실을 보면서 격세지감을 느낀다.

미국 현대기아차 공장(앨라배마주 몽고메리시) 견학 사진(2018.1)

첫 학기는 리서치 어시턴트(RA) 자격으로 대학원 주임교수를 맡고 있는 Ronald S. Warren,

미국에서 맞이한 새해에 가족들과 함께 (1987.1)

Jr. 교수의 연구를 돕는 일이었다. 교수님은 노스캐롤라이나 대학교(University of North Carolina at Chapel Hill)에서 노동경제학을 전공하신 버지니아 출신의 전형적인 미국인이셨다. 제자인 본인은 물론이고 우리 가족에게 무척이나 자상하게 대해 주신 분으로 다문화에 대한 이해의 폭도 크신 것으로 기억한다. 여름방학 기간 중에는 장학금(Edward T. Comer Fellowship)을 배려하셨다. 첫 해는 학교 밖의 아파트에 지내게 되었고 1987년 6월부터 대학 안에 가족과 함께 생활할 수 있는 2층 아파트형의 기숙사(Family Housing)에서 살게 되었다. 그 곳은 한국, 중국, 인도, 유럽 등 다양한 국적의 유학생들이 혼재되어 살고 있었고 장학금으로 임대료를 지불하고 생활비를 충당할 수 있었다.

미국 대학의 박사 과정은 2년 동안 경제학 기초 과목(경제수학, 경제통계학)과 전공 필수과목(미시 및 거시경제학, 계량경제학), 전공 선택과목을 수강하는 시스템이 기본이다. 2년 후에 전공 필수과목과 두 분야의 전공 선택과목의 자격시험을 합격하면 논문을 작성할 수 있는 자격(Ph.D. candidate)을 얻게 된다. 코스 과정 동안에 갑작스런 선친의 병환으로 마음고생을 하였지만 자격시험도 무사히 통과하게 되어 학위 논문을 쓸 수 있게 되었다. 여름방학 기간 중에 1987년 처형이 살고 있는 뉴욕과 1988년 큰 처남이 안식년으로 체류했던 휴스턴을 방문하였고 부모님께서도 1989년 미국을 방문하게 되어 모처럼 행복한 시간을 보내게 되었다.

휴스턴 방문에서 조카들과 함께 (1988.8)

박사학위 논문 작성은 시간과의 싸움이다. 경제학은 방법론으로 수학과 통계학을 기초로 논리적 사고를 토대로 하는 학문이다. 박사 학위논문도 새로운 경제 모형을 도입하여 경제적 시사점을 제시하는 힘든 작업이다. 당시에 Warren 지도교수와 동료 Snow 교수는 불확실성을 고려한 이론적 경제모형의 논문들을 공동으로 쓰곤 하였다. 두 분 교수의 연구하시는 모습을 보면서 위험과 불확실성을 고려한 재정학과 노동경제학 분야를 논문 주제로 잡게 되는 기회가 되었다. 박사학위논문은 「Uncertain Tax Policies, Saving, and Labor Supply」로 불확실한 조세정책에서 개인의 노동공급과 저축의 행위를 분석한 이론 논문으로 지도교수와 Arthur Snow, Richard Dusansky, David R. Kamerschen, Donald C. Keenan 교수가 심사위원으로 참여하였다. 그 분들의 조언과 제안에 감사드린다. 이제 겨우 경제학자로 데뷔하는 느낌이었다. 졸업 당시에 본인은 30대 중반이었고 지도교수님은 40대 초반으로

박사학위논문 발표를 마치고 지도교수님과 함께(1989.7)

독신이셨다.

학위를 마치고 교수님의 배려로 1990년부터는 취업 연수(OPT) 프로그램으로 포스트 닥터로서 대학에서 연구에 주로 참여하였고 연구방법론과 경제학 논문작성을 배우는 기회가 되었다. 보수도 학위 과정에 비해서 넉넉하게 받게 되어 살림도 여유로웠고 덕분에 아이들을 위해서 플로리다주 올랜도의 디즈니랜드를 방문하는 기회도 있었다. 우리 가족은 4년가량의 미국 유학 생활을 뒤로 하고 1990년 8월에 귀국하였다. 비록 이국의 땅에서 넉넉하지 못한 생활이었지만 정들었던 대학이었고 지도교수님은 학업에 정진할 수 있도록 본인에게 4년 동안 장학금을 제공해 주고 박사학위를 취득할 수 있게 해 주셨다. 후에 해외 파견으로 조지아대학교를 방문해서 옛적에 살았던 아파트와 주변을 둘러보게 되어 감회에 젖기도 하였다. 지금은 교수님도 퇴임하셔서 일 년에 한 과목을 강의하곤 하신다. 2018년 겨울 미국을 방문했을 때 교수님과 가족은 우리 가족을 멕시칸 식당으로 초청하여 회포를 풀었고 항상 다정하게 격려해 주셨다. 교수님과의 1986년 만남의 인연에서 시작하여 지금까지의 추억을 세심하게 써 주신 회고의 편지는 그 시절 교수님이 곁에서 본 본인의 학업과 생활을 담백하게 묘사하고 있다. 오래 오래 건강하시기를 기도한다.

당시 선후배 동료로 박재희 박사(미국 거주), 김영배 박사(전 한국경영자총협회 부회장), 김승욱 교수(중앙대), 최배근 교수(건국대), 최병호 박사(전 한국보건사회연구원장), 김원중 교수(건국대)와 함께 했다. 특히 우리 가족은 애틀랜타에 계신 박재희 박사님 가족과의 인연은 특별하고 감사하다. 이제 70세를 넘기셔 건강하시기를 바랄 뿐이다. 지금 조지아대학교 동문으로 윤가현(심리학과), 신성식(수의학과), 정채용(의대), 김화환(지리학과) 교수가 전남대학교에 재직하고 있다.

박사학위 수여식에서 지도교수님과 함께 (1990.6)

제2부 삶을 반추하다

제5장 학문의 여정

■ 학문의 길을 걷다

귀국 후 1990년 가을학기부터 전남대학교 경영대학 교수로 부임한 이래 교육과 연구에 매진하게 되었다. 1990년대 초반에도 민주화 열망으로 학생들의 데모가 있었고 경찰의 최루탄이 캠퍼스 곳곳에서 터지는 어수선한 상황이어서 여전히 캠퍼스는 암울한 분위기이었다. 그럼에도 열정적인 강의로 새로운 경제학 지식을 학생들에게 전해주고자 동분서주하였다.

많은 학생들 가운데 김광천 학생의 이야기는 특별하게 본인에게 교육의 힘과 스승의 역할을 다시금 생각하게 한 일이었다. 한참 세월이 지나 어느 날 한 번도 본 적이 없었던 감정평가사 김광천이 본인을 찾아 자신의 이야기를 털어 놓았다. 그는 사범대 학생으로 1990년대 초반 당시 본인이 강의한 교양과목 경제원론을 수강한 적이 있었다고 했다. 그런데 경제학 강의를 수강한 후에 자신의 목표가 국어교사의 길을 포기하고 공기업에 취직하려고 했다는 것이었다. 졸업 당시 1997년 외환위기로 공기업 대신에 대기업을 선택하여 잘 나가는 직장 생활을 했다는 것이다. 나는 순간적으로 경제학 강의를 통해서 인생의 평탄한 교사의 길을 포기하였다는 그의 말에 아찔하였고 생각을 바로 실천하여 취업했던 것에 다시금 충격을 받았다. 또 다시 그는 대기업의 중견 사원으로서 직책도 포기하고 다시 도전의 길을 걸어서 감정평가사 시험에 합격하여 지금 분주히 활동하고 있다. 지금의 학생들은 상상하기도 힘든 결정을 하였던 것이다. 그 당시를 회상하면서 보내준 김광천 감정평가사의 인연과 회고의 글을 소개한다.

• 경제학과의 첫사랑 - 김광천 감정평가사

나는 사범대학 국어교육과 87학번이다. 대학 2학년을 마치고 군대를 다녀왔는데 임용고시를 통해 국공립 중등학교로 발령받는 제도로 바뀌어 있었다. 임용고시까지 봐가면서 선생님을 하기에는 교육철학이 부족했던 나는 새로운 길을 모색하게 되었고 공사(公社)를 목표로 공부를 시작하였다. 시험과목 중에는 상식이 있었는데 경제학이 많이 나와 경제원론을 듣기로 했다. 1991년 여름방학 당시 나는 휴학 중이어서 대강당에서 강의하는 경제원론을 청강했는데 그때 김일태 교수님을 처음 뵈었다. 두꺼운 안경을 낀 젊은 교수님이 경제학은 마샬이 말한 '뜨거운 가슴과 차가운 머리'를 갖고 세상을 바라보는 도구라고 하는데 첫사랑의 짜릿함이 느껴졌다. 경제학이 내 인생에 빛을 줄 수 있는 그 무엇이 되겠구나 하는 확신을 갖게 되는 순간이었다.

아마 그 시기가 김일태 교수님이 전남대학교에서 강의를 시작한 지 얼마 되지 않은 시점이 아니었나 생각한다. 교수님의 열정을 오롯이 받아 경제원론이 기초가 되어 복학 후 경제학의 여러 과목을 수강하였고, 졸업 즈음에 공사가 인원을 선발하지 않아 대기업 공채에 응시하게 되었다. 영어와 경제학 2과목을 치렀는데 지방대의 비 전공자를 상쇄시킬 만큼 경제학에서 고득점하게 되어 현대그룹에 합격하여 압구정동 현대백화점에 1994년 발령받게 되었다. 합격 후 비로소 김일태교수님께 연락하여 경제학의 법칙에 어긋나게 대가를 지불하지 않고 교수님의 수업을 청강하였다고, 나에게 경제학과의 첫사랑을 맺어준 분이 교수님이라고 고백하게 되었다. 교수님은 축하한다는 따뜻한 말씀으로 안아주셨다.

어느덧 시간이 흘러 나는 또 다른 삶에 도전하고픈 열정으로 꿈틀

거렸다. 전문자격증인 감정평가사에 관심을 갖게 되었고 36살이라는 적지 않은 나이에 도전장을 내밀었다. 그렇게 과감하게 결정한 데는 경제학이 수험 과목에 있어서라고 해도 과언이 아니었다. 교수님에게 배운 첫사랑 경제학이 무엇보다 든든하였기 때문이다.

2007년 감정평가사에 합격하여 한 법인의 광주전남지사장으로 나주에 사무실을 내고 교수님을 다시 뵙게 되었다. 교수님은 여전히 따뜻한 인상 그대로였다. 이후 교수님이 강의 시간을 할애하여 학부생들을 대상으로 대기업과 전문자격증 사이의 선택과 준비에 대해 전해줄 수 있는 시간을 갖게 해주셨다. 그 수업을 듣고 감정평가사에 도전하여 지금 전문자격자로 살고 있는 분이 있다면 더욱 영광이겠다. 이렇게 나에게 경제학과 첫사랑을 나누게 해주신 교수님이 은퇴하신다니 축하드린다는 심정보다는 경제학으로 학생들에게 수업을 못하시는 교수님이 아쉽기만 하다. 수고하셨습니다. 교수님!

이런 캠퍼스 분위기에서도 공공경제학, 노동경제학, 보험경제학, 산업조직론 분야에서 위험과 불확실성 개념을 적용한 경제모형을 정립하여 경제현상과 경제주체의 행동을 분석하는 연구에 열중하였다. 연구 과제로 지역개발연구 한국학술진흥재단 교육부 학술연구비 공동연구(1992) 및 한국학술진흥재단 연구비(1993)로 「불확실성하에서의 의료수요의 재검토」의 연구를 수행하게 되었다. 특히 「불확실성하에서의 의료수요의 재검토」 연구는 「A Reexamination on the Demand for Medical Care under Uncertainty」로 일본의 구루메대학(久留米大学, Kurume University)의 Tadashi Datai 교수와 함께 구루메대학의 産業經濟研究(1994.09)에 게재되었다. 그 당시에는 일본의 학술지에 발표하는 것은 흔한 일이 아니었다. Datai 교수는 한참 동안 소식을 접하지 못했지만 2017년 구루메대학에서 개최된 일본응용경제학회 춘계학술대회에서 만나 회포를 푸는 기회를 가졌고 2019년 1월 세미나에서 만나 구루메의 유명한 라면집에서 점심을 함께 하였다. 또한 동료 교수들과 연구회를 통해서 『시카고학파의 경제학: 자유, 시장 그리고 정부』(1994), 아산재단 『지역경제와 지역산업구조의 개편방향』(아산재단, 1996)의 공동연구 도서를 출간하게 되었다.

그리고 정진필 교수님과의 만남은 또 다른 연구의 기회를 만드는 계기가 되었고 대학의 교육 및 연구, 봉사 활동에 큰 도움을 주셨다. 이런 인연으로 정진필 교수, 제자 유동국 박사(전남테크노파크 원장)와 함께 공동으로 『기업이론과 기업소유지배구조』(아산재단, 1998)의 도서 출간 이후로 2000년 『기업이론: 조직의 경제학적 접근방식』(Sytse Douma and Hein Schreuder, *Economic Approaches to Organization*, 2nd ed., Prentice Hall, 1998), 2003년 『계약과 조직의 경제학』(Yanagawa Noriyuki, 契約과 組織의 經濟學, 동양경제신보사, 2000), 2004년 『기업경제학』(Odagiri Hiroyuki, 企業經濟學, 동양경제신보사, 2000) 역서를 출간하였다.

1990년대 그 당시는 해외 국제학술대회에 참가하여 논문을 발표하는 기회가 거의 미국에 치중되어 있었다. 또한 1990년 초반의 학회 등록비가 20-30달러 수준으로 지금과는 엄청난 차이가 있지만 대학이나 한국학술진흥재단의 지원이 미흡하여 논문을 발표하러 가기에는 상당히 힘든 시절이었다. 그런 가운데서도 미국에서 개최되는 경제학 관련학회에서 논문을 발표하려고 노력하였다. 지금은 시니어 교수가 되어 버린 구재운 교수와 함께 인도, 김상호 교수(일본 아시아태평양대학)와 함께 미국, 그 먼 곳을 갔던 열정을 가진 것 같다. 아마도 그것은 주니어 교수로서 새로운 연구주제의 동향을 알려고 하는 지적 호기심이 발동된 것이다. 90년대 당시 참석했던 학회를 기억한다.

- 1992년 2월 27-29, 미국 세인트루이스, 미주리 밸리 경제학회(Missouri Valley Economic Association) 제28차 정기컨퍼런스, 「A Reexamination of the Theory of Labor Supply with Wage Rate Uncertainty」 논문발표
- 1992년 3월 18-21, 미국 오스틴, 남서부경제학회(Southwestern Economic Association) 정기학술대회, 「The Effects of Uncertain Trade Policies on the Demand for Imports and Welfare」 논문발표(공저)
- 1992년 12월 19-22, 인도 뭄바이, 인도-남동부 아시아 계량경제학회(India-South East Asia Meeting of the Econometric Society), 「Interest Rate Uncertainty and Savings: An Empirical Analysis」 논문발표(공저)
- 1993년 6월 20-24, 미국 네바다 주 레이크 타오(Lake Tahoe), 제69차 서부경제학회 컨퍼런스(Western Economic Association International Annual Conference), 「Asymmetric Information and the Multinational Firm(비대칭 정보와 다국적 기업)」 논문발표(공저)
- 1994년 7월 19-24, 일본 북 큐슈, 도시계획 국제심포지엄(International Symposium on City Planning), 「An Empirical Study on the Structure of Production and Factor demand; Gwangju-Chonnam Manufacturing Industry in Korea」 논문발표(공저)
- 1995년 3월 22-25, 미국 댈러스, 제75차 남서부사회과학학회(Southwestern Social Science and Economic Association), 「A Note on Mean-Variance in the Theory of Saving with a Risky Return」 논문발표(공저)

• 1996년 3월 7-9, 미국 멤피스, 제32차 미주리 밸리 경제학회(The Missouri Valley Economic Association), 「Demand Uncertainty, Multiplicative Cost and the Price- and Quality-Setting Firm」 논문발표
• 1996년 11월 워싱턴 DC, 남부경제학회(Southern Economic Association) 제66차 정기컨퍼런스에서 「Voluntary Public Good Provision under Uncertainty with Nash and Non-Nash Behavior(불확실성에서 내쉬와 비내쉬 행동을 지닌 자발적 공공재 공급)」 논문발표(공저).
• 1998년 11월 미국 볼티모어, 남부경제학회(Southern Economic Association) 제68차 정기컨퍼런스(한미경제학회), 「A General Theorem on Comparative Static Effects of Changes in One Risk in the Presence of Another」 논문 발표
• 1999년 2월 미국 리틀 락, 제26차 경제학 및 금융 아카데미(Academy of Economics and Finance 26th Annual Meeting), 「Comparative Statics under Uncertainty: The Case of more than one Choice Variable」 논문 발표

미국서부경제학회(WEA) 논문 발표장에서 (1993.6)

이런 노력으로 1990년 중반 이후부터 미국의 유명 경제학 저널(Economic Inquiry, Southern Economic Journal 등)에 논문이 게재되기 시작하여 비로소 경제학계에 데뷔하여 걸음마하는 수준에 이른 느낌을 받았다.

교수 부임 후에 7년의 세월 동안 연구에 매진하면서 1997년에는 해외 파견으로 모교인 조지아대학교 경제학과에서 지도교수와 공동 연구자들과

함께 연구 활동을 이어나갔다. 가족과 함께 해외파견 1년 6개월 동안의 미국 생활은 유학시절과는 달리 시간적, 경제적 여유로 자녀들 학교생활도 돌보게 되고 아내와 함께 신앙생활도 하고 모친을 모시고 가족과 함께 미국의 각지를 여행하는 기회도 갖게 되었다. 그 후에도 2003년 미국 조지아대학 단기 해외파견, 전남대학교 지역개발연구소와 협약으로 2004년 장준(Zhang Jun) 교수(소장) 초청으로 중국 후단대학교(Fudan University) 중국 경제연구소(Center for Economic Studies) 단기 초빙 교수로 논문 발표 등을 통해 중국의 젊은 경제학자들과 교류하는 기회를 가졌다. 특히 장준 교수와의 인연은 각별했다. 후단대에 머무는 동안 중국의 상징인 상하이 동방명주(东方明珠) 탑으로 초청되어 회전식 전망대 레스토랑에서 극진한 대접을 받았다. 2019년 11월에 여수캠퍼스에서 개최된 제14회 공동 세미나에서 만나 회포도 풀었고 지금도 우정을 이어오고 있다. 연구년 동안에 아산사회복재단의 연구비 도움으로 2005년부터 2006년 중반까지 미국 인디아나 주(웨스트 라피엣 소재)의 퍼듀대학교(Purdue University) 경제학과의 방문 교수로 연구 역량과 글로벌 마인드를 축적하는 계기가 되었다.

2000년대 들어서 성곡학술문화재단(실업위험하의 저축과 실업보험, 2001), 아산사회복지재단(보다 나은 삶의 질을 위한 자선기부의 경제행위 : 공공재이론과 불확실성, 2005), 전남대학교(2차 확률우위의 변화와 분해, 2004), 산학협동재단(산업

중국 후단대 경제학원 논문 발표를 마치고 (2004.4)

구조의 변화와 R&D투자의 산업 간 기술혁신흐름패턴에 관한 연구: 한국과 일본의 사례연구, 2005; 지역의 사회간접자본과 생산의 효율성, 2007) 등으로부터 연구비를 받게 되어 연구 역량을 축적하는 기회가 되었다. 또한 한국연구재단(2003)의 기초학문육성(경제교육) 연구에 참여하였고 김채옥 박사가 연구원으로 함께 했다.

이런 연구 기회를 바탕으로 불확실성 상황에서 위험 증가의 새로운 개념을 도입하거나 현실경제에 모형을 적용하는 적지 않는 논문들이 SSCI 해외 학술지에 게재되었다. 당시 연구 과정에서 동료이자 후배 경제학자 세 사람을 만날 수 있는 귀중한 기회를 얻었고 그들과 풍성하고도 알찬 연구 성과를 나누게 된 것은 큰 행운이었다. 그들은 최계명 박사(전 금융감독원), 김수종 박사(감사원), 류수열 교수(안동대)로 모두 고려대와 미시간 주립대학 출신으로 당대에 위험과 불확실성에 관한 연구로 유명한 Jack Meyer 교수로부터 경제학 박사를 받은 인연이 있는 선후배이자 동료지간이다. 특히 학문의 동반자로서 안동대 류수열 교수의 회고의 글을 소개한다.

• 학문의 동반자 - 류수열(안동대 경제학과 교수)

김일태 교수님으로부터 처음 연락을 받은 때가 2001년으로 Risk and Uncertainty 분야로 미국에서 경제학박사 학위를 받고 부산연구원에서 연구원으로 근무할 당시였다. 내 전공 분야에 대한 관심을 표명하시고 교수님의 연구 분야와도 밀접한 연관성이 있으니 함께 연구해 보지 않겠냐는 제안을 하셨고, 이후 관련 분야의 공동연구를 함께 해온 지도 어언 20년이 지나 정년퇴임의 소식을 들으니 감회가 새롭다.

김일태 교수님과 공동연구는 실증분석이 주를 이루는 우리나라 학계의 풍토에서 이론 연구를 수행하여 학술지에의 게재로 이어지는 일련의 과정들이 쉽지만은 않은 일이었다. 특히 위험과 불확실성의 분야를 연구하는 학자도 그 당시에는 드물었고 논문을 심사할 심사자도 한정되어 있어 국내에서 논문을 출판하기 쉽지 않았다. 해외로 눈을 돌려 관련 분야의 SSCI 해외학술지에 게재를 목표로 노력한 결과 여러 편의 논문들이 출판되는 성과를 거두었다. 아마 교수님과 함께 공동 연구한 논문만 20～30편 정도는 되지 않을까 한다. 2020년에는 일본의 Moriki Hosoe 교수님과 공동으로 해외 유명 출판사인 Springer Nature에서 『Applied Economic Analysis of Information and Risk』의 책을 출판하는 성과도 거두기도 했다.

논문의 주제를 잡고 이론적으로 증명하는 과정은 많은 시간과 노력이 동반되는데 항상 좋은 아이디어를 제시하여 바른 방향으로 가게끔 해주셨다. 논문이 완성되면 항상 해외의 학자들로부터 평가를 받아보고 미비점이 무엇인지 파악하여 논문의 완성도를 제고하는 것이 필요하다고 말씀하시면서 학문하는 자세와 열정을 심어주셨다. 또한 수도권과 대비되는 지역경제의 현실을 안타까워하시며 지역경제 관련 연구의 중요성을 강조하시기도 하였다.

때때로 교수님과 함께 나누었던 우리나라 경제와 지역경제에 대한 담론은 그리워질 것 같습니다. 김일태 교수님의 온축된 학문적 열정과 향기는 정년 이후에도 오랫동안 널리 퍼져 나갈 것입니다. 수고 많으셨습니다. 항상 건강하시고 좋은 일과 좋은 만남 많이 가지시길 기원합니다.

재직 동안 전반기는 연구 주제로서 리스크와 불확실성 개념의 확장과 현실경제의 적용에 관심을 가지게 되어 주로 이론적 논문에 집중하였다. 당시에는 해외학술지 게재를 위해 투고 편지와 논문을 우편으로 발송하는 과정을 거쳐 상당한 시일이 소요되었고 지금도 학술지로부터 받은 게재 허락 및 거절 편지가 수북하게 쌓여 있어 감회가 새롭다.

JOURNAL OF ECONOMICS

ZEITSCHRIFT FÜR NATIONALÖKONOMIE

Prof. Dr. Dr. Dieter Bös, Managing Editor

Department of Economics
University of Bonn
Adenauerallee 24-42
D-53113 Bonn

Phone +49-228-739240
Fax +49-228-739239
Email dieter.boes@uni-bonn.de

Bonn, October 24, 2003

Prof. Iltae Kim
Chonnam National University
College of Business Administration
Department of Economics
300 Yongbong-Dong, Bukgu
Kwangju 500-757

Republic of Korea

Dear Professor Kim:

I am very pleased to inform you that your paper with S. Ryu entitled "Left-Side Relatively Weak Increases in Risk and Their Comparative Statics" has been accepted for publication in the Journal of Economics and will appear in a coming issue.

Please send the following files on disk directly to Springer-Verlag, Production Department, Attn. Mr. Dollhaeubl, Sachsenplatz 4-6, P.O.Box 89, A-1201 Wien, Austria (Tel.: +43 1 330 24 15 – 434; Fax: +43 1 330 24 26 64):

- a file of the text and a file with all the macros you used,
- regarding the figure, you may have processed a file for it which you could supply. In a maximum final size (height) of 60 mm the lettering should be 2 mm in capital height and lines shouldn't be less than 0,25 mm. The maximum width available is 106 mm.

The disk will be returned to you together with the galley proofs. In any case, the proofs should be read as if set entirely anew.

With best regards,

Yours sincerely,

EUROPEAN ECONOMIC REVIEW

Journal of the European Economic Association

October 9, 1998

Professor A Snow
Department of Economics
University of Georgia
Athens, GA 30602
USA

Dear Professor Snow,

I am sorry to inform you that your article entitled:

Comparative Statics under Certainty and the Behavioral Consequences of Changes in Risk and in Risk Aversion by Prof G Choi, Prof I Kim and Prof A Snow

is considered unsuitable for publication in our Journal.

This judgement was based on a referee's comments, which are enclosed. (I tried unsuccessfully to get a second report.) The referee suggests that the paper is better suited for a specialist journal as the analysis and results are of interest only to a rather narrow group of people working in this area. She/he sees it useful as a specialist contribution though.

Given this view I have decided against publication at this stage.

I would, however, welcome the opportunity of receiving other articles from you in the future.

Sincerely,

Seppo Honkapohja
Editor

Ref: 521

이 책에서 리스크와 불확실성 경제학의 간단한 소개는 2011년 일본 대지진이 발생했을 때 KBS 아침 방송의 인터뷰 내용을 수정·보완한 것으로 리스크와 불확실성의 개념을 쉽게 개략적으로 서술하였다. 보다 수학적인 접근의 설명은 호소에 교수와 함께 집필하고 편집한 세계 유명 출판사 스프링거 네이처(Springer Nature)에서 출간된 『Applied Economic Analysis of Information and Risk』(2020)의 책이 도움이 될 수 있을 것이다.

후반기는 국가와 지역사회 공헌의 기회를 통해서 자료를 이용하여 지역경제, 지방재정, 지역고용, 지역개발, 사회적경제 등의 실증적 연구를 하게 되었다. 특히 제자들과 함께 학술대회를 통해서 논문을 발표하는 기회를 가졌고 임영언 박사와는 한국과 일본의 사회적경제와 지역발전을 비교하는 논문과 책을 출간하였으며 고용노동부 김형근 박사와는 지역고용 통계자료를 이용한 지역고용 연구로 논문을 발표하였다. 관련 연구의 목록은 연보의 주요 연구업적을 참고하면 도움이 될 것이다.

책 표지

■ 리스크와 불확실성의 경제학

리스크(위험)와 불확실성은 일상적인 삶의 단면이다. 현실 세계는 어떤 결과가 일어날지 모르는 불확실한 상황에 직면한다. 불확실성이 존재하는 경우에 사람들은 물론 기업도 경제활동에서 항상 위험에 노출되어 있다. 불확실성이란 무엇인가? 경제학에서 불확실성의 논의는 프랭크 나이트(1921)의 『위험, 불확실성, 그리고 이윤(Risk, Uncertainty, and Profit)』이다. 먼저 프랭크 나이트에 의하면, "불확실성(uncertainty)은 발생하고 있는 어떤 상황이 극단적으로 유일무이한 것으로 어떤 사건의 집합이나 그룹을 형성한다는 것이 불가능한 상태이다." 이런 상태에서는 어떤 사건의 결과가 무작위적으로 존재하는 상황이 된다. 다시 말하면 미래에 발생할 수 있는 사건의 결과인 가능한 상태(states of nature)에서 어떤 상황이 실현될지 모르기 때문에 불확실성이 존재한다. 따라서 불확실성은 이익이나 손해의 가능성을 포함하여 결과의 정확한 예측은 물론 확률분포의 측정이 불가능한 상태로 정의한다.

불확실성은 위험이 따르게 된다. 위험(risk)은 어떤 사건의 집합이나 그룹에서 실제 결과의 확률분포가 선험적 계산이나 경험적 통계에 의해서 알려진 경우를 의미한다. 다시 말해서 객관적(objective) 확률로 측정 가능한 손해발생의 가능성으로 해석된다. 여기서 측정가능하다는 의미는 결과의 예측이 가능한 것이 아니고 결과의 확률적 분포가 측정 가능한 것을 의미한다. 객관적 확률이라는 것은 누구에게나 동일하게 평가되는 선험적 또는 경험적 확률이다. 예를 들면 주사위를 던져 1의 눈이 나올 확률은 1/6이다.

경제학에서는 어떤 사건의 객관적 분류라는 토대에서 확률적 추정을 할 수 있다는 의미에서 불확실성과 위험을 동일하게 사용하고 있다. 확실성이 존재하는 경우에 경제주체인 소비자는 효용극대화, 기업은 이윤극대화로 합리적인 의사결정을 하게 된다. 그러나 불확실성 하의 의사결정은 기대소득이나 기대이윤에 근거하지 않고 기대효용에 의존한다는 사실이다. 이론적으로 베르누이(D. Bernoulli)가 기대효용의 개념을 제기하였고 폰 노이만과 모르겐스턴(von Neumann and Morgenstern, 1947)이 기대효용이론으로 발전시켰다. 특히 조지프 스티글리츠(Stiglitz)는 불확실성과 위험에 대한 이론과 응용을 체계적으로 분석하였다.

18세기 수학자 베르누이는 "성 피터스버그의 역설(Saint Petersberg Paradox)"에서 기대효용의 개념을 제공하였다. 이 게임은 일정한 입장료를 지불하면 도박에 참가할 수 있는데 동전을 던져서 n번 만에 처음으로 앞면이 나오면 2^n 루블의 상금을 받게 된다. 이런 도박의 기대소득은 무한대에 해당하지만 사람들은 도박에 참여하지 않는다. 다시 말하면 앞면이 나중에 나올수록 상금은 기하급수적으로 커지지만 그 확률은 점차 줄어드는 것이다. 이것은 상금이 증가함에 따라 상금 단위당 심리적인 효용은 감소하고 도박의 참가여부는 상금의 화폐적 가치에 의하지 않고 심리적 효용에 의해서 결정된다. 다시 말하면, 상금규모가 증가함에 따라 상금 단위당 심리적 효용이 줄어드는 것은 추가 상금에 대한 한계효용이 체감한다. 즉 소득의 한계효용이 체감한다는 것을 의미한다.

예를 들어, 왜 사람들은 도박을 할까? 카지노의 도박은 공정하지 않다. 도박은 평균적으로 카지노가 돈을 벌 수 있도록 되어 있다. 도박은 위험을 추구하는 소수의 사람을 만족시키기 위해 있다고 주장하지만 실제적으로(미국의 라스베이거스) 도박을 하는 사람들은 위험애호적(risk-loving)이지 않다는 것을 알 수 있다. 사람들이 그 행위를 즐기기 때문이다. 또 하나는 도박에 관한 한 합리적 행동의 가정이 잘못된 것일 수도 있다는 것이다. 도박이 약물과 같이 중독성을 가질 수 있다는 것이다. 지나친 도박은 비합리적이다.

리스크와 불확실성 경제학에서 위험회피(risk aversion)와 위험(risk)의 측정은 주요한 개념이다. 먼저 위험성향은 개인의 효용함수 특성에 의존하고 효용함수가 오목(concave), 선형(linear), 볼록(convex)하면 개인은 위험 회피적(averse), 중립적(neutral), 애호적(loving)의 행위를 나타낸다. 기대효용함수가 오목하면 할수록 개인은 보다 위험 회피적이 되는 것이다. 다음은 불확실성이 자주 증폭된다는 의미는 불확실성이 증가한다고 해석할 수 있다. 불확실성이 증가하는 것은 어떤 상황이 보다 위험한 상황(more risky)으로 변하거나 또는 보다 변동적인(more variable) 상황이 된다는 것을 의미한다. 로스차일드와 미국 노벨경제학상 수상자 스티글리츠(M. Rothschild and J. Stiglitz, 1970)는 불확실성 증가의 개념을 확률적인 접근방식을 이용하여 수학적으로 세 가지 측면에서 정의하였다. 어떤 상황이 보다 위험하거나 변동적이 된다는 것은 가격, 금리, 환율이나 주가 등의 경제변수의 확률분포가 중심에 몰려 있지 않고 양 극단으로 퍼져 있거나 변수의 평균적인 추세에 머물지 않고 추세에 멀리 떨어진 상황이 발생한다고 말할 수 있다. 수학적으로 설명하면, 미래의 불확실한 값을 갖는 확률변수가 오차항(에러)을 추가적으로 포함하고 있는 경우, 위험기피적인 모든 사람들이 선호하지 않는 기대효용을 지닌 경우, 확률변수의 평균이 변하지 않으면서 분포가 중심보다 꼬리 쪽에 무게중심이 있는 경우(Mean-Preserving Spread; 평균보존 확장의 개념)에 위험이 증가하는 것이다.

요즘처럼 지구 환경의 악화, 코로나19의 감염병 확산이나 글로벌 경제상황에서 불확실성은 매우 극단적으로 발생하고 있는 것을 볼 수 있다. 특히 외생적 불확실성인 일본의 대지진은 150년의 주기로 발생한다고 할 때 이런 부류의 사건을 정확하게 예측하고 관측한다는 것은 불가능에 가깝다고 말할 수 있다. 또한 글로벌화, 정보화에 의한 지식기반사회에 들어서는 글로벌 금융위기와 같은 정책의 불확실성으로 정치 및 경제 환경이 모든 세계 각국과 연동화되기 때문에 증폭된다고 볼 수 있다. 장래가 불확실한 경우에 내리는 의사결정은 손실의 위험을 지니고 있다. 이런 점에서 위험과 불확실성은 경제학에서 중요한 역할을 한다. 이것은 사람들이 대부분 위험 회피적(risk-averse; 사람들은 위험을 피하고 싶어 하는 성향)인 것이다.

보통 사람들은 불확실성에 대해서 불안 심리에 의해서 극도로 민감한 반응을 보이게 된다. 이런 불안 심리는 엑소더스, 사재기, 유언비어 등으로 나타난다. 이런 점에 대해서 스티븐 레빗과 스티븐 더브너(Levitt and Dubner)는 『Super Freakonomics(슈퍼 괴짜경제학)』(2009)에서 "인간은 불확실성에 대해서 합리적이기보다는 감정적으로(두려움, 책임 전가, 무기력 등) 반응하고 불확실성은 인간에게 최악의 사태를 상상하게 만드는 것이다."라고 불확실성의 유별난 공포를 설명하고 있다. 구체적으로 일본 대지진에 의한 최악의 원전 사태는 완전히 지구를 혼동에 빠지게 하였다. 특히 원전 사용을 반대하는 움직임은 환경적, 종교적 색채를 띠게 된다고 보고 있다. 대지진과 원전의 두려움은 죄책감과 자기혐오에 대한 심리적 요구를 비롯해 과학기술의 발전이 결국 신의 징벌을 받게 될 것이라는 영원히 사라지지 않는 인간의 의식을 만족시켜준다고 보고 있다.

다른 하나는 불확실성과 복잡성이라는 환경에서는 사이몬과 윌리

암슨(Simon and Williamson)에 의해서 도입된 제한된 합리적(bounded rationality) 의사결정이 발생하게 된다. 즉 제한된 합리성은 불확실하고 복잡한 문제를 정식화하여 해를 구하려는 인간의 능력이 제한되어 있다는 말이다. 이런 상황에서는 극대화하기가 어렵고 경제주체의 요구수준을 충족하는 만족화로 설명하게 된다. 특히 일본 사태를 보면 최적의 해결방안을 구하려고 하지만 인간의 지적능력 및 시간의 제약으로 어렵다는 것을 볼 수 있다.

불확실성은 경제주체의 행동과 의사결정에 영향을 미친다. 현실경제에서 경제주체들은 외생적 및 내생적 불확실성에 직면하게 된다. 외생적 불확실성이란 지구 온난화, 대지진, 화산 폭발과 같은 자연재해, 코로나19와 같은 감염병, 전쟁이나 혁명과 같은 정치적 불확실성, 국제 원유 및 원자재 가격의 변동, 정부 정책의 불확실성 등이 있다. 다음으로 내생적 불확실성이란 시장의 불확실성으로 볼 수 있으며 외부효과, 정보의 차이 등 경제주체의 속성이나 행동에 의해서 발생하게 된다. 예를 들면, 어떤 사람은 알고 있지만 다른 사람은 모르는 사적 정보나 행동에 의한 역선택이나 도덕적 해이가 여기에 해당된다. 사람들은 시장에서 보험이나 다른 장치들을 통해서 이런 위험을 감소시키고자 한다. 그러나 시장경제가 불확실성으로 인해 발생하는 문제를 모두 해결할 수는 없다. 이런 불확실한 상황에서는 민간 경제주체인 가계나 기업에 의한 시장이 작동되지 않는 시장실패가 발생하게 된다. 이런 이유가 경제주체인 정부의 개입이 요구되고 이제는 글로벌 공조까지도 필요하게 된다.

구체적으로 일본의 대지진에 의한 방사능 유출과 같은 위험은 실물경제에 영향을 미친다. 이런 위험은 일본 가계의 소비나 기업의 투자심리 위축으로 일본 경제의 부진을 장기화시켜 GDP를 1% 감소시킬 것으로 예측한다. 일본의 산업은 지진으로 인한 산업시설의 파괴나 작업 중단으로 자동차나 전자 핵심부품의 공급 차질이 우려되는 상황이다. 세계 기술 부품의 40%(도시바 등)를 담당하고 있는 현실을 감안하면, 특정 부품의 공급 차질은 세계 경제 회복에 타격을 줄 것이다. 환율을 비롯한 국제 금융부문의 불확실성이다. 재앙이 발생하면 일본의 엔화 가치가 하락해야 하지만 강세를 보이고 있다는 점이다. 국제 금융시장의 돈들이 일본으로 유입되고 있다는 것이다. 이것은 불확실성이 금융시장에서 보다 변동적으로 움직이고 있다는 것을 의미한다.

평범한 사람들은 불확실성이 증폭되면 불안 심리가 확산된다. 최근 저축은행의 부실로 인한 영업정지사태로 저축은행의 예금자들의 인출사태가 발생한다. 이것은 저축은행과 예금자 간 정보의 차이가 불안 심리와 결합해서 나타나기 때문이다. 일부 저축은행은 회생을 위해서 출자전환이나 자구책을 마련하고 있는 중이다. 이런 현상이 지속되면 건실한 은행도 파산의 지경에 이른다. 2008년 글로벌 금융위기 상황을 보면, 서브프라임 모기지에 의한 부실로 인해서 주택업자, 미국의 프레디릭같은 모기지 회사, 리먼 브러더스와 같은 투자은행, AIG와 같은 보험회사가 연쇄적으로 파산하거나 구제 금융을 받은 것을 볼 수 있다. 그리고 이런 불안 심리는 일본의 방사능 유출로 멀리 있는 미국이나 러시아 사람들의 소비행태 마저도 변하게 만든다.

주식투자에서도 이런 불안 심리 현상이 발생한다. 미국에서 2001년과 2002년 일부 주식가격이 폭락하고 있을 때 기업들은 자신의 회사가 어려움에 직면하고 있으므로 종업원의 퇴직 저축금(401K) 대부분 또는 전부를 자신이 일하고 있는 회사에 투자하도록 권유한 것이다. 특히 건실해 보이다가 2001년 망한 엔론사에 종업원 다수가 퇴직 저축금 전액을 주식에 투자했다가 모두 잃어버린 것이다. 이것은 종업원들의 불안 심리를 자극한 것이다. 또한 최근 중동이나 아프리카의 정치적 불확실성은 자국의 경제는 물론 국제적 무역거래에도 심각한 영향을 주고 있다.

사람들이 불확실성이나 위험에 처한 경우에 시장을 통해서 위험을 감소시키고자 한다. 현실적으로 보험이나 다른 장치를 이용한다. 이런 기능은 불확실성의 순기능이라 할 수 있다. 보험은 불확실성을 줄이고 안정성을 유지하기 때문이다. 그리고 자동차나 냉장고와 같은 고가의 소비재의 품질보증과 같은 장치는 수리비용을 부담하지 않을 때에 비해 소득의 한계효용을 높여 준다.

왜 사람들은 보험에 가입하게 되는가를 보면, 앞에서 언급한 것처럼 불확실성하에서 사람들은 기대효용을 극대화한다. 위험회피적인 사람들은 기대소득이나 기대 부의 변화가 없다면 위험을 줄이는 선택할 것이다. 공정한 보험은 이런 기회를 제공한다. 공정한 보험(fair insurance)이란 보험회사에 지불하는 요금인 보험료가 보험청구액의 기대치와 동일한 보험을 의미한다. 이런 보험에 가입하면 경제주체들은 위험을 제거함으로써 기대소득은 보험이 없는 경우와 동일하지만 기대효용이 증가한다.

그러나 현실에서 실제 보험료는 보험회사의 비용을 충당하기 때문에 더 많이 지불하게 된다. 그럼에도 불구하고 보험을 드는 것은 기대소득이 줄더라도 위험을 감소시키는 거래를 원한다. 그들은 기대 보험청구액보다 더 높은 보험료를 지불하고자 하는 용의가 있다. 위험회피적이면 회피적일수록 더 높은 보험료를 지불하고자 한다. 이것이 보험 산업이 존재하는 이유이다.

경제주체의 위험관리에는 항상 비용이 발생한다. 경제주체들의 위험관리의 방법은 위험통제(control)와 위험재무(financing)가 있다. 통제는 손해의 빈도나 강도를 직접적으로 축소 통제하는 사전적 방법이고 재무는 손해 후의 복구자금을 미리 준비하는 사후적인 방법이다. 통제는 먼저 손실이 발생하는 위험을 다루지 않거나 기존의 손실의 위험을 포기하는 행위로 위험의 완전한 제거이지만 활용가능성이 제한적이고 비현실적이다. 다음으로 통제에서 손실을 예방, 축소, 헷징(hedging), 다각화 등이 있다. 손해예방은 위험의 빈도를 줄이는 것으로 품질, 안전규칙, 사전점검 등이고 위험의 강도를 줄이는 것으로 응급복구, 경보시스템 설치 등이다. 특히 자연재해나 원전 안전등의 경우는 빈도와 강도를 줄이는 작업이 절실하다. 다각화는 위험 요소(요인)를 분산시키는 것이다. 다국적 기업의 경우 여러 국가에 공장과 판매처를 분산시킴으로써 불확실성을 줄일 수 있다. 헷징(hedging) 환율과 같이 특정위험이 노출되는 행위로 이익과 손해의 가능성을 있는 경우에 그 위험에 반대의 효과를 갖는 자산을 보유함으로써 잠재적인 이익 및 손해의 크기를 동시에 축소하는 것이다. 위험재무는 보험과 비보험 이전이 있다. 보험은 불확실성이 축소되고 안정성을 지니지만 금전적 비용과 시간, 노력이 수반된다. 비보험이전은 계약 또는 리스(임차) 등을 통해서 위험을 제3자에게 이전시키는 것으로 잠재적 손실을 이전할 수 있고 비용이 저렴하지만 계약에 따른 절차 등이 어렵다.

보통 사람들은 위험과 불확실성을 극복하는 할 수 있는 방안을 선택해서 미래를 준비하는 것이 합리적이다. 그 방안은 먼저 불확실성이나 위험을 제거하는 것으로 위험의 거래가 있다. 만약 어려운 경우에는 축소하는 것이다. 위험의 거래는 보험에 가입하는 것이다. 이것은 위험을 부담하기 원치 않는 사람들이 위험을 부담하기를 덜 싫어하는 사람들에게 위험을 넘겨줌으로써 서로의 이익을 창출하는 것이다. 위험을 축소하는 방법으로 분산투자가 있다. 많은 예측 불가능한 사건은 독립적이다. 따라서 발생 가능한 손실들이 독립적 사건이 되도록 여러 다른 사업에 투자한다. 주식시장의 포트폴리오가 여기에 해당된다. 경우에 따라서는 분산투자의 강한 형태로 독립적인 사건의 지분을 조금씩 취함으로써 위험의 대부분을 제거할 수 있는 공유화(pooling) 전략을 사용한다.

그러나 코로나19의 감염병, 정치적 사건(전쟁, 혁명 등), 자연재해(대지진, 해일, 쓰나미, 악천후 등), 원전 사고, 거시적인 경기순환 등은 독립적인 사건이 아니고 하나의 사건이 발생하면 다른 곳에서 손실이 발생하는 양의 상관관계가 존재한다. 이런 경우에는 분산투자를 하더라도 분산시킬 수 없는 최소한의 위험 요소가 항상 존재하게 된다.

■ 대학을 경영하다

대학에서 봉사할 수 있는 기회를 갖는 것은 큰 행복이다. 경영대학에서 경제학부장, 부학장의 소임을 맡게 되었고 대학 본부에서 평의원회, 학술연구위원회, 대학 자체평가 연구위원회 위원으로 참여하여 대학의 비전과 발전 방향을 제시함으로써 조직의 운영과 경영 능력을 키우는 계기가 되었다. 2002년 당시 대학의 대교협 평가를 대비하여 전반적인 대학의 재정현황을 파악하고 총장의 리더십 부문에 대한 자체 평가에 참여한 것은 대학 조직을 이해하는데 큰 도움이 되었다.

특히 2000년부터 경영대학 부학장으로서 박성수 학장(전 광주전남연구원장)을 도와 대학의 새로운 변화를 가져오게 되었다. 지금도 발행되고 있는 대학의 소식을 전하는 경영대학(원) 주간소식과 경영대 소식 「동백」 창간, 대학발전기금 확충, 중국 상해, 대만의 대학과 산업단지를 견학하는 대학 최초의 해외 교수세미나 개최 등의 다양한 변화가 있었다. 2000년부터 매년 일본 오사카시립대학과의 교수 및 학생 교류 사업으로 세미나가 시작되어 대학의 글로벌화가 본격적으로 열리는 시기였다. 당시 진화경제학으로 유명하신 오사카시립대학 경제학부 시오자와 요시노리(塩沢由典)교수가 학생들을 인솔하고 2000년 10월 27일 경영대학을 방문한 것이 교류의 계기가 되었다. 이 세미나는 매년 정기적으로 교수의 연구 발표는 물론 양국 학생들의 연구 성과를 발표하는 교류도 함께 진행되었고 본인이 학장 시절에 2008년부터 중국 길림대학이 참여함으로써 동아시아 경제포럼(East Asia Economic Forum)의 형태로 확대되어 발전하였다. 대학 행정에 참여한 것은 참으로 대학 경영에 대한 소중한 경험을 얻게 된 기회였다. 박성수 학장님께 고마운 마음을 전한다.

그동안의 대학 행정 경험과 연구 역량을 바탕으로 2007년 2학기 후반 경영대학 학장 선거에 출마하였다. 출마의 변에서 대학의 교수·학생·직원 역량 결집을 위한 교육 및 연구 환경과 분위기 조성으로 "내실 있고 경쟁력 있는 거점 대학, 세계의 대학으로 도약"을 대학의 미션으로 내걸었다. 구성원의 투표로 선출되어 2008년부터 2009년까지 2년 임기의 경영대학 학장에 취임하였다. 재임 동안 대학의 글로벌화, 지역화, 실용화의 추진전략으로 경영대학의 교육목표인 "지역과 세계를 껴안는 글로벌 리더 양성" 대학으로 도약하는 발판을 마련하는 계기로 삼았다. 지금도 당시에 대학 발전을 고민하고 소통했던 이정록, 오인준, 최영태, 이철환, 이계윤, 정명선 학원장과의 인연은 지속되고 있다.

학장 재임 시절(2008~2009)

대학의 글로벌화를 위해 2008년에 전남대학교 경영대학과 일본 오사카시립대학(Osaka City University, 大阪市立大学) 경제학부가 매년 개최하고 있는 교수 및 학생 세미나에 중국 길림대학(Jilin University, 吉林大学) 경제학원을 초청하여 한중일 자매대학 국제학술대회를 개최하였다. 2008년 10월에 열린 한중일 자매대학 국제학술대회 초청의 글을 소개한다.

• 초청의 글

2008 韓中日 姉妹大學 國際學術大會 초청의 글(10.30-31)

Regional Issues in Globalization - Chonnam National University, Jilin University, Osaka City University

Korea, China, and Japan in Northeast Asian nations that led world economic growth in the last half of the century are typical models of economic development. However, the recent financial crisis which began in the U.S.A has sent shudders to financial markets in the rest of the world. A time of crisis such as now demands economic cooperation among Korea, China, and Japan.

With this background, the Chonnam National University, College of Business Administration is organizing a Korea-China-Japan international joint conference on "Regional Issues in Globalization" and inviting scholars from Jilin University of China and Osaka City University of Japan for a discussion on the region's state of business environment and economic development. Through this conference, our aim is to open the way to developing a plan for joint economic development for countries in Northeast Asia.

We hope you will be able to come and share your insightful ideas valuable experiences with us at the Conference.

October, 2008
Iltae Kim
Dean, College of Business Administration
Chonnam National University

이런 학술적 의미는 2009년 길림대학에서 「동아시아 경제포럼(East Asia Economic Forum)」을 결성하여 매년 포럼을 개최하여 3국의 교수들과 학생들이 참가하여 논문과 연구 주제를 발표하고 토론하는 장을 마련하였다. 당시 길림대학에서 개최된 포럼의 발표집 표지를 소개한다.

한중일 자매대학 동아시아 경제포럼에서(2009.9)

중국 松花湖에서 교수와 학생들과 함께(2009.9)

东亚经济论坛
East Asia Economic Forum

世界金融危机下的中、日、韩经济合作

Economic Cooperation among China, Japan, and Republic of Korea under World Financial Crisis

2009.9.18 中國・長春
9.18.2009 Changchun, China

主办:
Hosted by:
中国・吉林大学经济学院
Economics School, Jilin University, China
日本・大阪市立大学经济学部
Graduate School/Faculty of Economics, Osaka City University, Japan
韩国・全南国立大学校经营大学
College of Business Administration, Chonnam National University, Republic of Korea

특히 한중일이 참여하는 포럼에 특별한 정열을 쏟았던 일본 오사카시립대의 Riichi Tabata 교수와 Akihiro Kubo 교수, 중국 길림대학 경제학원의 이준강 원장, 리샤오(이효) 부원장, 장호 교수와의 인연은 특별하다. 2020년부터 코로나19로 잠정 중단된 상태이지만 지금도 대학의 중요한 자산으로 남았다. 길림대학 장호 교수와의 특별한 인연과 회고의 글을 소개한다.

• 김일태 교수님에 대한 회고의 글 - 장호 교수(길림대)

김일태 교수님은 아주 소탈하고 싹싹한 분이시다.

언제나 김 교수님과 만날 때면 꼭 한참씩은 재미있는 이야기를 들을 수 있어서 필자는 언제나 김 교수님을 만날 무렵이 되면 이번에는 어떤 재미있는 이야기를 들을 수 있을까 많이 기대하곤 하였다.

필자와 김 교수님은 코로나가 발생하기 전까지, 즉 2019년까지 해마다 한중일 동아시아 포럼의 학술회의 때마다 만나곤 하였다. 한국에서는 전남대, 중국에서는 길림대, 일본에서는 오사카시립대에서 윤번으로 주최하는 교수와 학생들의 학술 포럼이다. 10년 전에 필자가 처음으로 동아시아 포럼에 참가하였을 때에는 이미 몇 해 전부터 지속되었던 포럼이었고 필자는 그때 길림대에 들어온 초보 강사였다. 그때 처음으로 김 교수님과 인사를 나누게 되였다. 필자 나이로 하면 김 교수님의 손자벌 학생정도(즉 제자벌의 제자벌)는 되겠지만 김 교수님께서는 전혀 깔보거나 무시하는 일 없이 아주 잘 대해주셨다. 그때부터 해마다 김 교수님한테서 재미있는 이야기를 들을 수 있다고 생각해서 필자는 해마다 동아시아 포럼에 참가하였다. 그 과정에서 많이 배우고 많이 성장하게 되였고 필자와 김 교수님 사이의 나이를 넘어선 우정은 한중일 3대학교의 우의와 함께 나날이 깊어만 갔다.

그로 인해서인지 중국 길림대에서 동아시아 포럼을 주최하는 해에는 필자가 회의 관련 준비의 담당자 노릇을 하게 되었다. 중국에서 동아시아 포럼을 주최할 때 김 교수님과 몇몇 전남대교수님들은 중국 길림성에 오셨던 김에 시간을 짜내서 백두산에 1박2일로 갔다 오고 싶어 하였으나, 아쉽게도 여러 이유로 실현되지 못하였다.

그러던 차에 2019년에 길림대에서 외국의 저명한 학자 분을 초청하여 길림대에서 특별강좌를 할 수 있는 기회가 생기게 되였다. 대학 내에서 자유로이 신청하여 각 학부에서 펀드를 에워싸고 경쟁하기 때문에 100%로 허가가 떨어진다는 보증은 없었으나 필자는 아무 근심도 없이 김 교수님을 추천하였고 김 교수님의 높은 명성과 수많은 성과들을 바탕으로 문제없이 길림대 윗선에서부터 허가가 나오게 되였다.

그로 인해 김 교수님내외 두 분을 열흘 남짓이 길림대에 초청하여 모실 수 있게 되었고 길림대에서 한국경제에 대한 특별강좌를 진행할 수 있게 되였다. 필자는 한국경제론 담당이 아니었으나 한국경제가 이루어낸 거대한 성과와 한국경제발전과정에 나타나고 해결된 많은 문제와 사례는 중국 경제와 사회의 발전에 좋은 교훈과 수업이 되며 한국경제에 관해 깊이 공부하고 연구하는 것은 중국의 금후 발전에도 크게 기여할거라고 굳게 믿고 있었다. 그로 인해서인지 필자는 길림대 경제학원 내에서도 여느 때보다 많이 홍보하고 더 많은 학생들이 특별강좌에 참가하도록 노력하였다. 그 결과는 예상과 같이 김 교수님의 수업을 들은 많은 학생들로부터 좋은 수업이었고 많이 배웠다는 호평이 수두룩하였다. 그 때문에 그 다음해 2020년도에도 김 교수님의 한국경제론을 특별강좌로 초청할 생각을 하였으나 아쉽게도 코로나 때문에 잠시 중단되게 되었다.

2019년도 특별강좌 때 또 한 가지 좋은 일이 있었는데 그것은 김 교수님 내외가 백두산에 가셨던 일이었다. 그때가 4월이라 사실 백두산은 눈더미로 덮여 있었기 때문에 안전상 이유로 백두산 산꼭대기로 올라갈 수 있는지 없는지도 몰랐다. 그리고 설령 올라갈 수 있다 해도 눈보라가 휘몰아치고 한치 앞이 보이지 않을 상황에 백두산 산꼭대기에서 백두산 천지를 구경한다는 것은 확률적으로 아주 불가능한 일이었다. 그러기 때문에 중국에서도 보통 7월쯤이 되어야 백두산에 가는 유람객들도 많아지게 된다. 그러나 김 교수님이 백두산에 가셨을 때

딱 마침 개이고 좋은 날씨가 되여 무사히 산꼭대기까지 올라갔고 또 백두산 위의 천지도 볼 수 있었다. 사실 이런 확률은 로또에 당첨된 것과 같은 상당한 저 확률이었고 김 교수님 내외께서 백두산 위로 올라갔다 오셨다는 소식을 듣고 필자는 귀를 의심할 정도로 놀랐다. 우리 민족의 영산으로 자리 잡은 백두산인 것만큼, 필자는 백두산 그 자체에 어떤 영기가 어린 신비로운 힘이 있다고 믿어왔다. 즉 백두산에 올라가서 천지를 볼 수 있다는 것 자체가 백두산에 인정받았다는 그런 식으로 믿어왔고 필자도 여러 번 백두산에 올라가서 천지를 보게 되였다는 일을 자랑삼아 친구들과 애기하곤 하였다. 그래서 김 교수님 내외께서 4월의 백두산에 무사히 올라갔다 오시고 백두산 천지의 모습도 보셨다는 소식을 듣고 저도 모르게 감탄을 하게 되였다. 재미있는 애기지만 김 교수님의 백두산 소담을 듣고 필자도 눈에 덮인 백두산이 보고 싶어져서(그전에는 못 볼거라 생각하여 7월 이전에는 아예 갈 생각도 하지 않았음) 나이 예순이 넘은 가모와 여섯 살짜리 아들놈을 데리고 5월1일 연휴에 백두산으로 향했으나 험한 날씨 때문에 산꼭대기는 올라가지 못하고 그냥 폭포수가 내려오는 산중턱까지 올라가고 말았다. 역시 백두산이 4월의 눈설을 거두고 좋은 날씨로 마중해주는 손님들은 선택받은 극소수인가 보다 하고 쓸쓸한 마음을 위로하며 결국 귀로에 올랐다.

김 교수님과 필자는 해마다 만나고 또 만날 때마다 많은 일이 생기다 보니 회고의 글에 상세히 다 쓴다는 것은 무리가 있다고 지금 생각되어 이만 글을 마치려 한다. 높은 명성과 많은 성과를 내신 김 교수님의 교수 캐리어가 이제 한 단락 표점을 찍는다고 생각하니 아쉬움과 그리움이 금치지 않으나 김 교수님의 진리에 대한 추구와 탐색적 연구 정신을 생각해보면 장래에도 김 교수님과 많이 만나고 김 교수님한테서 많이 배울 수 있다는 느낌이 든다.

2021년 12월 18일, 중국 길림대에서

대학 교육의 실용화와 글로벌화를 위해 교육 분야에서 학생들을 위한 강의 및 교육 환경을 개선하였고 국제교류 프로그램의 일환으로 자매 대학(일본 오사카시립대학과 중국 길림대학, 그리고 중국 후단대학 등)의 학점 교류 프로그램, 미국 델라웨어주립대학교와 디즈니 테마파크리조트 국제대학 프로그램 신설, 국제경영 인력양성사업을 통해서 일본 금융·산업탐방교육단과 중국 무역체험단으로 학생을 파견하여 해외 대학과 산업체 등을 견학함으로써 글로벌 감각을 일깨웠다. 그 외에도 지역 커뮤니티 활동 및 봉사 동아리 지원, AACSB(경영대 국제 인증) 사전 인증 획득 사업을 통해서 학생들이 세계적인 인재로 진출할 수 있는 토대를 키웠다.

일본금융산업탐방교육단 학생들과 함께 (2009.2)

대학의 실용화를 위해 최초로 광주은행과 함께 하는 광주전남지역 대학(원)생 논문공모전을 실시하고 입상한 학생들에게는 광주은행 산학연수의 혜택을 주었다. 특히 학생들의 자긍심을 북돋우기 위해 대학 차원에서 최초로 홍보대사를 선정하였다. 그들은 경영대학의 홍보와 신입생 환영, 외국인 방문객의 대학 투어 등에서 큰 활약을 하였다. 그리고 사회봉사 참여 '나눔' 동아리 학생들(김홍준 군, 양원석 군, 김상범 군, 안진희 양)과 TA 학생들(허준 군)은 취약계층의 아동을 위한 봉사 활동, 연말 연탄 봉사 등에서 큰 활동을 하였다.

광주은행 공모전 입상 학생들과 함께 (2008.10)

또한 대학의 지역화를 위해 환경 개선의 일환으로 중견건설업체 남영건설의 도움으로 교수 휴게실을 Faculty Lounge로 새롭게 단장하여 오픈하였다. 지금은 어려움에 직면한 남영건설 김창남 대표이사께 지면으로 다시 한번 감사드린다. 그리고 대학에 물심양면으로 도움을 주신 최상준 회장, 박옥식 회장, 김민영 대표이사, 김양 대표이사, 박광주 동문(공인회계사), 이명흠 동문(전 장흥군수), 그리고 명사 초청으로 우수 학생들에게 훌륭한 특강을 해 주신 김성산 대표이사(금호

산업 고속사업부), 이광래 회장(우미그룹), 이개호 동문(국회의원), 유병권 동문(전 국토부 토지주택실장)께 고마운 마음을 전한다. 개교 59주년을 맞이해 2009년 5월 27일 경영대학 동창회와 협력하여 경영대학의 역사와 전통을 간직한 경영대학 홍보·역사관(The Gallery of Public Relation and History)의 공간을 마련할 수 있었다.

발전기금 전달식에서 김창남 회장님과 함께 (2008.10)

대학의 교육 현장 경험과 글로벌 역량 강화를 위한 교수 세미나를 기획하였다. 2008년 7월 교수 하계세미나는 파주 LG 디스플레이 공장을 견학하고 파주 도라산 남북출입사무소를 출발하여 군사분계선을 지나 개성을 방문하는 것으로 개성의 민속마을, 선죽교, 박연폭포, 숭양서원, 고려박물관 등을 관광하는 기회를 가진 것은 큰 행운이었다. 남북한 관계는 남한 관광객 피격 사건으로 얼어붙어 금강산 관광이 중단되고 그 해 11월 28일에 개성 관광마저 문이 닫혀 지금까지 중단되고 있다. 그리고 2009년 7월 베트남 하계 교수세미나로 하노이 외국어 대학과 해외진출 한국 업체를 방문하는 기회도 가졌다.

베트남 교수 하계세미나 현지법인기업 방문(2009.7)

학장 재임 기간 동안에 모두 힘든 일이었지만 역동성 있게 대학발전에 매진해 2년을 함께 해준 나주몽 교수와 허정하 조교에게 감사의 마음을 전한다. 특히 직원 해외세미나로 대만의 정치대학, 일본의 구마모토학원대학 등 대학행정 견학을 통해서 직원 분들의 글로벌 마인드 형성에 도움을 주었다. 행정실 직원 분들의 헌신적 도움은 학생 및 시설 관리 등에서 경영대학 발전에 큰 힘이 되었다. 당시 궂은일도 마다하지 않고 실무적인 작업을 수행한 김헌재 과장, 박문갑 실장, 정영균 과장, 최대규 팀장에게 고마움을 전한다. 최근 정년에 즈음하여 고별강연과 기념식수의 기회를 마련해 준 김재호 학장, 이강문 부학장, 그리고 기민수 실장과 행정실직원 분들께 감사한다. 당시 2009년 8월 7일 전남대학교 자매결연 대학으로 일본 구마모토학원대학을 방문하여 취업 관련 프로그램 및 지원체제, 학생의 국제교류 지원체제의 의견을 교환했던 내용을 소개한다. 박철수 교수의 도움이 컸다.

2009年 7月29日 16時57分　　ｶﾞｸｴﾝﾀﾞｲｶﾞｸｹﾝｷｭｳﾄｳ　　No. 4337　P. 1

2009年7月29日

全南大学校経営大学
学長　金逸泰　様

熊本学園大学
学　長　　坂本　正

「全南大学校経営大学大学職員セミナー訪問」受入れについて（回答）

拝啓　盛夏の候、ますます御健勝のこととお喜び申し上げます。平素は格別のご高配賜り、厚くお礼申し上げます。

さて、2009年7月22日付の文書にてご連絡いただきました、「全南大学校経営大学大学職員セミナー訪問」につきましては、下記の内容にて受入れを承諾いたします。ご来訪心よりお待ちいたしております。

敬具

記

日　　時：2009年8月7日（金）　14:00〜
場　　所：熊本学園大学　本館4階第1会議室
訪 問 者：9名
金逸泰（経営大学学長）、羅洲夢（経営大学副学長）、朴文甲（行政室長）、
崔大奎（行政室係長）、金鍾善（行政室職員）、朱哲圭（行政室職員）、
全惠淑（行政室職員）、金鍾銀（行政室職員）、丁演錫（行政室職員）
本学参加者：6名（予定）
坂本正（熊本学園大学学長）、笹山茂（経済学部長）、林裕（商学部長）、
朴哲洙（経済学部教授）、西村禮二（国際交流センター事務室次長）、就職課より1名（予定）
内　　容：①学長坂本正より歓迎の挨拶、大学紹介など
②意見交換
・経済学部と商学部の就職関連プログラム、就職状況と支援体制
・国内外のインターンシッププログラム
・学生の国際交流に関する支援体制
・入試対策
・その他

以上

먼저 2년 동안 힘들었지만 동고동락했던 나주몽 교수의 추억의 글과 학장 재직 2년을 마감한 소회를 밝힌 경영대학 소식지 「동백」의 발간사를 소개한다.

• 학회활동을 통한 성장발전과 지역 간 연대에 디딤돌

나주몽 (전남대 경제학부 교수)

김일태 교수님의 퇴임을 기념하여 회고록을 쓰는 순간 '시간은 쏜 화살과 같이 빨리 흘러가니 촌음을 아껴 쓰라'는 광음여시(光陰如矢)의 경구가 머리에 스쳐 지나가면서 인간관계와 시간의 중요성을 다시 한번 실감하게 됩니다. 그동안 김일태 교수님과 인연을 통해 많은 것을 보고 배우며 경험할 수 있었던 좋은 추억들이 있지만 그 중에서 학회활동을 통해 성장 발전하며 지역 간 연대를 통해 함께하는 모습은 저에게 귀감이 되었고 간직하고 싶은 추억의 한 장면이 됩니다.

그동안 다양한 학회활동을 함께 하였지만 그중에서 가장 핵심적인 학회활동은 한국지역경제학회와 한국경제통상학회였다고 생각됩니다. 먼저 한국지역경제학회는 그동안 지역발전 및 지역경제 활성화와 관련된 연구의 산실로 역할과 함께 학계에서는 물론 지역사회와 국가사회에 학술적·정책적으로 크게 기여해 왔으며, 특히 수도권, 충청권, 호남권, 영남권을 포함하여 지역 간의 연대를 통해 학회가 운영해왔다고 할 수 있습니다. 김일태 교수님과는 한국지역경제학회의 광주·전남 지회를 함께 창립하고 김일태 교수님께서 지회장을 맡으면서 학회에 본격적으로 활동을 하게 되었습니다. 학회의 학술대회에서 매년 발표하시고 애정을 갖고 토론에 참여하는 열정은 참 보기 좋은 모습이었습니다. 그러나 한국지역경제학회의 광주·전남 지회가 주도적으로 나서서 지역사회에서 다양한 포럼이나 세미나를 통해 활발한 활동은 지회의 여러 가지 여건 상의 이유로 적극적으로 활동하지 못한 아쉬움은 남지만 지역발전 정책세미나 및 특정 지역경제이슈에 대한 기획세미나 등에 참여하면서 지역발전 문제에 고민했던 것은 학술활동에 있어 유익한 경험이 되었던 것으로 기억됩니다.

한편 김일태 교수님의 배려로 한국경제통상학회에 함께 참여하여 영호남의 인적 교류의 토대를 만들 수 있었고 영·호남 지역 간 교류를 통해 연대의 가능성을 배우고 인적 네트워크를 얻을 수 있는 기회였습니다. 또한 한국경제통상학회와 일본응용경제학회가 지금까지 신뢰를 바탕으로 매년 한일 간 국제학술회의 추진하고 있는 것은 김일태 교수님의 리더십이 중요했다고 생각됩니다. 특히 일본응용경제학회에서 중요한 역할을 하셨던 큐슈대학의 오오수미(大住)교수님과 구마모토학원대학 총장님이신 호소에(細江)교수님은 제가 일본 유학중에 학술적으로 많은 도움과 배려를 받았던 교수님이며 오오수미교수님에게는 학술적으로 많은 가르침을 받고 공동저자로 도서출판 했던 경험이 있어 더욱 뜻깊은 일이라고 생각됩니다.

정년퇴임을 앞두고 전남대학교 석좌교수에 선정되어 연구를 계속하시는 김일태 교수님의 학문에 대한 열정을 항상 기억하고, 학회를 통해 성장 발전하는 모습을 잊지 않도록 노력하고자 합니다.

■ 2021.10.31.

• 발간사

60년 역사를 딛고 새로운 변화를 리드하는 경영대학

전 지구적인 금융위기 이후 국내외적으로 어려운 환경에 처해있지만 지역과 국가, 그리고 세계 도처에서 각 분야의 선두주자로서 활동하고 계신 경영대학 동문님들께 존경과 격려의 인사를 드립니다.

학장으로 취임한지 벌써 2년의 세월이 흘러 이제는 마무리 단계에 와있습니다. 처음 학장직을 맡기 시작했을 때부터 다짐했던 마음과 열정으로 경영대학의 발전만을 위해 뛰어온 지난 시간들 이었습니다. 먼저 그동안 경영대학의 발전을 위한 추진사업의 진행을 아낌없이 격려해 주시고 적극적으로 지원을 해주신 교수님, 직원 선생님, 동문, 학생, 학부형님들께 진심으로 감사의 말씀을 전하며 "경영대학 소식" 지면을 통해서나마 경영대학의 역동적인 모습과 풍성한 소식을 전해 드리고자 합니다.

세상은 점점 더 빠른 속도로 변화하고 있습니다. 전남대학교 경영대학은 그 변화에 동참하는 것은 물론 변화를 리드하기 위하여 지난 60년을 한결같이 노력해왔습니다. 저는 지난 2년 동안 교직원님들의 헌신과 동문들의 열정을 모아 경영대학을 경쟁력 갖춘 대학으로 만들고자 "지역과 세계를 껴안는 창의적 글로벌 리더 양성"라는 교육 목표를 설정하여 글로벌 프로젝트를 전개했습니다.

그 일환으로 우리 학생들이 세계에서 글로벌 리더십을 발휘할 수 있도록 세계 주요 유수 대학들과 교류 협정을 체결하여 복수학위, 교환학생, 현장실습, 어학연수 등 장기 프로그램을 운영하고 있습니다. 그리고 단기프로그램으로 중국금융산업탐방교육단, 일본금융산업탐방교육단, 단기해외현장체험단을 운영함으로써 학생들이 일정기간 동안 해당국가의 문화를 습득하도록 국제교류 활동을 지원하고 있습니다. 특히 2009년은 중국 길림대학교, 일본 오사카시립대학교와 '동아시아 경제포럼' 협정을 체결하였고, 매년 3개교가 모여 포럼을 지속적으로 실시할 예정입니다.

날로 치열한 취업경쟁 속에서 학생들의 경쟁력을 제고시키기 위해 취업 멘토링 제도와 취업관련 과목인 '진로설계와 자기이해'를 지속적으로 운영하고 있으며, 여학생들의 취업률 제고를 위하여 '커리어우먼스쿨'도 올해 처음으로 운영하고 있습니다. 경영대학 취업페스티벌을 개최하여 학생들이 실제 취업과정에서 필요한 모의면접, 커리어플랜 설명회, 취업특강 등을 실시하였습니다. 그리고 광주은행과 함께하는 "제2회 광주·전남지역 대학생 논문공모전"을 개최하여 학생들의 지역현안에 관심과 이해를 높이고자 노력했습니다.

또한 전남대학교 단과대학 최초로 60년의 모습이 담겨 있는 홍보·역사관을 개관하였습니다. 이곳은 대학홍보의 역할을 넘어 동문뿐만 아니라 지역민들이 하나로 모일 수 있는 소통의 장이 될 것입니다. 올 한해는 정말 많은 분들이 우리 대학에 물심양면으로 도움을 주셨습니다. 특히 동문들의 장학기금 기부 등 학생들에게 더 큰 날개를 펼칠 수 있는 기회를 주신 모든 분들께 거듭 감사드립니다.

지난 2년 동안 경영대학이 성취해 온 모든 사업들은 항상 곁에서 지켜 봐주시고 때론 따끔한 충고와 끊임없는 성원을 보내주신 여러분이 계시기에 가능한 일이었습니다. 앞으로도 우리 대학의 믿음직한 후원자와 든든한 버팀목으로 남아주시길 부탁드리며, 경영대학 가족 여러분들의 기축년 올 한해 계획하신 모든 일들 잘 마무리 하시어 유종의 미를 거두시기 바랍니다.

감사합니다.

2009.10

경영대학장 김일태

대학 봉사 이후에도 2011년부터 전남대학교 지역개발연구소 소장으로 취임하여 한국은행 광주전남본부, 광주테크노파크 등과 산학연 협동을 강화하였고 박준수 박사(전 광주매일신문 대표이사)를 비롯하여 관련 전문가들이 참여하여 「광주의 경제지도」 등의 기획도서를 출간하였다. 연구소의 글로벌화로 일본 사가대학교 경제학부 Piyadasa Ratnayake 교수와 태국 카셋삿 대학교(Kasetsart University) Chollada Luangpituksa 교수가 참여하는 해외 대학과의 교류 세미나를 활성화시키는 계기를 만들었다. 그 후에 2015년 스리랑카의 페라데니야대학이 참여함으로써 명실 공히 글로벌 학술교류로 자리매김하게 되었다. 2017년 1월 일본 사가대학 경제학부 초청으로 국제교육연구교류사업의 제12회 국제심포지엄에 참가하였던 포스터를 소개한다.

일본 사가대학교 경제학부의 Saliya De Silva 교수가 보낸 그간의 교류 성과와 인연을 회고한 글을 소개한다.

A True Camaraderie of Faculty of Economics, Saga University

It gives me a great pleasure to write a message to the memoir that include memories of relationships between the Saga University and Prof. Iltae Kim of Center for Regional Development of Chonnam National University. I first met Prof. Kim at one of the Asian Economic Symposiums, an international symposium that kept the two universities connected strongly for a long time. To brief you about the Asian Economic Symposium, it started 30 years ago, in 1990, the time when Prof. Kim joined the Chonnam University, as the "Japan-Korea-China International Joint Symposium" with the collaboration of the Faculty of Economics of Saga University, Japan, the Center for Regional Development of Chonnam National University, Korea, and the Chinese Academy of Social Sciences, China.

The main purpose of this program was to internationalize research through conducting research on "economic and social problems commonly faced in Asian countries". The program was not limited only to discussions held among the researchers but also providing opportunities for the general public and university students to participate and exchange opinions in the annual "international symposium" held in the three countries in turn. The program, which had humble beginnings with the participation of only three Asian countries, has expanded its horizons to attract the support and cooperation of a number of countries and institutes around the world. Many researchers from countries such as Australia, New Zealand, Sweden, Indonesia, Vietnam, and the Czech Republic have also cooperated in the research program. In 2012, Kasetsart University of Thailand joined the program thus the title of the symposium changed as the "East Asian Economic Symposium". In 2015, the University of Peradeniya in Sri Lanka joined the coalition, which also solemnized the revision of the title of the international symposium to the present name "Asian Economic Symposium".

For the past 30 years, it has held international symposiums, presentations, and publications of academic papers on the theme of current economic and social issues, which were the focus of attention in the international community at that time. So far, it has covered many areas such as agriculture, trade liberalization, environment, finance, food security, overseas labor movement, social business, inclusive growth, and human capital, which are the major challenges faced by people especially due to dramatic changes in the Asian economy. The 30th anniversary of the Asian Economics Symposium "Building Resilient Societies in Asia" is scheduled to be held in Saga Japan in November 2021.

The Center for Regional Development of Chonnam National University has been a very active partner in the long relationship between the two universities. It has supported in many ways to fulfill two major objectives of promoting collaborative research and international exchange. While participating actively, the 29th Asian Economic Symposium "Inclusive and Innovative Growth for Asia" held in Gwangju, South Korea on 8 November 2019 was hosted by the Center for Regional Development. In addition to hosting and active participation in the Asian Economic Symposium, many joint research as well as staff, undergraduate and postgraduate student exchange programs have been conducted between the two universities.

A huge advantage of the international symposium is making friends with the like-minded people. I also had the opportunity to befriend with a great group of friends, and as said before, I met Prof. Kim at one of these symposiums. By listening to his presentations, I understood that he has a vast knowledge about regional economics and regional policy as well as many insights into regional economic problems arising from unbalanced economic development strategies adopted by countries. Not only his academic qualities, but his human qualities including consistency, empathy, kindness, acceptance, honesty, trustworthiness, fun and joy also make him a true friend.

On behalf of the Faculty of Economics, Saga University, I would like to express my sincere gratitude to Prof. Kim for his academic and personal friendships that helped to strengthen the partnership between the two universities during our journey of 30 years. I also congratulate him for his dedicated and exceptional academic work, which made the Center for Regional Development, a center of excellence. By continuing collaborative research activities, I believe that we can contribute to build a peaceful and plentiful Asian region with strength and confidence to fend off common problems. I wish all the best for the future endeavors of Prof. Kim and the Center for Regional Development of the Chonnam National University.

Professor Saliya De Silva
Faculty of Economics, Saga University, Japan

사가대학교 경제학부의 진정한 동지애

회고록에 사가대학교와 전남대학교 지역개발연구소, 김일태 교수와의 관계에 대한 추억이 담긴 글을 쓰는 것은 나에게 큰 기쁨을 준다. 나는 김일태 교수님을 두 대학이 오랜 기간 끈끈한 인연을 유지한 국제 심포지엄인 '아시아 경제심포지엄' 중 한 심포지엄에서 처음 만났다. 아시아 경제심포지엄에 대해 간단히 설명하자면, 30년 전인 1990년 시절부터 시작되었다. 김 교수는 일본 사가대 경제학과, 한국 전남대 지역개발연구소, 중국 사회과학원 등과 손잡고 '일·한·중 국제 공동심포지엄'으로 전남대에 합류했다. 이 프로그램의 주요 목적은 「아시아 국가에서 직면하는 경제 및 사회 문제」에 대한 연구를 통해 연구를 국제화하는 것이었다. 이 프로그램은 연구자 간 토론에만 국한된 것이 아니라 3개국에서 매년 열리는 '국제 심포지엄'에 일반인과 대학생이 참여해 의견을 교환할 수 있는 기회를 제공했다. 아시아 3개국에 불과한 참여로 보잘것없는 출발을 보였던 이 프로그램은 세계 여러 나라와 기관의 지원과 협력을 이끌어내기 위해 지평을 넓혔다. 호주, 뉴질랜드, 스웨덴, 인도네시아, 베트남, 체코와 같은 국가의 많은 연구자들도 이 연구 프로그램에 협력했다. 2012년 태국 카셋삿대학교가 참여하여 '동아시아 경제심포지엄'으로 명칭이 바뀌었다. 2015년 스리랑카 페라데니야대학교(University of Peradeniya)가 연합에 참여하면서 국제심포지엄의 제목을 '아시아 경제심포지엄'으로 수정하는 의식도 거행하여 축하하였다.

지난 30년 동안 당시 국제사회에서 주목받았던 경제·사회 현안을 주제로 한 국제심포지엄, 발표회, 학술논문 발표회 등을 개최했다. 지금까지 농업, 무역자유화, 환경, 금융, 식량안보, 해외 노동운동, 사회적 사업, 포용적 성장, 인적자본 등 많은 분야를 다루었는데 특히 아시아 경제의 급격한 변화로 국민들이 직면한 주요 과제들이다. 오는 2021년 11월 일본 사가에서 아시아 경제심포지엄 '아시아의 탄력적인 사회 구축' 30주년 기념행사가 열릴 예정이다.

전남대학교 지역개발연구소는 두 대학의 오랜 인연에 있어 매우 적극적인 파트너였다. 협력연구와 국제교류 증진이라는 두 가지 주요 목표를 달성하기 위해 여러 면에서 지원해왔다. 적극적으로 참여한 가운데 2019년 11월 8일 한국, 광주에서 열린 제29회 아시아 경제심포지엄 '아시아를 위한 포용적이고 혁신적 성장'이 지역개발연구소 주최로 개최되었다. 아시아 경제심포지엄 개최 및 적극적인 참여 외에도 양 대학 간에는 직원, 학부, 대학원생 교환 프로그램 등 많은 공동 연구가 이루어지고 있다.

국제 심포지엄의 큰 장점은 마음이 맞는 사람들과 친해지는 것이다. 또한 앞서 말했듯이 김 교수님을 만난 것처럼 좋은 친구들과 친구가 될 수 있는 기회를 가진 것이다. 그의 발표를 들으며, 나는 그가 지역경제와 지역정책에 대한 폭넓은 지식과 더불어 각국이 채택한 불균형한 경제발전 전략으로 인해 발생하는 지역경제 문제에 대한 많은 통찰력을 가지고 있다는 것을 이해했다. 학문적 자질뿐만 아니라 일관성, 공감, 친절, 수용, 정직, 신뢰, 재미, 기쁨 등 인간적인 자질도 그를 진정한 친구로 만든다.

사가대학 경제학과를 대표하여 김 교수님께 진심으로 감사를 드린다. 30년의 여정 동안 두 대학 간의 파트너십을 다지는 데 도움을 준 학문적, 개인적 우정에 대한 공로를 인정한다. 또한 지역개발연구소를 우수한 센터로 만든 헌신적이고 뛰어난 학문적 업적을 높이 평가한다. 공동연구 활동을 지속함으로써 공동의 문제를 해결할 수 있는 힘과 자신감을 가지고 평화롭고 풍성한 아시아 지역을 건설하는 데 기여할 수 있다고 생각한다. 앞으로 김 교수님과 전남대 지역개발연구소의 노력에 행운이 가득하길 기원한다.

살리야 데 실바 교수

일본 사가대학 경제학부

그리고 2013년 9월부터 2020년 8월까지 교육과학기술부의 대학원 교육사업인 BK플러스21(지역경제 혁신을 위한 글로컬 창의경제인력 양성사업)에 참여하여 대학원 교육과 연구로 학문 후속세대의 양성에도 힘을 보태게 되었다. 또한 한국연구재단(연구개발투자의 지역 간 파급효과와 생산효율성, 2016)을 통해서 연구 성과도 얻게 되었다.

대학의 글로벌화로 연구 역량을 위해 아시아대학(Asia University, Japan, 亜細亜大学)의 신인용 교수, 아오야마대학(Aoyama Gakuin University, 青山学院大学)의 고준형 교수, 고베대학(Kobe University, 神戸大學)의 Tamotsu Nakamura 교수, 구루메대학(Kurume University, 久留米大学)의 Ryutaro Nozaki 교수와 Tadashi Datai 교수, 아시아태평양 대학(APU)의 김상호 교수, 사가대학의 장한모 교수의 초청으로 특강과 세미나에 참여하여 대학의 글로벌화에 기여하게 되었다.

특히 나카무라 교수는 고베대학으로 초청하여 논문발표의 기회를 주었고 친교의 시간도 갖게 되어 감사의 마음을 전한다. 김상호 교수와의 인연은 특별하다. 젊은 시절 미국에서 개최된 학회에 함께 참석하였던 추억이 떠오른다. 그리고 일본 아시아태평양 대학 교수로 재직하면서 대학 주최의 Asia Pacific Conference(아시아 태평양 컨퍼런스)에서 세션을 구성하여 한국 학자들을 초청하여 논문 발표하고 연구에 열정을 쏟고 있는 시니어 교수로 뛰어난 학자이다. 고준형 교수와 신인용 교수는 일본에서 학위를 받은 젊은 경제학자로서 일본 대학에서 후학을 가르치면서 연구에 매진하고 있다. 그리고 2017년 1월 나가사키를 방문했을 때 나가사키대학의 Akira Shimada 교수는 추운 날씨에도 불구하고 곁에서 천주교 탄압의 교회 현장, 원자폭탄 투하 현장 등 슬픈 나가사키의 모습을 보여준 따뜻한 학자이시다. 최근 2019년 슬로베니아의 류블랴나대학(University of Ljubljana) 경제학과 초빙 단기 파견 동안에 Rado 교수와의 면담과 친교의 시간을 가졌고, 이효(李曉) 원장, Ding Yibing 부원장, 그리고 장호 교수 초청으로 중국 길림대 경제학과 대학원 강의와 논문 발표의 기회를 갖게 되었다. Ding Yibing 교수와 장호 교수의 배려로 눈 덮인 백두산 천지, 옛 만주국 위만황궁의 장춘, 안중근 의사의 총소리로 애국 숨결이 깨어 있는 하얼빈 역사, 병자호란 이후 조선 백성들이 비운의 포로로 지냈던 한 많은 후금의 수도 선양의 모습을 볼 수 있어 감사의 마음을 전한다.

일본 아시아대학 논문발표 신인용 교수와 함께(2020.1)

길림대 특강 장호교수와 함께(2019.4)

특히 장한모 교수는 교토대학에서 학위를 받고 사가대학에서 재직하면서 지도교수로서 학위 과정의 외국인 학생들 지도하고 있으며 졸업 후 제자들의 취업에 애정을 쏟는 따뜻한 마음의 소유자이다. 2018년 3월 사가대학 국제세미나에서 특강하는 기회를 갖게 되어서 당시 일본 세미나 개최 소개 포스터를 소개한다.

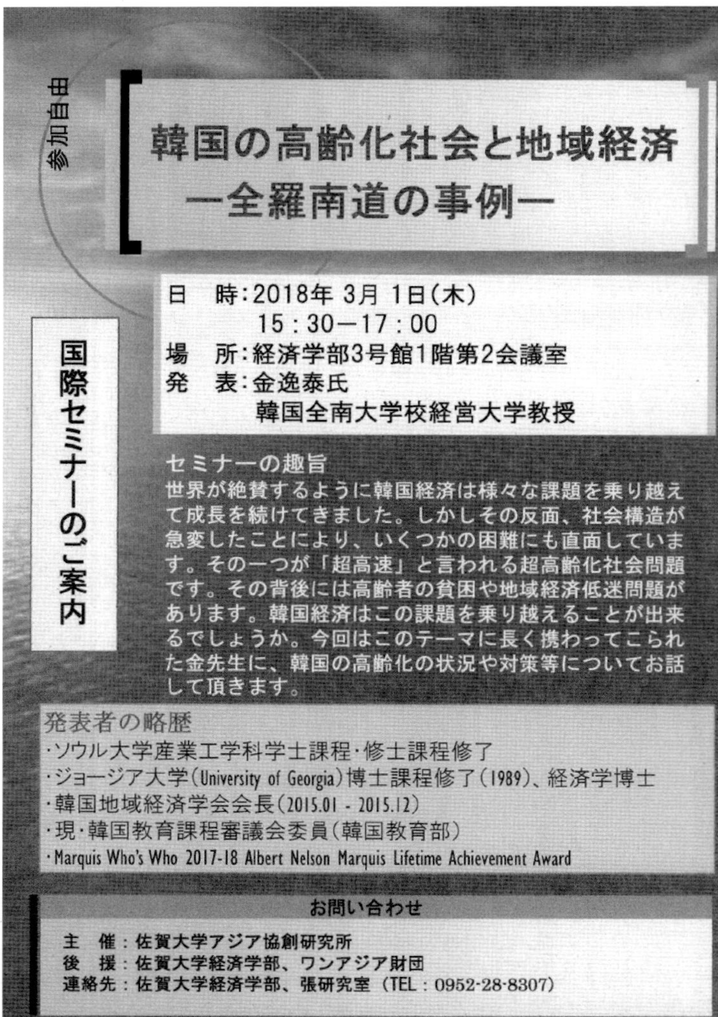

본인은 학문의 길을 걸으면서 일찍이 공자가 "子曰, 後生(후생)이 可畏(가외)니 焉知來者之不如今也(언지래자지불여금야)리오?(子罕 편)" (뒤에 태어난 사람이 두려워할만하다. 어찌 우리 뒤를 이을 후학들이 지금의 나보다 못하다고만 알고 있겠는가?)라는 말씀을 항상 마음속에 상기하면서 지내왔다. 이제 학문의 길에 들어선 후학들이 끊임없이 학문에 정진하는 자세로 임하는 모습을 그려본다. 2005년 이후 고준, 김상희, 전성일, 김민정, 이상준, 김현호 교수 등 신진 교수들이 들어와 대학이 활기찬 모습으로 변하였다. 특히 광주에 터를 잡고 자녀교육은 물론 교육과 연구에 매진하고 있는 김상희 교수와의 인연과 추억의 글을 소개하게 되어 기쁘다.

• '한결 같음'의 실천

김상희(전남대 경영학부 교수)

김일태 교수님의 정년퇴임을 앞두고 교수님과의 인연에 대한 회고록 작성하는 것은 저에게 매우 영광스러운 일이면서 한편으로는 이제 학교를 떠나시는 것에 대한 아쉬운 마음도 가득합니다. 김일태 교수님의 연구업적, 학회에서의 모범적인 활동, 그리고 지역발전을 위한 헌신 등은 지면에 굳이 나열하지 않더라도 누구나 너무나 잘 알고 있는 업적이라 생각합니다. 김일태 교수님은 학생들과 동료교수들에게 존경받는 학자이시고 선생이셨습니다.

저는 김일태 교수님을 제가 학교에 임용된 2005년에 뵈었고, 그 때 이후로 항상 학자로서 그리고 교수로서의 자세가 어떠해야 하는지를 몸소 보여주셨습니다. 제가 김일태 교수님을 존경하는 이유는 그 분의 뛰어난 업적도 있지만 늘 '한결같음'의 실천 때문입니다.

김일태 교수님은 사람에 대해 한결같으십니다. 2005년 처음 뵈었을 때 이후로 사람에 늘 한결같으셨습니다. 사람의 관계는 이익에 따라 흔들리기 마련인데, 김일태 교수님께서는 한결같은 마음으로 사람을 대해 주셨습니다. 그리고 그 마음에 동료교수들에 대한 따뜻함과 진심을 가지고 계셨습니다. 해외학회를 다녀오시면 후배교수들에게 늘 작은 선물을 잊지 않고 건네주시면서 그 곳에 대해 설명을 해 주시곤 하셨습니다.

김일태 교수님은 연구에 대한 열정이 한결같으십니다. 많은 학자들이 시간의 흐르면서 연구의 열정이 줄어드는 것을 봐왔습니다. 그러나 김일태 교수님의 연구에 대한 열정은 제가 처음 봐왔을 때부터 늘 한결같으셨습니다. 퇴임을 앞둔 현재에도 연구에 대한 이야기를 하시면서 학자로서의 열정을 보여주고 계십니다. 교수님께서 퇴임을 앞두시고 전남대학교 석좌교수로 선정된 것은 너무나 당연한 결과라 생각합니다.

그리고 김일태 교수님은 학생에 대한 사랑이 한결 같으십니다. 교수님을 뵐 때마다 학생을 대하는 자세, 학생들과의 교감에 대해 늘 말씀하십니다. 교수는 학자이면서 동시에 선생임을 잊지 않도록 모범을 보여주셨습니다. 연구만이 중요한 것이 아니라 이러한 연구가 학생들의 교육을 통해 구현이 되어야 함을 늘 강조하셨습니다.

김일태 교수님께서 보여 주신 이러한 한결같음은 저 또한 지켜야 할 하나의 지침과 같은 역할을 하였습니다. 이제 김일태 교수님의 정년퇴임을 앞두고 이러한 한결같음을 몸소 보여주신 교수님을 떠나보내는 것이 한편으로는 아쉬운 마음입니다. 그리고 교수님과 함께 동료로 지낼 수 있어서 무한한 영광으로 생각합니다. 교수님께서 보여주신 학자로서 그리고 선생으로서의 자세를 기억하고 저 또한 학교를 떠날 때까지 실천하기 위해 노력하고자 합니다.

■ 2021.11.9.

■ 학회 활동과 수상의 기쁨

재직 기간 동안에 연구 성과를 인정받아 수상의 기쁨을 누렸다. 그 동안 연구 활동의 결과로 지역발전의 공로를 인정받아 건설교통부 장관상(2006)을 수상하였다. 그리고 전남대학교 교수 중에서 오랜 기간 동안 우수한 연구업적을 달성한 교수에게 수여하는 제14회 「용봉학술상」(2010)을 수상하는 영광도 갖게 되어 전남대학교와 김윤수 총장님께 감사드린다.

용봉학술상 시상식에서 김윤수 총장님과 함께 (2010.6)

또한 광주광역시를 빛낸 학문적 업적과 지역발전에 공헌한 성과로 강운태 시장님 재임 중에 제26회 「광주광역시 시민대상(학술 부문)」(2012)을 수상하게 되었다. 이용섭 시장님 재임 중에는 광주광역시청

광주광역시 시민대상 수상식장에서 강운태 시장님과 함께 (2012.5)

내 명예의 전당에 헌액되어 수상자들과 의로운 분들의 이름이 함께 새겨지는 분에 넘치는 영광을 받았다. 두 분 시장님께 감사드린다.

특히 2004년 한국학술진흥재단의 연구과제(불확실성하에서 개인의 기부행위에 관한 분석: 비순수공공재를 중심으로)는 2000년 이후 교육과학기술부의 10년 동안 정부의 우수한 연구 개발사업 중에서 뛰어난 연구 성과, 「The Effect of Uncertainty on the Voluntary Private Provision of Impure Public Goods」(The Singapore Economic Review, Vol. 54(1), 2009, 61-73)를 SSCI 국제학술지에 게재하여 교육과학기술부 장관의 「인문사회 기초연구 우수성과 인증패」(2012)를 수상하는 영광을 안게 되었다. 이 논문은 불확실한 경제 상황에서 개인들이 준공공재인 자발적 기부의 효과를 다룬 한국 경제학계에서도 드문 이론적 논문으로 가치를 인정받게 되었다. 2013년 9월 23일자 동아일보가 발표한 경제학 분야의 영향력 있는 학자로도 선정되었다. 2017년 지역경제 연구와 지역발전의 공헌으로 한국경제통상학회의 「대성에너지 지역경제 학술상」을 수상하는 영광도 얻었다. 또한 한국연구재단으로부터 연구비를 받아 논문을 게재하였고 학술연구 심사 평가위원과 인문사회연구본부 사회과학단의 전문위원으로 활동하였다.

학회 활동은 한국경제학회 부회장, 한국경제통상학회와 한국지역경제학회 회장을 역임하면서 국내외 학자들과의 학문적 교류의 기회를 갖게 되었다. 2019년 한국경제학회 부회장 시절 한국경제학회 운영에 기여하였고 2019년 대한민국 균형발전 정책박람회에서 한국경제학회 주관의 정책 세션들을 기획하여 회원들이 참석하는 기회를 만들었다. 특히 한국경제통상학회와의 인연은 특별하다. 당시 경제학 관련 학회는 서울 중심의 전공별 학회가 우후죽순처럼 창립되고 지방이 중심된 학회는 거의 없는 상황에서 부산 중심의 한국국민경제학회와 대구 중심의 한국경상학회가 활동하는 시기이었다. 2000년 초반에 한국국민경제학회 부회장으로 활동하면서 지방 최초로 2004년 10월 16일~17일 전남대학교에서 한국국민경제학회(최대환 회장)와 한국경상학회(박병진 회장) 공동으로 추계 공동학술발표대회를 개최하여 영호남은 물론 전국에서 많은 학자들이 참석하였다. 당시 전남매일 유동국 사장(현 전남테크노파크 원장)과 이병훈 전라남도 기획관리실장(현 국회의원)의 도움으로 성공적으로 마치게 되어 고마운 마음을 전한다. 이런 노력으로 두 학회는 2005년 통합하여 지방이 중심된 경제학의 모든 분야를 망라하는 한국경제통상학회가 탄생한 것이다. 초창기부터 초대 회장 최용호, 황규선, 홍철, 이대식, 최성관, 김호범, 김영재, 최창곤, 손수석, 김종웅, 이기동, 남병탁, 김기승, 김용원, 유영명 회장과 회원들의 헌신으로 학회 발전의 기틀을 마련하였다. 본인은 2009년 한국경제통상학회 회장으로 취임하면서 인사말을 통해서 학회의 방향을 제시하였다.

인 증 패

연구자 : 김 일 태 (전남대학교)
성과명 : The Effects of Uncertainty on the Voluntary Private Provision of Impure Public Goods

귀하는 교육과학기술부 연구개발사업을 성실히 수행하여 뛰어난 연구업적을 이룩하였기에 「인문사회 기초연구 우수성과 인증패」를 수여합니다.

2012년 10월 29일

교육과학기술부장관 이 주 호

연구성과 인증패 (2012.10)

• 취임사

한국경제통상학회 회장 취임 인사말(경제연구, 2009)

존경하는 학회 회원 여러분!

먼저 전통을 자랑하는 한국경제통상학회의 회장으로 본인을 선출해 주신 것에 대해 진심으로 감사드립니다.

작금 미국 발 서브 프라임 모기지 사태로 촉발된 세계적인 금융위기에 의해서 어려움을 겪은 한국경제는 이제 서서히 회복의 조짐을 보여주고는 있지만, 아직은 해결해야 할 난제가 산적해 있습니다. 이런 와중에서도 한국경제통상학회는 회원님들의 적극적인 참여로 한국경제와 지역경제가 지향해야 할 방향을 제시하기 위해서 '글로벌 경제위기와 지역 경제의 대응' 등의 주제로 국제학술대회를 개최하여 한국경제의 발전에 꾸준히 노력해 왔습니다. 특히 통합이래로 최용호, 황규선, 홍철 전임 회장님과 집행부가 보여주신 학회발전을 위한 헌신적인 노력이 지금의 위상을 만들었습니다.

이제 국내외적인 학문적 동향에 대처하면서 한국경제통상학회의 저변 확대와 세계화, 그리고 학회지 『경제연구』의 성장 차원에서 업그레이드할 시기에 와 있습니다. 먼저, 본인은 학문의 후속세대가 적극적으로 참여하는 학회의 분위기를 조성하고자 합니다. 특히 전공 대학원생과 젊은 학자에게는 논문 발표의 장을 확대하고 지역과 세대 간 학자들 사이의 학문적 소통의 장을 마련하고자 합니다. 그리고 국가와 지역사회의 아이디어와 정책의 대안을 제시할 수 있는 학회로 성장시키고자 합니다. 두 번째는 학회의 글로벌화에 일조하겠습니다. 2009년부터 일본의 전국규모인 권위 있는 일본응용경제학회와 상호 논문발표교류의 성사는 우리 학회로서는 동아시아에서의 위상을 높이는 계기가 되었습니다. 올해 학술대회는 일본의 저명한 학자들이 참석하기로 되었으며 우리 학회도 2010년 일본에서 개최되는 춘계대회에 참석할 예정입니다. 이제 중국, 대만, 홍콩을 포함하는 학회와의 교류를 성사시켜 동아시아를 아우르는 명실상부한 학회로 성장시키고자 합니다. 마지막으로 학회지인 『경제연구』가 한국학술진흥재단 등재지를 넘어서 세계적인 저명한 저널로 태어나기 위해서 편집위원회와 함께 노력하겠습니다. 우선 일본응용경제학회와의 교류를 통해서 편집위원과 심사위원을 교류하는 프로그램을 실시하고자 합니다.

저희 집행부는 학회의 저변 확대와 글로벌화, 학회지의 위상을 성장시키는데 성심을 다하고자 합니다. 학회 회원님들의 관심과 성원, 그리고 적극적인 참여가 학회의 지속적인 성장과 직결됩니다. 우리 학회가 세계와 지역에서 신뢰받는 학회가 될 수 있도록 최선을 다 하겠습니다. 학회 회원 여러분 모두의 건승을 기원합니다.

한국경제통상학회 회장 김일태

학회장 재임 시절에 '2012 여수세계박람회와 지역경제' 주제로 2009년 추계 국제학술발표대회(전남대학교 여수 캠퍼스, 10.30~31)와 '광역경제권 선도산업과 지역발전 전략' 주제로 2010년 춘계 학술발표대회(전북대학교, 6.4~5)를 개최하였다. 학회 개최에 당시 포스코경영연구소 소장으로 재직하신 김준한 박사님의 도움이 컸다.

특히 일본 西南學院大學(Seinan Gakuin University, 후쿠오카)에서 개최된 일본응용경제학회(Japanese Association for Applied Economics,

한국경제통상학회 추계 국제학술대회에서 (2009.10, 여수)

JAAE)와의 공동 학술대회에 다수 학회 회원과 함께 참석하여 논문발표와 교류의 시간을 가졌던 추억이 있다. 한국경제통상학회 사무국장으로 살림살이를 도맡아 고생하신 전남대 이상호 교수께 감사드리고 본인과의 인연과 추억의 글을 싣게 되어 고마운 마음을 전한다.

• 김일태 교수님에 대한 회고

이상호(전남대 경제학부 교수)

2022년 2월말로 전남대학교 경제학부에서 정년을 맞이하신 김일태 교수님께 축하와 경의를 드리면서도 CNU 석좌교수로 앞으로도 계속 학교에 남아계실 수 있어서 떠나보내는 아쉬움은 당분간 미룰 수 있게 되었다. 그래도 자주 뵐 날이 많지 않을 수 있다는 생각을 하니 김 교수님과 함께했던 지난 시절의 많은 기억들이 새삼 떠오른다.

김 교수님과 가깝게 된 계기는 공동으로 작업한 연구논문을 1997년 여름 미국 Western Economic Association에서 발표하기 위해 내가 처음으로 미국을 방문했을 때이다. 그 당시 Georgia에서 연구년을 보내고 계시던 김 교수님과 LA에 거주하시던 이승준 교수님을 Seattle에서 만나 LA까지 자동차 여행을 함께 하고 이후 Georgia로 건너가 일주일가량 김 교수님댁에서 사모님과 자녀들과 함께 했던 시간이 있었다. 당시 40대 초반의 건장하고 학구열에 빛나던 김 교수님을 생각하면 25년이 훌쩍 지난 지금도 아련하다.

1998년에는 전남대학교출판부에서 김 교수님과 공동으로 번역한 Ronald H. Coase(1989)의 『The Firm, the Market, and the Law』라는 1991년 노벨경제학상 수상자의 저서를 출간하게 된 것도 소중한 경험이다. 이후 김 교수님과 환경 및 공공경제 분야의 연구주제를 대상으로 공동연 구하여 공공경제(1999), Environmental and Resource Economics(2000), Environmental Economics and Policy Studies(2002)에 연구물을 연달아 게재하면서 김 교수님의 학문에 대한 열정을 실감하였다.

내가 김 교수님을 기억하는 일화 중에 하나는 한국연구재단의 대학원 교육지원사업인 BK21 연구단에 경제학부가 그룹으로 신청했던 사건이다. 김 교수님과 나는 2002년 선도연구자 지원사업에 이미 선정된 상황이었는데 BK21 교육사업에 사업단으로 신청하려면 연구재단의 중복지원제한 규정에 의해 선도연구자사업을 포기해야 했다. 이때, 김 교수님은 학부발전을 위해 흔쾌히 포기각서를 제출하는 용단을 내리셨다. 이후 전남대학교 경제학부는 2006년 BK21 사업에 선정되었고 지금까지 좋은 성과를 내고 있어서 호남지역의 대학원 경제인력을 배출하는 교육에 기초를 닦았다고 나는 평가한다.

연구와 교육활동을 넘어 김 교수님과 함께 했던 사회활동으로 2009년에 김 교수님이 한국경제통상학회 회장을 맡았을 때 내가 사무국장을 하면서 학회 일을 같이 도모했었고, 또한 김 교수님이 2011년부터 전남대학교 지역개발연구소장을 맡았고 내가 후임 소장을 역임했을 때 김 교수님과 함께 지역사회와의 네트워크 그리고 지역경제의 발전을 함께 고민하고 당면 문제를 해결하면서 많은 것을 배울 수 있었다. 이외에 중국이나 일본, 그리고 동남아 등에서 학회와 세미나에 참여하면서 함께 했던 지난 25년의 시간동안 인간적인 교류와 삶에 대한 고민을 함께 나누었던 경험들도 소중하게 떠오른다.

이제 세월은 흘러서 김 교수님이 경제학부에 오신지 30년에 가까운 시간이 훌쩍 지나갔다. 언제나처럼 학문에 대한 열정을 밝혀 나가시고 또한 건강한 삶을 유지하면서 전남대학교에서의 생활을 훌륭히 마무리했으면 하는 마음이 간절하다.

2009년 시작된 일본응용경제학회와의 교류 인연도 특별하다. 2006년 당시 부산에서 개최된 학회에서 만난 이우형 교수(계명대)을 통해서 일본 큐슈대학의 호소에(細江守紀, Moriki Hosoe) 교수와 오오수미(大住圭介, Keisuke Osumi) 교수를 소개받았고, 2006년 11월 일본 큐슈대학 경제학과 초청세미나와 히로시마 수도대학(広島修道大学, 11.25~26)에서 개최된 일본응용경제학회 추계학술대회에 참석하여 논문을 발표하였다. 2007년 5월 11일 두 분 교수를 전남대학교에서 개최된 한국지역경제학회 광주·전남지회 창립 기념 국제학술세미나에 초청하여 오오수미 교수가 논문(Environment and Innovation in the Knowledge-based Economy)을 발표하고 호소에 교수가 특강에 참가했

국제학술세미나에서 호소에 교수와 오오수미 교수 초청(2007.5)

던 것이 계기되어 두 학회의 교류가 시작되었다.

한국경제통상학회는 일본응용경제학회와 매년 세미나를 통해서 10년 이상의 교류를 지속하여 양국의 학자들 간 연구역량을 축적하게 되었다. 이런 두 학회 회원들의 연구역량이 토대가 되어 『Applied Analysis of Growth, Trade, and Public Policy』(성장, 무역, 그리고 공공정책의 응용분석, 2018)의 도서가 Springer 출판사에서 JAAE와 KEBA의 10주년 국제학술교류를 기념하여 출간되었다. 뜻깊은 성과이다. 이런 학문적 교류와 연구 업적으로 본인은 2019년 일본 남산대학(南山大学, 나고야)에서 개최된 춘계학술대회(6.15~16)에서 일본응용경제학회으로부터 「학술평생업적상(Academic Lifetime Achievement Award)」을 수상하는 무한한 영광을 얻었다.

일본응용경제학회 학술평생업적상 수상 후 일본 나고야 남산대학에서 田中広滋 회장과 함께 (2019.6)

이런 오랜 인연으로 일본응용경제학회 회장을 역임하신 모리키 호소에(Moriki Hosoe) 교수와 공동으로 세계유명출판사 스프링거 네이쳐(Springer Nature)에서 『Applied Economic Analysis of Information and Risk』(정보와 위험의 응용경제 분석, 2020)을 출간하여 세계적으로 학문적 업적을 축적하는 기회를 가져 자긍심을 갖게 되었다. 호소에 교수는 70세를 넘긴 연세에도 2020년부터 전남대학교와 자매대학인 「구마모토학원대학(Kumamoto Gakuen University, 熊本學園大學)」의 총장으로 재직하고 있다. 호소에 총장은 그 간의 학술 교류와 우정을 간직한 인연과 회고의 글을 보내주어 고마운 마음을 전한다. 코로나19의 여파로 상호 학문교류에도 심각한 영향을 미쳤지만 두 학회는 2020년부터 국제학술대회는 온라인 방식으로 교류를 이어가면서 우의를 돈독하게 쌓아가고 있다. 2021년 가을 부산에서 개최된 한국경제통상학회는 본인에게는 현직으로서는 마지막 학회 참석의 기회였다. 유영명 회장을 비롯한 학회 회원 분들이 따뜻하게 마련해 준 고별의 시간을 갖게 해 주어 감사드린다.

한국지역경제학회 회장 시절에는 중국 절강대학 교수들과 일본 사가대학 이금동 박사를 초청하여 '지역행복을 위한 지역발전정책과 사회적 경제' 주제로 2015 지역발전 공감 및 국제학술세미나(7.16)를

고별 특강 한국경제통상학회에서 (2021.11, 부산)

전남대학교에서 개최하였다. 당시 沈文華(절강대학교 공공관리학원 당위원회)서기가 함께 참석하게 되어 중국 절강성과 자매결연을 맺은 전라남도청을 방문하여 당시 이낙연 지사님과 면담의 기회를 가져 민간 차원에서 두 나라의 교류를 돈독히 하는 기회를 마련하였고 최형식 군수님의 초청으로 담양의 대나무 관련 관광자원을 소개하고 관람하는 시간을 가졌다. 당시 큰 도움의 기회를 준 지역발전위원회 정책연구관 한경원 박사에게 감사드린다. 그리고 한국지역경제학회 제주지회 창립의 초석을 마련하였다. 고태호 박사(제주연구원)

전남도청에서 이낙연 지사님과 중국 절강대학 교수와 함께 (2015.7)

의 노력이 컸다.

2008년부터 한국지역경제학회는 중국의 절강대학교와 격년제로 국제학술대회를 개최하여 학회의 회원들과 해외 학자들과의 교류를 통한 회원의 연구 역량 축적의 기회를 마련하였다. 특히 두 기관의 학문적 교류에서 한국에서는 초창기부터 허재완, 박철수, 박태식, 김태명, 모성은, 송부용, 임배근, 송해안, 이춘근, 김동주, 고영구, 엄수원, 박종찬 회장, 그리고 홍기용, 강동희 교수의 기여가 컸다. 중국 절강대학교에서는 陳建軍(Chen Jian Jun) 교수(작고)와 蔡宇(Cai Ning) 교수가 큰 공헌을 하였고 지금도 蔡宇 교수와 메일로 연락하곤 한다. 코로나19 여파로 蔡宇 교수님이 초청한 2020년 절강대학 특강도 참석하지 못했지만 소중한 인연과 회고의 글을 보내주어 감사드린다.

중국 절강대학교 한중일 국제지역경제 컨퍼런스(2016.12)

또한 등재지 한국경제통상학회의 『경제연구』 편집위원장, 한국경제학회 이사와 『경제학연구』 편집위원, 한국재정학회 이사 겸 편집위원,

한국경제교육학회 이사와 편집위원, Journal of Business and Economics (ISSN 2155-7950) 편집위원, 일본응용경제학회의 『응용경제연구(Studies in Applied Economics)』 편집위원, 『Korea and the World Economy』 편집위원, David Publishing Company(Journal of China-USA Business Review, Chinese Business Review) 편집위원으로 활동하였다. 지금도 한국연구재단 등재학술지 한국지역경제학회의 『지역경제연구』 편집위원장을 맡아 학술지 발전에 기여하고 있다. 이런 연구 성과로 2008년 세계인명사전(Marquis Who's Who in the World)에 등재되었고, Marquis Who's Who, Albert Nelson Marquis Lifetime Achievement Award(2017, 2018)로 학술공로를 인정받게 되었다.

그동안 애쓴 학문적 노력과 연구 성과로 2021년 8월 전남대학교 한림원으로부터 연구석좌교수에 선정되는 영광도 얻게 되었다. 이런 기회를 준 전남대학교와 정성택 총장님께 감사의 마음을 전한다.

■ 국가와 지역사회 공헌의 길을 걷다

본인은 연구와 캠퍼스에만 머물러있지 않고 국가와 지역사회에 기여하는 기회를 가지게 되었다. 주요 활동으로 한국컨테이너부두공단의 선임 비상임이사(2009-2011)로 재직하면서 경영활동과 예산 수립 등을 통해서 공기업의 의사결정에 참여하였다. 광양항의 항만 발전과 컨테이너 부두 시설, 마케팅 활동을 지원하여 2010년 200만 TEU를 달성하는 세계적인 항만으로 도약하는데 일조하였고 지금의 여수광양항만공사의 출범에 필요한 조직의 제도적 장치와 발전 방향에 대한 기틀을 마련하였다. 그리고 글로벌 금융위기 이후 낮은 경제성장률과 일자리 부족이 심화된 2010년대에 고용률 70% 달성의 지역 일자리 창출을 위해서 일자리 창출 100인 포럼(행정안전부), 한국지역경제학회와 고용노동부 공동으로 중앙과 지방을 연결하는 일자리 컨설팅 사업에 매진하는 기회를 갖게 되었다. 특히 2011년 4월부터 2014년 12월까지 전라남도 지역일자리 목표공시제 컨설팅 지원사업의 대표 컨설턴트로 참여하여 일자리 유공자 포상으로 2013년「대통령 표창」을 수상하는 영광의 기회를 갖게 되었다.

또한 국토교통부 중앙부동산평가위원회와 국가교통위원회, 고용노동부 지역맞춤형 일자리평가심사단, 지역발전위원회 평가자문단 활동으로 정부 정책의 심의와 자문에 참여하여 국가와 지역발전에 일조하였다. 지금은 농림축산식품부의 농업유산자문위원회 위원으로 국가중요농업유산의 지정과 보전을 위한 활동을 하고 있다. 그리고 2016년부터 조억헌 사장 재직시 KBC 광주방송의 시청자 위원회 활동을 통해서 지역사회와 시청자들이 바라는 방송의 역할과 방향을 자문하고 조언함으로써 지역사회에서 언론의 역할을 제시하는 소중한 경험을 갖게 되었다. 조억헌 사장은 광주은행 부행장 시절에 함께 개성 견학을 다녀왔고 대학 특강을 통해서 학생들의 금융권 진출에 대한 조언을 아끼지 않았다. 그의 학생들을 위한 정열적인 활동에 감사의 마음을 전한다. 그리고 광주은행의 정찬암 부행장, 강대옥, 박진영, 김성채 지점장, 최홍곤 부지점장의 도움도 컸다.

특히 국가와 지역의 소중한 경험으로 2015년부터 4년 동안 노경수 교수(전 광주광역시도시공사 사장)와 함께 국토교통부 중앙도시계획위원회 위원 활동을 통해서 한국의 국토개발과 지역개발 방향에 일조하였다. 유병권 원장, 김철홍 위원, LH공사 김필성 부장의 노력에 감사한다. 특히 우리 지역의 산업단지 개발에 필요한 평동산단 3단지, 도시첨단 국가산업단지, 광주 에너지밸리 산업단지의 그린벨트 해제와 산업단지계획이 기여하여 지금의 광주와 전남의 에너지 산업단지의 초석을 다진 기회로 보람을 느끼게 되었다. 이런 공로로 2017년 광주광역시장 표창도 받게 되었다. 또한 김성진, 박석강 교수와 함께 대불과 율촌의 자유무역지역의 발전 방안을 제시하는 역할도 수행하였다.

대학의 사회적 역할로 지방정부와 공공기관에서 광주광역시 일자리위원회, 시정자문위원회, 광주전남상생발전위원회, 행정안전부 지방공기업 평가단, 광주광역시도시공사 이사회 의장, 김대중 컨벤션센터 비상임이사, 광주상생일자리재단 이사, 광주광역시 지방재정계획심의위원회, 전라남도 산업단지심의위원회와 녹색성장위원회, 광주지방국세청 국세심사위원회, LH광주전남 지역협치포럼 등에 참여하여 지역의 비전과 정책 방향에 일조하였다. 이런 노력으로 2016년 국세청장 표창을 받았다. 특히 제11대 강운태 광주광역시장 직무인수위원회(2010년)와 제13대 이용섭 광주광역시장 광주혁신위원회(2018년)

광주혁신위원회 출범식에서(2018.6)

일자리·경제 분과위원장으로 참여하여 김윤수 위원장님(전 전남대 총장), 박재영 분과위원장님(현 광주전남연구원장)과 함께 지방정부의 혁신과 발전에 대한 구상과 방향을 제시함으로써 소중한 정책 참여의 경험을 얻게 되었고 광주광역시의 지역발전 모습을 보게 되어 일한 보람을 느끼게 되었다.

그동안 일자리 목표공시제 컨설팅 사업의 참여를 통한 경험과 지역 일자리에 대한 열정으로 광주광역시 일자리위원회 부위원장으로서 2018-2019년 지역일자리 인프라 구축, 취약계층 및 경제 분야별 지역 일자리창출 추진전략 로드맵 수립과 현장 중심의 일자리 혁신투어를 주관하여 정책제언과 시민 참여 공감의 일자리 아이디어 공모전으로 광주형 일자리 창출의 기반 조성에 기여하였다. 또한 2009년부터 전남지역 일자리 목표공시제 대표 컨설턴트, 조선업희망센터 운영위원장 등을 역임하면서 지역일자리 공시제 컨설팅과 워크숍 개최, 조선업 퇴직자 재취업과 전직 지원 등으로 조선업종의 일자리 대책과 지역

청년과 함께하는 일자리 혁신투어에서(2019.3)

일자리 정책 발굴 및 지역일자리 목표공시제의 정착에 기여하였다. 이런 결과로 "2020년 일자리창출 유공 정부포상" 시상식에서 일자리 창출지원의 선도적 역할을 인정받아 「근정포장」을 수상하는 기쁨을 얻었다. 특히 고용노동부 정영상 청장, 박승택 과장, 김재율 과장, 양성진 과장, 그리고 광주광역시 일자리 부서 담당자 분들의 큰 도움에 감사드리며 수상의 기쁨을 지면을 통하여 함께 나누고 싶다.

본인은 고향을 사랑하는 마음에서 담양 발전을 위한 활동에 참여하였다. 담양은 대나무가 무성한 고장이다. 민선 3기와 민선 5기부터 3선을 연임하신 최형식 군수의 담양 사랑이 없었으면 지속적인 생태도시로 담양이 글로벌하게 우뚝 서는 것은 힘들었을 것이다. 최형식 군수는 대나무의 브랜드를 활용하여 군 단위로는 최초로 2015년 「담양세계대나무박람회」를 개최하고 박람회 개최 동안에 제10차 세계대나무협회(WBO)의 총회를 개최하여 담양의 글로벌 브랜화를 구축하는 계기를 마련하였다. 본인은 2013년 담양군이 총회를 유치하기 위해서

근정포장 시상식에서 이재갑 장관님과 함께 (2020.12)

최형식 군수와 함께 총회가 열리고 있던 벨기에 앤트워프 시로 달려가서 회원국의 동참을 유도하여 2015년 총회의 담양 유치를 성공적으로 수행하게 되었다. 그리고 전국적인 대나무협회를 창립하기 위해 추진위원장으로 활동하여 (사)한국대나무발전협회를 2015년에 창립하였다. 2020년 3대 회장에 취임하여 참여 회원들의 권익을 위해 대나무와 관련한 과학, 기술, 산업, 관광, 식품 등의 분야에서 정보를 제공하고 2020년과 2021년 한국대나무 학술대회를 개최하여 회원들의 활동을 돕고 있다. 그동안 협회를 이끌 온 박충년, 정우양 회장과 장광호 사무국장, 박창규 학술위원장, 이원철 부회장, 윤병선 이사, 박종원 의원 등 협회 이사 분들의 헌신적 노력이 컸다. 담양의 생태환경을 위해 애쓴 박동화 대표이사님과 지역발전에 힘쓴 김승태 대표님(전 담양군 과장)에게도 고마움을 전한다. 이런 고향에 대한 애정으로 2020년 12월 담양군으로부터 감사패를 받게 되는 영광을 얻게 되었고 2021년

10월 (사)담양대나무축제위원회 이사장으로 취임하게 되었다.

스스로 돌이켜보면 교수로서 캠퍼스 밖의 사회적 역할이 힘든 점도 있고 학문 연구의 소홀함도 있겠지만 국민과 지역주민의 삶과 직결된 정책에 참여하는 것도 보람이 있었고 본인의 삶에서 소중한 자산이라 생각한다.

마지막으로 본인은 국가와 지역사회, 그리고 대학으로부터 받았던 격려와 성원에 보답하는 길에 대해서 고민하였다. 이런 고민의 순간에 제자들을 위해 2010년 제14회 용봉학술상의 상금 전액을 전남대학교 발전기금에 기탁하게 되었고 지역의 인재 양성을 위해 학업에 전념할 수 있는 분위기와 용기를 갖도록 2011년 (재)담양장학회와 2012년 (재)빛고을장학재단에 미력이나마 힘을 보태게 되었다. 본인은 대학 강단에서 강의하고 연구하고 봉사할 수 있게 기회를 제공해 준 국가와 지역, 그리고 대학에 그저 감사할 따름이다.

담양장학회 장학금 기탁에서 최형식 군수님과 함께 (2011.11)

제2부 삶을 반추하다

제6장 신앙과 함께

■ 하나님을 만나다

본인과 아내는 개신교와 천주교로부터 신앙을 출발했지만 결혼 후 종교적 합일점을 이루진 못했다. 1998년이 되어서야 미국 에덴스(Athens Southern Baptist Church) 한인교회를 다니면서 아내는 세례를 받고 정식적인 개신교 세례교인이 되었다. 신앙의 봇물은 한국에 돌아와서도 이어져 대학생 성경읽기 선교회(UBF, University Bible Fellowship)에서 믿음생활을 이어갔다. 대학교수로서 많은 학생들을 신앙에 기초하여 학업과 실력, 인성을 키워주고 싶은 마음이 컸기 때문이다. 전남대 캠퍼스를 기반으로 신입생과 재학생들을 돌보고 헌신하고 있는 주니어, 시니어 학사들로 인하여 우리부부의 신앙도 성장하였다. 그 당시에 발표한 나의 인생소감(2004)의 전문이다.

• 인생 소감

"가로되 내가 거기 갔다가 후에 로마도 보아야 하리라"(행19:21)

오늘까지 여러분은 무엇을 보며 달려 왔습니까?

이런 문제를 제 인생간증과 사도 바울의 인생을 통해 극복 될 수 있기를 기도합니다.

모든 길은 로마로

저는 고등학교 선생님이시며 당대의 로맨티스트셨던 아버지와 기우는 가세를 어찌하던지 일으키고자 애쓰시는 어머니 사이에서 태어났습니다. 당시 아버지는 자신이 다녔던 서울대학교에 입학하는 것이

로마로 가는 길, 즉 내 인생이 성공으로 가는 길임을 깨우쳐 주셨습니다. 그래서 나는 어려서부터 공부를 열심히 해서 서울대에 간다는 것은 당연한 것처럼 생각했기 때문에 모든 시험을 통과할 수 있었습니다. 또한 저에게는 맹모삼천지교와 같은 맹렬한 모성을 발휘하시는 어머니가 계셔 든든하였습니다.

제가 다녔던 70년대 대학은 보고 배울 것도 많은 화려한 생활처럼 보였지만, 사회는 암울한 시기였고, 나의 존재나 환경 또한 바뀐 것이 없었습니다. 입주 가정교사와 자취생활로 서울 생활은 오히려 고단하였습니다. 또 당시는 박정희 유신 독재 말기로 말 한마디 잘못하면 아무도 모르는 곳에서 죽임을 당하는 삼엄한 시기였습니다. 대학의 동아리 활동을 통해 참된 스승, 진정한 선후배와 동료, 그리고 평생 반려자를 얻는 것이 인생의 보람을 찾을 것이라고 위로하였습니다. 그러나 현실은 아무 소망이 없고 독재를 타도하는 것만이 '존재의 이유'에 답하는 유일한 길이었습니다.

저는 하나님을 믿지 않는 가정에서 태어났지만 대학 2학년 때 교회에서 쫓기는 자를 보호하고 위로해 주며 '혁명가 예수님'을 배운다기에 선배의 권유로 나가기 시작했습니다. 나의 하나님은 독재로 부터 민족과 사회를 구원하여 정의롭고 평등한 사회로 인도하는 분으로 다가왔습니다. 특히 출애굽기 말씀공부를 통해 "내 백성 이스라엘 자손을 애굽에서 인도하여 내게 하리라"(출3:10)말씀을 "내 백성 한국자손을 독재에서 인도하여 내게 하리라"라고 바꾼 이 말씀으로 크게 힘과 위로를 받았습니다. 이것도 믿음이라고 축복하셔서 1981년 세례를 받게 되었습니다.

그러나 학년이 올라가는 암담한 현실로 돌아오면 이 하나님은 너무 멀리 계시고 응답치 않으신 것 같았습니다. 민족을 구원하느냐? 내 자신의 삶이 먼저냐? 이것이 문제였습니다. 이런 딜레마 속에서 내 인생은 로마로 가는 길을 선택하여 최강국인 미국으로 유학을 갔습니다. 유학생활을 하면서 교회에 나갔지만 목사님의 설교를 들어 보고 개인 구원과 물질 축복의 말씀이 나오면 구복신앙이라고 판단하는 교만한 바리새인이었습니다. 그러나 하나님은 이런 나를 잊지 아니하시고 학위 기간 내내 장학금을 허락하시고 박사학위를 받게 하셨습니다. 1990년 전남대 경영대학 교수로 광주생활을 하게 되었습니다. 더 넓고 화려한 곳에서 일하는 것을 꿈꾸던 자신이 좁은 이 땅에 갇혀야 하는가 운명적인 생각을 하게 되었습니다. 내가 운명적인 생각이 들자 가르치고 연구하는 생활도 힘이 없고 소망도 사라지게 되었습니다. 더 높은 목표를 세워 또 올라가야만 하는가 하는 허망한 생각이 들었습니다.

모든 길은 예수님께로

이런 나를 불쌍히 여기시고 하나님께서는 UBF 말씀공부를 통해 찾아 오셨습니다. "내가 주는 물을 먹는 자는 영원히 목마르지 아니하리니 나의 주는 물은 그 속에서 영생하도록 솟아나는 샘물이 되리라"(요4:14) 말씀으로 제 인생의 목마름은 결국 예수님을 만나지 못한데서 오는 것임을 알게 하셨습니다. 영생수 되신 예수님의 말씀으로 무기력하고 갈증난 인생이 물러가고 기쁨과 만족, 감사가 흘러 넘쳤습니다. 매 주일예배 말씀과 은혜로운 수양회 그리고 오늘 같은 말씀 축제를 통해 예수님이 나 같은 죄인을 사랑하시되 끝까지 목숨을 내 놓는 대속의 사랑을 알게 하시고 내 이기심과 교만의 죄를 회개케 하셨습니다. 이렇듯 많은 말씀공부를 통해 은혜를 받았는데 특별히 오늘 요절말씀인 사도행전을 통해 놀라운 영적비밀을 알게 되었습니다. 제가 다시 한번 요절 말씀을 읽어보겠습니다. "가로되 내가 거기 갔다가 후에 로마도 보아야 하리라"입니다. 사도 바울은 여러분이 잘 아는 바와 같이 바리새인 중의 바리새인으로 예수님을 핍박하는데 선봉에 섰던 자였습니다. 그러나 다메섹 선상에서 부활하신 예수님을 만난 후에는 회개하여 이방인의 구원역사를 목숨을 드려 섬기면서 결국 대 로마 제국의 선교기틀을 마련한 위대한 사도였습니다. 이 말씀의 시점은 아무도 대 로마제국의 복음전파를 꿈꾸지 않았던 시기입니다. 다만 사도 바울은 에베소에서 3년간의 이방선교를 통해 비젼과 믿음이 충만한 시기였습니다. 그는 믿음으로 세계를 바라봤을 때 이미 그의 눈은 세계의 최강국 로마를 복음으로 정복하는 꿈을 꾸었습니다. 실제 그 후 그는 죄수의 몸으로 로마로 압송되어 순교할 때까지 복음역사를 이루어 오늘날 온 천하에 복음이 널리 펼치는 기이한 역사를 이루었습니다.

우리도 이 젊음의 시기에 현실의 많은 꿈과 야망을 이루고자 합니다. 그런데 이 꿈과 야망이 꼭 내 손으로 이뤄야 한다는 자기 중심적인 생각에 사로 잡혀 있습니다. 그래서 이를 이루지 못할 때 많은 좌절과 실패감에 빠져 자신은 아무것도 할 수 없다고 여깁니다. 요즘 우리는 지방대학에 실업난으로 마음은 한없이 좁아지고 비젼이 없습니다. 그러나 이 때 보아야 할 로마가 무엇입니까? 하나님의 복음입니다. 우리에게 죄 사함과 영생을 주시는 예수님을 바라고 믿는 것입니다.

그러나 예수님 믿는 것이 현실에 전혀 도움이 안 된다는 불신 때문에 우리는 자신만을 바라보고 있습니다. 그러나 자기 능력은 이미 많은 시험을 거쳐 검증되었습니다. 자기 실력과 한계는 자기가 잘 알지 않습니까? 저도 예수님을 만나기 전에는 자기 자신만이 자기를 구원하는 것이라 생각하였습니다. 자신의 삶은 내 능력대로 내가 최선을 다해 끝까지 노력하는 것이고 그 이상은 한계라 생각하여 열등감에 시달리며 포기하거나 미지의 세계로 버려두었습니다. 그것은 참 겸손하고 이성적 판단인 것처럼 보였습니다.

그러나 가만히 하나님의 입장에서 보면 어리석기 짝이 없었습니다. 왜냐면 하나님은 내가 포기하거나 대부분 미지의 세계로 남겨둔 95%의 광대한 곳에서 일하시기 때문입니다. 그러므로 인생은 보이는 성과 자체를 떠나 하나님 없이 사는 인생이 가장 실패한 인생입니다. 겉으로는 젊을 때 뭔가 한 것 같다고 자신에게 속은 실패를 뼈저리게 경험한 저에게 요즘 제가 기도하는 "전대 성경선생 양성과 교수목자를 세우는 기도"가 얼마나 성공적인 기도인가를 알게 하셨습니다. 또한 사람을 "로마도 보아야 하리라"는 믿음과 비젼이 충만한 자로 키우는 인생이 얼마나 소중한 삶인가 알게 하셨습니다. 여기 오신 양님들과 목자님들은 자기 인생의 한계를 넘어서 일하시는 하나님을 보고 사도 바울 같이 고단하고 어두운 현실과 인생 가운데서 승리하는 믿음의 사람들이 되길 기도합니다. 감사합니다.

지금은 선교회를 떠났지만 성경공부와 신앙생활에 도움을 주신 이 여호수아, 김 느헤미야, 이 요셉, 임 이삭, 신 아브라함, 박 요셉, 온 갈렙, 곽 아브라함, 박 스테반, 손 다니엘, 이 다윗 목자와 사모님들과의 인연과 헌신에 감사드린다. 당시 박 요셉 목자의 칼럼집 추천사(2005)를 통해서 인연을 생각해 본다.

• 칼럼집 추천사

"집은 지혜로 말미암아 건축되고 명철로 말미암아 견고히 되며 또 방들은 지식으로 말미암아 각종 귀하고 아름다운 보배로 채우게 되느니라"(잠24:3-4)

박욱규(박 요셉) 교수님의 칼럼을 읽을 때마다 이 말씀이 생각납니다. 박 교수님은 지난 30여 년 간 광주 UBF(대학생 성경읽기 선교회)에서 말씀을 사모하고 복음을 대학생들에게 전하시는 가운데 그 분의 인생도 말씀 위에 건축되신 분입니다. 그래서 그 분의 칼럼을 묵상하면 인생의 비바람과 폭풍 가운데 능히 견디고 승리하는 하나님의 지혜를 배우게 됩니다. 또한 하나님이 주신 각종 보석 같은 지혜와 명철이 각 칼럼마다 꽉 차 있기 때문에 마음이 감동되어 기쁨과 아름다운 소원을 불러일으킵니다. 실제적으로 젊은이들에게는 세상 유혹을 이기는 승리의 비결과 나이든 이들에게는 낙심하는 마음이 소망으로 일어나는 성경적 비밀이 숨어있습니다. 젊을 때부터 주와 복음에 헌신하신 충성의 결정체가 고스란히 이 칼럼에 녹아 있습니다.

박욱규 교수님과 나의 교제는 내 나이 불혹을 훌쩍 넘어서였습니다. 그 분은 투철한 성서적인 순종의 자세에 기초한 해박한 고전적 유머감각을 겸비한 국문학자입니다. 늘 넉넉한 산처럼 포용하고 이해하는 믿음의 목자입니다. 나는 그 분을 통해서 영적으로 성장하였고 지금은 분에 넘치는 추천사를 쓰고 있습니다. 아무쪼록 이 칼럼집이 여러분의 마음에 빛과 소금이 되어 하나님의 영광이 드러나기를 기도합니다.

전남대학교 경영대학 교수 김일태

제2부 삶을 반추하다

제7장 나의 제자들

■ 제자들과의 인연

재직 시절 강의와 봉사활동을 통해서 학부와 대학원 제자들과의 만남은 젊은 시절을 떠오르게 한다. 본인의 강의를 수강하고 취업한 제자들, 학업과 진로 상담과정에서 취업과 진로를 고민하는 지도학생들, 학업 중에도 시간을 쪼개 학회 활동을 보조한 학생들(조혜령, 이보연 학생), 바쁜 와중에도 사회봉사활동에 전념한 '나눔 동아리' 활동에 참여한 학생들, 제자들의 모습이 선하다. 2021년 경제학부의 설강 과목인 마지막 공공경제학 강의 수강생들과 함께 한 모습이다.

마지막 강의 공공경제학 수강 학생들과 함께(2021.11)

또한 본인을 쫓아 학문의 길을 걷고자 했던 대학원 제자들이 있어 그들과의 동행은 무척이나 교수 시절을 풍성하게 만들어 주었다. 공자는 제자들을 받아들이면서 "子以四教(자이사교)하시니 文行忠信(문행충신)이러시다"(述而 편)의 말씀으로 제자들에게 네 가지를 가르쳤는데 그것은 학문, 실천, 충성, 신의이다. 또한 학문의 자세에 대해서 공자는 제자들에게 "子曰, 學如不及(학여불급), 猶恐失之(유공실지)"(泰伯 편) 말씀으로 "배움은 잠시라도 게으름을 피우면 따라가지 못할 듯하고 이미 배운 것도 잃어버릴까 두려워하는 자세"로 임해야 한다는 점을 상기시켰다.

이런 점에서 본인은 제자들에게 철저하게 실용적이면서 현실에 적용할 수 있는 논문 주제를 선택하라고 하였다. 학위 논문은 공공경제, 문화산업, 지역경제, 지방재정, 지역산업, 지역금융, 지역발전 등에서 다양한 주제를 선택하여 관련 데이터를 이용하여 통계적 기법을 통한 분석으로 실질적인 문제를 해결하는 방안과 정책적 시사점을 제시하는 방향으로 지도하였다. 그리고 국내외 학회 참석과 논문 발표를 통해서 끊임없이 열심히 배우도록 독려하였다. 또한 요즘 학위 후에 취업의 문이 만만치 않는 점도 고려하였다. 그들 중 학위를 마치고 연구원, 금융기관, 학교 등에서 근무하거나 퇴직하고 재취업해서 제2의 삶을 지내고 있지만 과정 수료에 그치거나 도중에 포기한 제자들도 있어서 아쉬움이 남는다. 특히 제자 송연화 양, 양원석 군, 정용주 군의 앞날에 큰 축복을 기원하는 주례로 인연을 쌓게 되었다. 그리고 전남대 산업대학원 입학으로 인연이 되어 주례도 서게 된 박용순 박사의 도움도 소중하다. 제자들의 회고와 감사 편지, 그리고 제자 송연화 양 결혼식의 주례사(2011)를 소개한다.

• 지도 제자의 석사 및 박사 학위논문

석사학위 논문

정영두, 「지역개발을 위한 지방투자재원 확충방안에 관한 연구: 광주직할시를 중심으로」, 1994년 2월

강성식, 「Fungibility 가설과 국고보조금의 지출효과」, 2002년 8월
김봉진, 「중위투표자이론을 이용한 지방재정지출 결정요인 분석」, 2003년 2월
송명화, 「재정이전재원의 지역 간 위험분산효과: 한국의 사례」, 2009년 2월
김선호, 「지역혁신사업의 지역경제 파급효과: 전남의 지역산업기술개발사업을 중심으로」, 2010년 2월
정유석, 「지방세제의 개편과 지방재정 효과: 지방소비세 도입 중심으로」, 2010년 2월
송연화, 「문화산업의 경제적 파급효과 분석: 산업연관표의 외생화를 이용하여」, 2010년 2월
김원식, 「의료서비스산업의 경제적 파급효과 분석: 산업연관표의 외생화를 이용하여」, 2010년 8월
최지혜, 「사회복지지출과 경제성장의 인과관계」, 2012년 2월
이주연, 「위계적 선형모형을 통한 학업성취도 요인 분석」, 2014년 8월
김지혜, 「금융서비스 품질이 고객만족도와 충성도에 미치는 영향: 광주광역시 금융기관 이용 사례 중심으로」, 2018년 8월
강덕균, 「한국 경제발전과 출향 호남기업인의 역할: 창업혁신과 기업가정신을 중심으로」, 2021년 8월

박사학위 논문

김봉진, 「지역경제와 지방재정의 효율성: 연구개발 지출과 지방이전재원」, 2007년 2월
송명화, 「지방재정과 지역경제성장에 관한 연구」, 2013년 2월
최지혜, 「지역 고용과 지역경제성장: 산업과 복지재정의 역할」, 2016

년 8월

학위과정의 지도 제자들

유동국 박사, 양복완(전 경기도 제2부지사), 임성훈, 이영광, 신애경, 김정은, 박성연

제자들과 함께(2014.12)

• 제자들의 감사 편지와 회고

시간을 되돌아

시간이 쏜살같다는 말이 있습니다. 추억해보니 꿈처럼 지나간 시간이었습니다. 지도교수와 제자로 인연을 맺고 20여 년의 시간이 정말 꿈처럼 지났습니다.

아이는 어른의 등을 보고 자란다고 합니다. 국내외 학계에서 인정받는 경제학자로서 풍부한 학문적 지식을 넘어 실사구시의 현실 참여적인 실천을 보고 배운 후학으로서 항상 현실설명력과 실현 가능성을 강조하시는 교수님의 지도방침이 오늘날의 저를 만들었다고 생각됩니다. 되돌려 생각해보면 지난 20여 년 동안 매년 춘계, 추계 학술대회가 열릴 때마다 학술논문을 발표하도록 독려하시고, 학술지에 투고하기를 멈추지 말라고 강조하시며 학자로서의 길을 걷는 자세를 가르쳐주셨다는 생각이 듭니다. 이제는 순수학술연구에서 한 발 떨어져 지역의 정책을 연구하는 연구자로서 다년간 교수님께 배운 여러 지식과 경험들이 저의 연구 활동의 지표가 되었습니다.

또한 학자로서의 영역을 넘어 인자하신 아버지 같은 모습으로 학생들과 함께 고민하시는 모습에서 선배로서 또는 어른으로서의 자세를 배우기도 하였고, 더욱이 평소 실천하시는 장학활동 및 기부활동을 보면서 지성인의 의무를 배우기도 하였습니다. 지난 20여 년간 교수님과 함께 보낸 배움의 시간들이 저의 삶의 철학이 되었습니다.

최근 들어 교수님을 거쳐 간 제자들을 한명 한명 거론하시며 걱정하시고 그리워하시는 모습을 뵐 때마다 부족한 제자로서 죄송스럽고 감사한 마음이 깊습니다. 특히 학문의 길에 들어섰다 여러 가지 사정으로 중도에 그만둔 제자들을 항상 안타깝게 생각하시는 모습을 뵐 때마다 힘을 더하여 드리지 못함에 안타까운 마음입니다. 어느 자리에 어떤 모습으로 있든 교수님과 함께했던 시간이 그들의 삶에 쓰임새 역할을 할 것입니다.

이러저러한 일들로 가끔 모교에 들렀다 농대 앞 테니스코트를 지날 때면 하루 일과를 마치시고 동료들과 땀 흘리며 테니스를 즐기시던 교수님의 모습이 아련하게 떠오릅니다. 요새 운동하냐고 물으시며 공부도 체력이 있어야 할 수 있다 하시며 틈나는 대로 체력관리 운동도 게을리 말라시던 모습이 생각납니다. 수년째 요새 운동하냐고 물으시는데 겸연쩍게 웃어넘기고 있습니다만 이번 달부터는 운동해야겠습니다.

열정적으로 강의하시던 40대 초반의 교수님의 모습이 아련한데 벌써 정년퇴임을 앞두고 계시니 시간도 참으로 빠르게 흘렀습니다. 무정한 세월에 아쉬움만 가득합니다.

재임하시는 동안 남기신 수많은 논문과 업적들은 언제까지나 등대와 같이 후학들에게 나아갈 지표가 될 것입니다. 더욱이 학자로서 뿐만 아니라 인생의 선배로서 걸어오신 발자취는 후배들에게 이정표가 될 것입니다.

고맙습니다. 행복했습니다.

2021.11 제자 김봉진 (광주전남연구원 책임연구위원) 올림

송명화 제자

2007년 중국에서 유학 온 조선족 학생으로 중국 북경 재정대학을 졸업하고 중국 최대 은행인 공상은행에 근무했던 뛰어난 인재이다. 송명화 박사가 대학원 유학 시절에 보내준 감사의 편지 일부를 소개한다.

김일태 교수님

낯선 한국 땅에서 적응을 빨리 할 수 있도록 도와주시고 여러모로 배려해 주신데 대해 깊은 감사드립니다.

중국에 이런 속담이 있습니다. 「一日为师 終身为父」

"단 하루의 스승일지라도 영원토록 아버지처럼 모시나니"

스승님의 은혜에 감사드립니다! 영원토록.

■ 2007.5.15

김일태 교수님께 삼가 드립니다.

어느덧 2년이란 시간이 흘러 이렇게 졸업논문까지 완성하게 되었습니다. 지난 간 2년은 제에게 잊지 못할 아름다운 추억으로 남을 것입니다. 이런 추억을 만들 수 있도록 제에게 배움의 기회를 주시고 배움의 길로 이끌어 주신 스승님께 깊은 감사드립니다!

"天涯海角有尽处(천애해각유진처) 只有师恩无穷期(척유사은무궁기)"

"하늘과 바다는 끝이 있지만, 스승님의 은혜는 끝이 없더라."

■ 제자 송명화가 석사논문을 마치고 쓴 편지, 2009.1.22

김일태 교수님께

교수님의 진심어린 조언과 격려, 정성을 다한 가르침과 지도로 마침내 논문을 완성할 수 있었습니다. 아직 정해지지 않는 새로운 길에서도 항상 초심을 잃지 않고 끊임없이 연구할 수 있도록 노력하겠습니다.

진심으로 감사드립니다.

제자 송명화가 박사논문을 마치고 쓴 감사 편지, 2013.1.11

제자 송연화의 회고

학부시절 섬유공학을 전공했던 제가 현재 문화관련 기관에 10여년이 넘게 종사하게 된 계기는 대학원을 통해 교수님을 만나고 배움을 이어나갔기 때문에 가능한 결과입니다. 저에게 있어 교수님을 만난 것은 크나큰 행운이고 행복입니다.

교수님은 지도학생들에게 꿈을 갖게 해주셨고 또 그 꿈을 향해 나갈 수 있는 용기와 희망 그리고 능력을 갖추도록 끊임없이 격려해 주셨습니다. 제가 대학원 생활을 하면서 가장 기억에 남는 것은 교수님과 함께 학회에 참여한 것입니다. 2010년 문화산업으로 석사학위 논문을 작성하고 그해 2월 서울에서 개최되었던 경제학 공동학술대회 중 한국지역경제학회 발표는 떨림과 동시에 연구자로서 한걸음 더 발전하는 계기였습니다. 같은 해 11월 대구 영남대학교에서 한국경제통상학회 추계국제학술대회 발표, 이듬해인 2011년 한국지역경제학회에서의 논문을 발표 등의 기억이 새록새록 합니다. 이는 모두 교수님의 가르침으로 교실 안의 이론과 실증 연구의 공부가 학회 활동을 통해 움츠려 있던 저의 연구에 대한 작은 열망의 불씨를 꺼내주셨습니다.

또한 저의 백년가약에 주례를 통해 교수님의 따뜻한 말씀 한마다 한마디는 감동이었습니다. 특히 "사랑은 모든 것을 참으며 모든 것을 믿으며 모든 것을 바라며 모든 것을 견디느니라."라는 성경 글을 통해 사랑에 대한 교수님의 고운 말씀은 제 가슴 깊이 품고 굳건히 지켜낼 수 있는 그런 삶을 살고자 하였습니다.

취업 후 저의 사회생활이 길어진 것만 알았지 교수님께서는 항상 그 자리에 늘 그랬던 것처럼 연구실에 계실 것만 같았는데 정년을 하신다고 하니 만감이 교차합니다. 그렇지만 교수님께서 몸소 보여주신 진정한 연구자와 교육자로서의 삶을 영원히 기억하겠습니다. 비록 정년이시지만 교수님께서 살아오신 길에 작은 매듭 하나 짓고 또 다른 새로운 시작을 하시는 것이라 생각합니다. 교수님의 한결같은 연구에 대한 열정과 교육에 대한 열의 있는 모습은 늘 그대로 저희 마음속에 함께 할 것입니다. 그동안 저희에게 베풀어 주신 크나큰 가르침과 사랑에 깊이 감사드리며 건강하시길 바랍니다.

제자 김지혜의 회고

2007년 학부 신입생 시절 김일태 교수님의 지도학생으로 배정 된 것이 나의 행운의 첫 시작이었다. 배정된 경제학도의 수가 많았기 때문에 처음에는 따로 자문을 구할 기회가 많지 않았고 햇병아리 신입생은 연구실 문을 두드릴 용기가 없었다. 캐나다 어학연수 후 불확실한 미래에 갈팡질팡하던 3학년 가을, 교수님의 수업에 광주은행 임원이 초청되어 들었던 짤막한 강의가 인생의 터닝포인트가 되었을 줄은 그땐 몰랐다. 손을 번쩍 들어 질문도 했었고 종강 후에 연구실로 찾아갈 정도로 반짝이는 꿈이 생긴 느낌이었다.

교수님의 지도 아래 그 꿈을 좇아 기회를 준비하였고, 입행하게 되었다. 첫 발령지는 전남대학교지점이었다. 전남대학교 정문 가로수길을 쭉 따라 들어와 왼쪽으로 가면 하얀 도서관이고 오른쪽으로 가면 내 자리 내명함이 있는 곳으로 갈 수 있었는데 출근할 때마다 그 느낌은 참 묘하고 좋았다.

누구나 그렇듯 입사 후 얼마동안 어려움이 많았다. 생소한 용어, 시스템 그리고 주위 환경까지. 은행을 방문하셔서 응원해 주신 교수님 덕에 그때마다 힘을 얻곤 했었다. 입행한 지 1년이 지났을 때 석사학위라는 새로운 목표를 설정했다. 일과 학업을 병행하기란 쉽지 않을 것을 잘 알았기에 교수님께 조언을 구했고 “아무것도 하지 않으면 아무 일도 일어나지 않는다.”고 하셨다. 이 말씀은 석사과정 수료기간뿐 아니라 한 아이의 엄마가 된 지금까지도 선택의 매순간마다 많은 영향을 끼쳤다.

주간에는 직장인으로서 야간과 주말에는 학생으로서 시간을 보냈고, 교수님과 석박사 수료 중인 교수님의 지도학생들과 학회에도 참석했다. 학생신분으로 수업을 들을 때는 감회가 새로웠고 피곤함보다 즐거움이 더 컸었다. 여러 차례의 종합시험과 학위논문으로 끝이 보일까 싶었던 졸업식에서는 ‘다시는 겁 없이 뛰어들지 말아야지’하는 다짐과 ‘시작하길 잘했다’하는 마음이 함께 들었다.

한번은 궁금해졌다. 학부생 때 뛰어난 성적이나 특별한 행보가 없는 학생의 무엇을 보고 무한한 격려와 믿음을 주실 수 있는지 여쭈어

본적이 있었는데 "그냥 해낼 것 같았다"며 웃으며 답하셨다. 그 순간들이 참 감사했다. 그 순간이 너무 많아 그때마다 감사드린다는 마음을 제대로 전달해 드리지 못했다.

몇 해 전 교수님께서 집필하신 선물해 주신 책 「시대정신 시론에 담다」의 표지 뒷장에는 교수님의 자필로 '자랑스러운 제자 김지혜 양에게'라고 되어있다. 자랑스럽다고 느끼는 사람보다 누군가에게 자랑스러움을 받는 사람이 훨씬 더 행복하다는 것을 교수님은 알고 계실까?

교수님은 인연을 참 소중히 여기신다. 제자와의 인연은 특히 더 그렇다. 평생 학문에 정진한 경제학자이면서 후학의 특별한 스승이신 김일태 교수님을 진심으로 존경한다.

늦깎이 제자에 대한 관심법 : 제자 강덕균

2020년 한여름 쯤으로 기억된다. 과정이수 이후 20여 년간 묻혀두었던 석사논문을 작성해 볼 요량으로 고민하던 중 불쑥 교수님 연구실을 찾았다. 사전 면담예약도 없이 연구실에 계신다는 말씀만 듣고 찾아뵀다. 지도교수를 맡아달라는 이유에서였다. 석사과정 이수과정에서 지도교수이셨던 박광서 교수님께서 퇴직하셨기 때문에 김일태 교수님께서 대신 맡아달라는 것이었다. 간략히 논문작성이 늦은 이유 등을 설명 드리고 부탁을 드렸을 때, 교수님의 표정은 대충 '난감 하네~'이셨다. 그도 그럴 것이 이전에 일면식도 없는 데다 정년퇴직까지 한 늙은 놈이 뜸금 없이 찾아와 제자로 받아주고 논문지도까지 해 달라는 것이었으니 당황스러우셨을 것은 자명했다. 당시 교수님은

"정년퇴임이 얼마 남지 않았기 때문에 어려울 것 같다"는 취지로 말씀하시면서 완곡하게 거절 의사를 밝히셨다.

얼마 후, 대학동기이자 동종업종에 근무하던 친구(박준수 전 광주매일 대표)로부터 연락이 왔다. "김 교수님께 자네 상황을 잘 설명드렸더니 생각이 조금 달라지신 것 같다. 다시 찾아뵈라"는 것이었다. 반가운 마음에 한걸음에 달려갔다. 이번에는 교수님 얼굴에서 '너의 입장이 딱하구나.' 하는 마음을 읽을 수 있었다. 이렇게 교수님과의 인연은 시작됐고 교수님의 제자사랑을 체감하기 시작했다.

교수님은 제가 나태해질 즈음이면 꼭 전화를 주셨다. 그리고 절대 논문얘기를 먼저 하지 않았다. 근황을 묻고 최근 세상 돌아가는 얘기를 하시면서 마지막에 "논문준비는 잘 되고?"라시면서 지도할 내용을 말씀하셨다. 간간이 점심도 사주시면서 같은 방식으로 대해주셨다. 나이 들어 오랜만에 하는 공부라서 제게 부담될까 봐 다그치시지는 않았지만 나름대로 계속 점검하고 계셨던 것 같다.

논문작성이 쉽지는 않을 것이라고 생각은 했지만 기자출신이라서 그런지 신문기사 작성 스타일로 글이 써졌다. 점점 내놓기도 부끄러워졌다. 생전 처음 심사위원 교수님들 앞에서 발표하던 날, 교수님들은 점잖게 갈씀하셨지만 지적의 강도는 높았다. 발표가 끝난 뒤, 점심시간이 됐는데도 교수님이 발표장에서 나오시지 않았다. 나중에 안 일이지만 발표 이후 심사위원 교수님들과 점심시간까지 할애하며 많은 얘기를 나누시면서 보강할 내용을 협의하셨던 같다. 그럼에도 교수님은 저간의 사정에 대해 내색을 하지 않으셨다. 그런 이후, 이번에는 교수님들의 맨투맨 지도가 시작됐다. 김 교수님의 각별한 요청이 있었을 것이라 짐작했다. '늦깎이 제자 구하기'였다. 그런 과정을 거쳐 논문을 재작성한 뒤 다시 한번 읽어봤다. 처음과 전혀 달랐다. 뭔가

짜여져 있는 느낌이었다.

대학 졸업 34년, 대학원 입학 24년 만에 환갑이 넘어 석사학위를 받았던 날, 아들과 함께 교정을 찾아 사진을 찍었다. 그리고 거실 책꽂이 한 가운데에 아내의 석사학위 기념사진과 함께 나란히 올려놓았다. 왠지 아들 앞에서 어깨가 으쓱 해졌다. 선한 인상 속에 감춰진 교수님의 치밀한(?) 지도와 관심 덕분에 저는 이렇게 제2의 인생을 출발했다. '김일태 교수님, 머리 숙여 감사드립니다.'를 되뇌이면서.

김일태 학장님에 대한 회고록

대학을 졸업한 지도 어느덧 10년이 훌쩍 넘었습니다. 이제 어엿한 가장이 되고, 대기업의 과장이 되었네요. 요즘 대학은 취업을 위한 하나의 관문으로 취급되어 버린 것이 현실이지만, 제 기억의 대학은 앞으로 인생을 살아가는데 방향과 지혜를 주었던 곳이었습니다. 제가 이런 대학생활을 할 수 있었던 데에는 저의 은사님이시자 항상 존경하는 우리 김일태 학장님이 많은 부분을 차지하고 계십니다.

제가 직장에서 업무들 중 사회공헌 분야도 함께 맡고 있는데...제가 몸담고 있는 회사의 사회공헌 방식은 다른 대기업들과는 다르다는 말을 많이 듣습니다. 다른 기업들이 홍보에 열중한다면, 저는 사소한 것부터 챙기며, 마음을 전달하는데 열중합니다. 김일태 학장님으로 부임하신 이후, 경영대학의 홍보도우미를 최초로 만드시고, 학생들로 하여금 학교 홍보보다 자원봉사(연탄 나눔 등)와 같은 작은 일부터 우리학교의 마음을 전달하는데 더 가치를 두셨습니다. 대부분 보이는 것을 중요시 생각할 때, '작은 일에도 무시하지 않고 최선을 다하다보면 정성스럽게 되고, 이는 남을 감동시킨다.'는 중용 23장의 말씀처럼 학장님께서는 학생들을 경험으로 하여금 이를 깨우치게 하시기 위해 노력하셨던 것 같습니다.

제가 학장님을 처음 뵙게 된 것은 경제학 과목을 배우면서였습니다. 학장님께서 주로 가르치시는 과목들은 학생들이 어려워하는 과목들이 많았습니다. 하지만, 학장님의 강의를 들으면 이내 '잘 할 수 있겠다.'는 생각을 많이 했던 것 같습니다. 특히, 학장님은 그 어떤 교수님들보다도 카리스마가 있는 분이셨는데…강의에서 만큼은 학생들이 자발적으로 팀과제를 통해 배움을 얻고, 학생들끼리 강의 시간에 질문을 통해 서로 토론을 할 수 문화를 만들었습니다. 제가 대학을 다니던 과거 대학수업에서 그런 교육방식이 다소 생소했던 것 같습니다. 보통 주입식으로 강의를 하는 식이었으나, 학장님의 교육방식은 지금의 10년을 앞서갔던 게 아닌가 싶습니다. 지금은 대통령을 뽑을 때에도 토론이 필수 방식이 되었지만, 처음 접했던 대학시절에는 누군가와 토론하는 것이 왜 그리도 생소했는지…하지만, 직장인이 된 지금은 그 경험이 저에겐 직장생활에 있어 비즈니스와 협상을 하는데 있어 적응력을 키우고 논리를 키웠던 것 같습니다.

특히, 김일태 학장님께서는 정이 많으신 분입니다. 또한, 본인이 아끼는 제자에게는 항상 마음에 품고, 무언가를 하나라도 더 주시기 위해 노력하시는 분입니다. 제가 대학을 졸업하고 취업을 위해 방황을 하고 있을 때, 졸업한지 1년이 넘어가는 저에게 학장님께서 직접 전화를 하셨던 적이 있습니다. 학교에 국가장학금 지급이 되어 학비의 부담이 거의 없는 기술경영전문대학원(MOT-MBA)이 신규로 생겼는데, 혹시 다니면서 취업준비를 해볼 생각이 없는지? 수많은 제자들이 있을 텐데, 직접 전화주신 학장님께 감동하여 서울에서 광주로 단한 순간의 망설임 없이 내려왔고, 그러는 중에 회사까지 합격하여, 지금의 회사를 다니고 있습니다. 이로 인해, 인생에서 단 한번도 생각하지 않았던 석사를 취득하였습니다. 우리 학장님께서 계시지 않았다면, 당최 생각지도 못했을 학위일 것입니다. 인생의 멘토를 믿고 따르면, 좋은 일이 있는 것 같습니다.

이러한 좋은 기운들을 앞으로 평생을 함께 할 반려자와 나누고 싶어 결혼하는 날에 학장님께 주례를 요청드렸습니다. 주례는 가장 결혼생활이 행복한 분에게 부탁해야한다고 들었는데… 그런 면에서 딱 떠오르는 분이 학장님이셨습니다. 제가 사모님을 몇 번 뵈었는데… '와~이렇게 멋지게 서로를 사랑하시는 분들이 계시구나?'라는 생각을 많이 했었습니다. 아마 다른 제자분 들도 학장님께서 주례해주시면 백년해로 하실 거라고 생각합니다. 제가 청첩장을 들고 주례를 부탁드리러 갔을 때, 너무나 밝게 축복해주시고 부탁을 받아주셨던 학장님의 모습이 아직도 선합니다. 행복한 삶을 살아가는데 밑거름이 될 주옥같은 주례사는 당연 덤 이구요. 또, 이렇게 행복하게 잘 살고 있습니다.

마지막으로 우리 존경하는 학장님을 어찌 제가 다 평가를 할 수 있겠습니까만, 감히 말씀드릴 수 있는 것은, 언제나 젊게 생각하시고, 정이 많으시고, 교육에 있어서 누구보다도 열정적이시고, 제자들을 사랑하시는 분이라고 말씀드리고 싶습니다. 제가 지금도 보면, 학장님은 젊으신 것 같고, 누구보다도 열정적이셔서 몸이 허락하시는 한 어떤 자리에서도 제자들에게 인생의 지혜와 경험을 공유해주실 것이라고 믿습니다. 또한, 제자들이 어떤 자리에서든 빛이 나게 해주실 것이라고 생각합니다. 더 오랜 기간 학장님께서 교단에 머무르시길 기원하며, 회고록을 마치도록 하겠습니다.

항상 존경하며, 사랑하는 제자 정용주 올림

김일태 교수님께 : 제자 보현

교수님 추운 겨울날 몸은 평안하신기요? 저는 대학 4년과 올 한해를 정리하면서 다가올 새로운 2007년을 위해서 계획을 세우고 있습니다. 교수님 수업을 수강하고 알게 된지 벌써 3년 가까이 되가는데요. 시간이 이렇게 빨리 흘러갈지는 몰랐습니다.

그동안 많은 좋은 얘기들도 해주시고 챙겨주셨는데 은혜에 보답하지 못하고 학교를 졸업하려고 하니 단지 죄송할 뿐입니다. 그 때 이야기를 드렸던 데로 대학원에 진학하려고 합니다. 대학원 진학 후 저에게 더 많은 기회가 있을 거라는 것을 믿으면서 열심히 공부할 생각입니다. 가끔 학교 찾아가면 교수님 바쁘시더라도 저에겐 꼭 시간 내 주세요. 아셨죠 ~ ?

올 한해 교수님겐 행복한 한해였죠? 다가오는 새해에도 항상 건강하시고 교수님께서 하시고자 하는 모든 일들이 잘 되기를 기도할게요. 즐거운 성탄절 보내시고 다음에 또 찾아뵙도록 하겠습니다.

Merry Christmas & Happy New Year!

제자 보현 올림

주례사(2011, 제자 송연화 양)

"내 고장 칠월은 청포도가 익어가는 시절...."로 시작하는 귀에 익은 이육사의 시가 절로 생각나는 칠월에 신랑 배진성 군과 신부 송연화 양의 복된 혼인예식을 갖게 된 것을 진심으로 축하합니다. 이렇게 많은 하객들께서 왕림하셔 두 사람의 결혼을 축복해 주셔서 감사합니다. 또한 이 두 사람의 오늘이 있기까지 훌륭하게 키워주신 양가 부모님들께도 깊이 감사의 말씀을 올립니다. 주례사를 맡은 본인은 신랑 배진성 군과 신부 송연화 양 모두 전남대학교에서 사제지간으로 만나 지난 4년 간 성실함과 바른 예의, 그리고 학문적 열정을 보게 되었고, 이제 결혼주례를 맡게 되어 기쁘면서도 한편으로 큰 책임을 느낍니다.

여기 늠름하게 서 있는 신랑 배진성 군은 부모님의 사랑을 독차지한 차남으로 귀엽고, 해맑은 어린 시절을 보냈습니다. 보시다시피 건강한 신체로 어떤 운동도 잘 하는 만능 스포츠맨입니다. 또한 대학시절 영어 연수를 통해서 어학 능력이 탁월하고 학문의 길을 걷고자 전남대학교 대학원 경제학과에 입학한 보기 드문 인재입니다. 얼마나 귀하고 능력 있는 젊은이입니까? 그는 앞으로도 초지일관하게 지역사회와 국가 발전에 기여하는 학자로서 성장하고자 하는 소원으로 충만합니다. 요즘같이 어려운 시기이지만 배진성 군과 같이 뚜렷한 목표만 있다면 문제되지 않을 것 같습니다. 그리고 지금은 박사과정을 수료하고 논문 연구에 열중하며 장래의 목표를 향해 정진하고 있습니다.

신랑 옆에 청순한 백합화처럼 서 있는 신부 송연화 양은 제가 아끼는 지도 학생입니다. 장녀로 태어나서 어려서부터 뚜렷한 목표가 서면 끝까지 도전하는 승부의식이 투철합니다. 어릴 때부터 남달리 패션 감각이 뛰어나고 외국어 능력이 탁월했습니다. 이런 꿈을 달성하기 위해 섬유공학을 전공 후 일본 연수 생활하는 중에 이전부터 꿈꿔왔던 문화와 패션의 길을 걷기 위해 전남대학교 대학원 경제학과에 입학하여 문화산업 관련 연구를 하게 되었습니다. 꿈을 위해 자신의 인생을 투자하고 도전하는 모습이 얼마나 감동적입니까? 이 모습 또한 신랑이 지내온 인생과 비슷하니 어찌 천생 배필이 아니라 하겠습니까? 지금은 전남문화산업진흥원에서 전남의 문화산업 발전의 밑거름이 되는 연구에 전념하는 선임 연구원의 삶을 살고 있습니다.

저는 오늘 신랑 신부에게 성경의 말씀으로 축복하고자 합니다. 고린도 전서 13장은 "(사랑은) 모든 것을 참으며 모든 것을 믿으며 모든 것을 바라며 모든 것을 견디느니라"라고 말하고 있습니다. 여기 서있는 신랑 신부는 성경 말씀처럼 평생을 두고 사랑하기를 약속한 사이입니다. 그러나 그 사랑은 결혼으로 완성된 것이 아니라 이제부터 시작임을 명심해야 합니다. 왜냐하면 사랑은 삶의 과정에서 배우고 연습해야 할 가장 큰 덕목이기 때문입니다.

그러면 사랑이란 무엇입니까?

첫째가 참고 견디는 인내함을 말하고 있습니다. 서로 다른 환경에 속했던 옛 모습은 하루아침에 서로의 허물과 연약한 점을 인정하고 도와주기가 쉽지 않습니다. 상대방의 약한 점을 나의 약점으로 알고 끝까지 이해하고 돕는 데에는 많은 시간과 노력이 필요합니다. 그러므로 이전에 자신의 인생을 위해 쏟아 부었던 것들보다 훨씬 많은 것을 서로에게 투자해야 합니다. 그래서 부부간에 오해가 있을 때 절대 상대방의 허물을 들추지 말고 잘 한일만을 드러내시기 바랍니다. 그리고 하루해가 지기 전에 화해하고 두 사람이 서로에게 얼마나 소중한 사람인가에 감사하시기 바랍니다. 그러므로 "사랑은 오래 참고 온유하며 투기하지 아니하며 자랑하지 아니하며 교만하지 아니합니다."

둘째, 사랑은 상대방의 실수에도 불구하고 믿어 주는 것입니다. 우리의 인생은 살면서 수많은 시행착오를 거쳐 하나의 가정으로 견고하게 성장합니다. 그 때마다 실수가 지적되어 상대방을 믿지 못한다면 세상의 어떤 사람도 결혼생활을 유지할 수 없습니다. 오히려 그 때마다 격려하며 믿어주면서 잘못을 바로 잡을 때 용서와 사랑이 풍성한 가정으로 변화되어 그 자녀들에게도 축복의 물줄기가 흘러 갈 줄로 믿습니다.

셋째, 사랑은 어떤 인생의 환란 가운데서도 바라는 소망을 포기치 않는 것입니다. 이제 두 사람이 함께 인생의 배에 올라 거친 바다를 항해하게 됩니다. 때로는 감당할 수 없는 폭풍이 몰아쳐서 낙심하여 인생의 배가 멈춘 것처럼 생각하기 쉽습니다. 그러나 이렇게 아무 희망이 없어 보일 때에도 낙심치 않고 소망을 붙잡는 것이 사랑입니다. 이 사랑의 끈은 언제까지나 떨어지지 않고 폐하지 않는 능력이 있습니다. 사랑으로 목숨도 구하고, 사랑으로 전쟁도 그치고 사랑으로 모든 불의함을 떠나게 합니다. 그러므로 이 사랑이 없으면 "내가 아무것도 아니요 … 내게 아무 유익이 없음을 꼭 마음에 새기시기를 바랍니다.

결론적으로 이제 신랑 배진성 군과 신부 송연화 양은 영원한 사랑의 끈으로 맺어졌음을 알고 깊이 양가 부모님들께 감사하여 순종하며 공경해야겠습니다. 훌륭하게 낳아서 키워 주신 지극한 부모님 사랑을 늘 기억하고 감사할 때 오히려 그 가정이 범사에 복 받고 번성하리라 믿습니다. 또한 형제분들과 친척 분들, 그리고 이웃을 겸손한 마음으로 섬겨야 하겠습니다. 나아가 직장 동료들과 선후배들에게도 사랑의 모범이 되는 가정을 이루길 기원합니다.

이제 두 사람은 몸소 사랑을 실천하여 풍성한 열매를 맺어 복의 근원이 되는 가정이 되기를 하나님의 이름으로 축원하며 주례사를 갈음하고자 합니다.

회갑연에서 가족, 제자, 지인들과 함께(2016.12)

정년의 술회 : 고마운 분들과의 인연

재직 기간 중 인연을 맺은 지인들의 도움은 큰 힘이 되었다. 대학의 연구와 교육 활동에서 아낌없는 조언과 격려를 해준 선후배 교수들, 학회 활동에서 만난 전국 대학의 선후배와 동료 교수들과 관련기관의 전폭적인 지원, 국가와 지역사회 공헌 활동에서 큰 도움을 준 관계기관의 지인들께 감사드린다. 그러나 본 회고록에서 존칭은 생략하였으니 혜량해 주시고 착오나 오류 혹은 신세를 지고도 지면과 화면에서 기억치 못한 분들이 있다면 모두 본인의 불찰일 것이다. 기억치 못하는 모든 분들께도 고개 숙여 진심으로 감사를 드린다.

시간과 공간의 합일점에서 쏘아올린 내 인생의 여정을 뒤돌아본다.
지나온 날들에 부족함과 아쉬움에 대한 성찰이 왜 없겠냐마는
지금은 감사의 마음이 모든 것에 앞선다.

앞으로의 날도 여전히 불확실하리라.
그러나 확실한 것은 감사의 물결이 끝까지 차고 넘치게 되리라.

부록 명강(命江) 김일태(金逸泰) 교수 연보

명강(命江) 김일태(金逸泰) 교수 연보

성 명 : 김일태(金逸泰); ILTAE KIM
출 생 : 1956년 12월 07일(음력)
연락처 : iltkim@hanmail.net

■ 학 력

1969.03~1972.02 광주서중학교
1972.03~1975.02 광주제일고등학교
1976.03~1980.02 서울대학교 산업공학과(학사)
1980.03~1982.02 서울대학교 대학원 산업공학과(공학석사)
1982.09~1984.08 고려대학교 대학원 경제학과(경제학석사)
1986.09~1989.12 미국 조지아대학교 대학원 경제학과(경제학박사)

■ 대학활동

1990.09~현재 전남대학교 경영대학 교수(경제학부)
2021.08~ 전남대학교 한림원 연구석좌교수 선정
2011.01~2013.01 전남대학교 지역개발연구소 소장
2008.01~2009.12 전남대학교 경영대학 학장 역임
2008.01~2009.12 전남대학교 인사위원회 위원, 전남대학교 징계위원회 위원
전남대학교 대학원 위원회 위원
2007.09~2007.12 전남대학교 평의원회 기획 및 발전위원
2019.08~2019.08 University of Ljubljana(슬로베니아 류블랴나대학교), 단기방문교수
2019.04~2019.04 Jilin University(중국 길림대학교) 경제학과, 단기방문교수
2005.08~2006.07 Purdue University(미국) 경제학과, Visiting Scholar

2004.10～2004.10 Center for Economic Studies in China, Fudan University 단기초빙연구원
2004.07～2004.09 전남대학교 부속시설 평가모형개발 연구위원회 위원
2002.03～2005.11 전남대학교 학술연구위원회 위원
2002.03～2002.10 전남대학교 자체평가연구위원회 위원
2000.01～2001.12 전남대학교 경영대학 부학장, 경영대학원위원회 위원
1998.09～1999.12 전남대학교 경영대학 경제학부장, 대학원 경제학과 주임교수
1997.02～1998.07 University of Georgia(미국) 경제학과, Visiting Scholar
1990.01～1990.08 University of Georgia 경제학과, Post Doctor
1982.03～1986.08 국토연구원 연구원

■ 학회 및 학술활동

2019.02～2020.02 한국경제학회 부회장
2017.02～2019.02 한국경제학회 이사
2015.01～2015.12 한국지역경제학회 회장
2011.01～현재 Journal of Business and Economics(ISSN 2155-7950) 편집위원
2013.01～현재 일본응용경제학회『Studies in Applied Economics (응용경제학연구)』 편집위원
2012.06～2014.05 한국연구재단 인문사회연구본부 사회과학단 전문위원
2011.08～현재 『Korea and the World Economy』 편집위원
2009.11～ David Publishing Company(Journal of China-USA Business Review, Chinese Business Review) 편집위원
2017.05～현재 한국지역경제학회 『지역경제연구』 편집위원장
2009.07～2010.06 한국경제통상학회 회장
2011.09～현재 한국응용경제학회 이사
2007.01～2013.12 POSRI(포스코경영연구소) 『경영연구』 편집위원
2007.05～2014.12 한국지역경제학회 부회장 겸 광주전남지회장
2010.01～2011.12 한일경상학회 이사
2008.02～2010.02 한국경제학회 이사

2007.03～2009.02 한국경제교육학회 편집위원
2007.01～2008.12 한국경제통상학회 『경제연구』 편집위원장
2005.06～2007.05 한국경제통상학회 부회장
2004.04～2005.03 한국학술진흥재단 학술연구심사평가위원회 위원
2003.01～2004.01 한국학술진흥재단 기금운용자문위원회 위원
2004.09～2005.08 한국지방재정학회 이사
1998.02～현재 한국재정학회 이사 겸 편집위원
1999.01～2000.12 한국계량경제학회 『계량경제학보』 편집위원
1998.03～2002.02 한국경제학회 『경제학연구』 편집위원(미시수리 분야)

■ 사회공헌활동

2021.12～2023.12 (재)광주광역시 상생일자리재단 이사
2021.10～2023.10 (사)담양대나무축제위원회 이사장
2021.07～2024.07 광주광역시 북구 인사위원회 위원
2021.07～2023.07 서울특별시 관악구 출자·출연기관 운영심의위원회 위원
2020.04～2022.04 (사)한국대나무발전협회 회장
2020.03～2022.02 광주광역시 서구민상 심사위원회 위원
2020.02～2023.02 담양군(전남) 인사위원회 위원
2019.01～2022.12 농업유산자문위원회 위원(농림축산식품부)
2018.10～2021.10 김대중컨벤션센터 비상임이사
2018.08～2020.08 광주광역시 시장직속 일자리위원회 부위원장
2019.05～2021.04 전라남도 산업단지계획심의위원회 위원
2019.04～2023.03 광주광역시 출자·출연기관 운영심의위원회 위원
2019.03～2022.03 광주광역시 시정자문회의 위원
2019.09～2021.09 구례군(전남) 정책자문위원회 위원
2019.09～2023.09 광주광역시 서구 제안심사위원회 위원
2019.02～2021.02 광주광역시 서구 지역발전자문위원회 위원
2019.02～2021.01 광주매일신문 광주전남 자치연구소 고문
2018.08～2022.08 공무원연금공단 성과평가위원회 위원
2018.08～2020.08 광주광역시도시공사 투자사업타당성 심의위원회 위원
2018.05～2022.05 광주광역시도시공사 혁신자문위원회 위원장

2018.08～2020.08 제주특별자치도 산업단지계획심의위원회 위원
2018.04～2020.04 국가교통위원회 위원(국토교통부)
2018.04～2020.04 전남인적자원개발위원회 선임위원(고용노동부)
2015.01～2018.12 중앙도시계획위원회 위원(국토교통부)
2017.04～2018.04 전남지역고용자문단 위원
2015.08～현재 광주광역시 서구 노사민정협의회 공동위원장
2016.01～2016.12 대통령 직속 지역발전위원회 평가자문단 위원
2010.10～2014.12 전라남도 지역일자리 목표공시제 대표 컨설턴트 (고용노동부)
2016.12～2018.12 교육부 교육과정심의회 사회교과위원회 위원
2016.08～2022.06 광주전남상생발전위원회 자문위원
2015.06～2017.06 전라남도 일자리정책심의위원회 위원
2016.03～2020.02 KBC 광주방송 시청자위원
2014.04～2014.09 한국산업단지공단 광주산업단지 구조고도화 자문위원회 위원
2014.01～2017.01 중앙부동산평가위원회 위원(국토교통부)
2014.01～2015.12 광주지방국세청 납세자보호위원회 위원장(국세청장)
2013.12～2015.12 광주광역시 지방분권협의회 공동위원장
2013.07～2014.06 지역맞춤형 일자리창출 지원사업 평가자문위원(고용노동부)
2012.01～2012.12 지역맞춤형 일자리창출 지원사업 중앙평가위원회 위원 (고용노동부)
2013.02～2014.12 광주테크노파크 인사위원회 위원
2012.11～2016.10 전라남도 정책위원회 위원(지역개발분야)
2012.11～2013.11 광주광역시 금고지정심의위원회 위원
2011.08～2013.07 대통령 직속 지역발전위원회 도시활력 특별위원회 위원
2012.01～2013.12 대통령 직속 지역발전위원회 평가 자문단 위원
2012.02～2012.12 특수교육 국정 교과용도서 심의위원(국립특수교육원)
2012.06～2015.05 한국은행 광주전남본부 자문교수
2012.05～2013.12 대통령직속 지역발전위원회 지역상생포럼위원
2011.08～2014.08 광주광역시 도시공사 비상임이사(이사회 의장)

2011.07～2013.07 호남권 광역경제발전위원회 위원
2011.08～2017.10 전라남도 지방공무원교육원 교육훈련심의위원회 위원
2011.06～2017.06 김대중컨벤션센터 자문위원회 위원장
2011.04～2012.04 광주지방고용노동청 지역고용자문단 위원
2011.04～2017.07 2015 광주하계유니버시아드대회 조직위원회 조직위원
2009.05～2014.06 전라남도 녹색성장위원회 위원
2009.08～2011.08 한국컨테이너부두공단 선임 비상임이사(기획재정부)
2011.03～2014.06 전라남도 담양군 뉴-담양 비전위원회 위원장
2010.09～2011.09 지역일자리 100인 포럼 위원(행정안전부)
2010.06～2010.06 제11대 광주광역시장 직무인수위원회 위원
2010.01～2010.12 교과용도서 검정심의회 검정위원(한국교육과정평가원)
2009.10～2010.09 광주광역시 금고지정심의위원회 위원
2009.09～2011.09 교육과학기술부 교육과정심의회 심의위원
2009.08～2011.06 광주광역시 환경영향평가 심의위원회 위원
2009.01～2012.09 광주지방국세청 국세심의위원회 위원
2008.11～2009.10 광주광역시 의정비심의위원회 위원장
2008.04～2012.08 2012 여수세계박람회 범도민 지원협의회 위원
2006.07～2010.06 광주광역시 산업단지심의위원회 위원
2008.11～2010.11 글로벌네트워크 전문평가위원
2005.03～2007.03 광주광역시 지방재정계획심의위원회 위원
2004.05～2004.12 광주광역시 지역산업정책연구회 위원
2003.09～2005.08 한국개발연구원 경제전문가 모니터 위원
2001.09～2003.09 전라남도 전문평가위원
2002.10～2004.10 전라남도 재정계획심의위원회 위원
2000.04～완료시 광주광역시 도로정비기본계획 자문위원
1996.03～2003.03 광주광역시 지방재정계획심의위원회 위원
1996.04～1998.03 광주광역시 민자유치사업심의위원회 위원
1996.09～1998.09 광주광역시 광산구 도시계획위원회 위원
1995.08～1997.08 광주광역시 남구 지방재정계획심의위원회 위원
1993.09～1997.09 광주광역시 북구 도시계획위원회 위원
1992.07～1994.07 광주직할시 북구 지방재정계획심의위원회 위원

1992.05～1994.05 광주직할시 지방재정계획심의위원회 위원

■ **상훈사항**

근정포장(2020)
일본응용경제학회(JAAE) Academic Lifetime Achievement Award(2019)
한국경제통상학회 대성에너지 지역경제학술상(2017)
광주광역시장 표창(2017)
Marquis Who's Who Albert Nelson Marquis Lifetime Achievement Award (2017-18)
국세청장 표창(2016)
대통령 표창(2013)
광주지방국세청 표창장(2013)
교육과학기술부 인문사회 기초학문육성 10년 대표성과 인증패(2012)
제26회 광주광역시 시민대상(학술부문, 2012)
제14회 용봉학술상(2010)
Marquis Who's Who in the World(2008)
건설교통부 장관상(2006)

■ **기타활동**

5급 국가고시 출제위원(2000)
제34회 외무고등고시 제2차 시험(경제학) 출제채점위원(2000)
제46회 행정고등고시, 제36회 외무고등고시, 제8회 지방고등고시 제1차 시험위원(2002)
행정고등고시 제2차 시험문제 출제위원(2008)
경기도 지방공무원 시험문제 출제위원(2009)
제25회 입법고시 제2차 시험(재정학) 출제채점위원(2009)
제29회 입법고시 제2차 시험(재정학) 출제채점위원(2013)
제50회 세무사 1차 국가자격시험 출제위원(2013)
제24회 감정평가사 1차 시험 사전출제위원(2013)
제23기 소방간부후보생 선발시험 출제위원(2016)
제34회 입법고시 제2차 시험(재정학) 출제위원(2018)

2019년 국방부 일반군무원 채용 필기시험 문제 검증위원(2019)
第36회 입법고시 제2차 시험(재정학) 출제위원(2020)
第58회 세무사 1차 국가자격시험 출제위원(2021)

■ 주요 연구업적

1. 주요 논문

■ 국제학술지(SSCI급 등재학술지)

"Non-central limit theorem of the weighted power variations of Gaussian processes," *Journal of the Korean Statistical Society*, Vol. 43(June), 2014, 215-23. (Coauthors)

"The Effect of Uncertainty on the Voluntary Private Provision of Impure Public Goods," *The Singapore Economic Review*, Vol. 54(1), 2009, 61-73.

"Employment Risk and the Substitution between Saving and Unemployment Insurance," *The Manchester School*, Vol. 74(5), 2006, 617-625.

"The Private Provision of Public Goods under Uncertainty: A Symmetric-Equilibrium Approach," *Journal of Public Economic Theory*, Vol. 8(5), 2006, pp. 863-873. (Coauthors)

"Portfolio Choice for Increases in Risk and Prudence Revisited," *Journal of Economics*, Vol. 86(3), 2005, 293-300. (Coauthor)

"Left-side Relatively Weak Increases in Risk and Their Comparative Statics," *Journal of Economics* 83(1), 2004, October, 85-94. (Coauthor)

"Left-side Strong Increases in Risk and Their Comparative Statics," *Theory and Decision* 57(1), 2004, August, 59-68. (Coauthor)

"On the Theory of the Price- and Quality-Setting Firm with Uncertain Demand," *The Manchester School* 71(6), 2003, 626-649.

"On Hedging Behaviour in the Presence of Exchange rate Uncertainty and Random Cost," *The South African Journal of Economics* 70(5), 2002, 777-788.

"Comparative Statics for a Decision Model with Two Choice Variables and Two Random Variables: A Mean-Standard Deviation Approach," *The Manchester School* 69(4), 2001, 369-376. (Coauthor)

"Self-Selection and Optimal Nonlinear Effluent Charges," *Environmental and Resources of Economics* 16, 2000, 1-14. (Coauthor)

"Comparative Statics Predictions for the Cross-Effect of Central Dominance Changes in Risk with Quasillinear Payoffs," *Economics Letters* 66(1), 2000, 41-48. (Coauthors)

Comparative Statics Predictions for Changes in Uncertainty in the Portfolio and Saving Problem," *Bulletin of Economic Research* 53(1), 2001, 61-72. (Coauthors)

"The Effect of Taxation on the Multiproduct Competitive Firm under Price Uncertainty: A Short Note," *The Singapore Economic Review* 45(1), 2000, 117-126. (Coauthor)

"Optimal Taxation with Deferred Compensation," *Southern Economic Journal* 63(2), 429-439, 1996, October. (Coauthors)

"Tax-Rate Uncertainty, Factor Supplies, and Welfare," *Economic Inquiry* 33(1), 159-169,

1995, January. (Coauthors)

"A Study on the Price and Production Level of the Deteriorating Inventory System," *International Journal of Production Research(SCI)* 21(6), 1983, 899-908. (Coauthor)

■ 국내외 영문학술지

"Cournot Conjectures with Asymmetric Information under Uncertainty," *Journal of Economic Studies*, Vol. 39(2), 2021, 3-20 (Coauthor).

"Regional Total Factor Productivity and Local Employment Growth: Evidence from Korea," *Asia-pacific Journal of Regional Science*, 2017, 1, 511-518 (Coauthor).

"Conjectures between Two Cournot Firms with Symmetric Information and Their Risk-Taking Behaviors," *Malaysian Journal of Economic Studies*, Vol. 54(2), 2017, 223-234 (Coauthor).

"Decomposition of Stochastic Dominance Orders and Their Comparative Statics under Prudence," *Journal of Economic Studies*, Vol. 33(2), 2015, 169-182, (Coauthor).

"Demand for Financial Assets for Changes in Risk under Risk aversion," *The Journal of Finance and Knowledge Studies*, Vol. 12(3), 2014, 253-267. (Coauthors)

"Some relationships and Properties among the Subsets of Rothschild-Stiglitz Increases in Risk", *Journal of Economic Studies*, 2014, 21-36. (Coauthors)

"The Comparative Statics for the Subset of Second-Degree Stochastic Dominance Changes under Risk Aversion", *Journal of Economic Studies*, 2013, 163-175. (Coauthor)

"A Study on Measurement of Regional Knowledge Competitiveness Index in Korea: Using World Knowledge Competitiveness Index," *Journal of Economic Studies*, Vol. 31(3), 2013, 51-76. (Coauthor)

"First-degree Stochastic Dominance and the Demand for Insurance," *The Korean Journal of Financial Engineering*, Vol. 11(4), 2012, 117-131. (Coauthors)

"Increases in Risk with Multiple Crossing and Their Comparative Statics," *Journal of Economic Studies*, Vol. 30(2), 2012, 187-199. (Coauthor)

"Conjectures in Cournot Duopoly under Cost Uncertainty," *Seoul Journal of Economics* 24(1), 2011, 73-86. (Coauthor)

"Comparative Statics under Uncertainty with the Monotone Probability Ratio Order revisited," *Korean Economic Review*, Vol. 26(1), 2010, 203-222. (Coauthors)

"The Effect of Uncertainty in the Publicness on Charitable Contributions," *Journal of Economic Studies*, Vol. 27(3), 2009, 273-293.

"Public Capital and Production Efficiency in Korea," *Journal of the Korea Regional Economics*, Vol. 7(1), 2009, 27-45. (Coauthor)

"Truncated Increases in Risk and Risk Aversion with Prudence," *Journal of Economic Studies*, Vol. 26(2), 2008, 223-233. (Coauthor)

"The Comparative Statics of Increases in Risk in the presence of a Corner Solution," *Journal of Economic Studies*, Vol. 25(3), 2007, 233-248.

"The Comparative Statics for Linear Payoffs and Increases in Risk," *Korean Economic Review*, Vol. 22(2), 2006, 437-459. (Coauthor)

"Left-side Relatively Strong Increases in Risk and Their Comparative Statics," *Seoul Journal of Economics* 18(1), 2005, Spring, 45-57. (Coauthor)

"The Distributional Change in Second-Degree Stochastic Dominance and Its Decomposition," *Korean Economic Review*. 20(2), 2004, 263-274. (Coauthor)

"Comparative Statics on the Left-side Relatively Weak First-Degree Stochastic Dominance Order and Its Applications," *Seoul Journal of Economics* 16(1), 2003, 59-69. (Coauthor)

"Comparison Between Optimal Output Tax and Ad Valorem Tax for a Polluting Oligopolist under Demand Uncertainty," *Environmental Economics and Policy Studies* 5(1), 2002, 1-15. (Coauthor)

"Comparative Statics under Uncertainty for a Decision Model with Two Choice Variables," *Seoul Journal of Economics* 14(1), 2001, 1-16.(Coauthor)

"Tax-Rate Uncertainty, Tax Exemption, and Tax Evasion," *Seoul Journal of Economics* 13(1), 2000, 37-47.

"Price Uncertainty and Product Diversification of the Competitive-Multiproduct Firm," *Journal of Economic Theory and Econometrics* 5(1), 1999, 65-79. (Coauthor)

"A Further Note on the Theory of Labor Supply with Wage Rate Uncertainty: Comment," *Seoul Journal of Economics* 12(2), 1999, 195-7.

"The Variance as a Proxy Variable for Uncertainty in the Theory of Saving with A Risky Return," *The Journal of The Society for Studies on Industrial Economics* 38(1), Kurume University, Japan, 1997, 51-60. (Coauthors)

"Interest Rate Uncertainty and Consumption," 구마모토학원대학 경제논집 1 (3-4), Kumamoto Gakuen University, Japan, 1995, March, 113-121. (Coauthors)

"A Reexamination on the Demand for Medical Care Under Uncertainty," *The Journal of The Society for Studies on Industrial Economics* 35(2), Kurume University, Japan, 1994, 11-28.

"A Reexamination on the Theory of Labor Supply with Wage Rate Uncertainty," *Seoul Journal of Economics* 7, 1994, 23-34.

"The Demand for Health Care and Uncertainty in Household production," Journal of The Korean Econometric Society, *Journal of Economic Theory and Econometrics* 4, 1993, 77-88.

"The Welfare Effects of Uncertain Tax Policies," *Korean Economic Review* 7(1), 1991, 61-71.

■ 국내 학술지

"불확실성하에서의 임금소득과 이자소득의 최적과세," 전남대학교 기업경영연구소, 『산업경제연구』, 제15집, 1991, 1-17.

"관세정책의 불확실성과 소비자 선택 및 후생," 전남대학교 경영대학원, 『경영논총』, 제16집, 1991, 315-332. (공저자)

"The Welfare Effects of Uncertain Tax Policies," *The Korean Economic Review*, 7(1), 1991, 61-71.

"건설산업의 생산 및 요소수요구조에 관한 실증연구," 국토개발연구원, 『국토연구』, 제17권, 1992, 135-148.

"지방재정력 및 경제력 측정지표에 관한 실증연구," 한국지역개발학회, 『한국지역개발학회지』, 제5권, 제1호, 1993, 1-26. (공저자)

"광주·전남지역 제조업의 생산구조," 한국지역개발학회, 『한국지역개발학회지』, 제6권 제2호, 1994, 43-56. (공저자)

"수요불확실성과 과점시장의 환경오염세," 『公共經濟』, 창간호, 1996.10, 27-49.(공저자)

"첨단산업과 지역발전전략: 광주첨단과학산업단지를 중심으로," 전남대학교 경영대학원, 『경영논총』, 제21집, 1996, 139-168.

"기업이론의 재조명: 거래비용과 내부조직의 이론적 관점에서," 『국제경제연구』, 제5권 제1호, 1999년 4월, 201-231. (공저자)

"사이버(Cyber) 금융거래에 확산에 따른 금융시장과 지역경제의 변화," 『지역사회개발연구』, 제24집 제2호, 1999년 12월, pp. 45-73. (공저자)

"시장유인체계로서의 환경세 설정과 정책적 논의," 『公共經濟』, 제4권 제2호, 1999, 31-59. (공저자)

"조세왜곡과 오염배출기업의 최적조세에 관한 고찰," 『자원·환경경제연구』, 제9권 제4호, 2000, 701-725. (공저자)

"Saving and Unemployment Insurance under Unemployment Risk," 『성곡논총』, 제33집, 2002, 277-305.

"우리나라 광역자치단체의 Fungibility 가설 검증," 『경제연구』, 제21권 제2호, 2003, 171-194. (공저자)

김일태외 4인, "멀티미디어를 이용한 경영학교육 콘텐츠개발 사례," 『경영교육연구』, 제7권 제1호, 2003, 109-129.

"한국 광역자치단체의 재정지출요인 분석: 중위투표자가설을 중심으로," 『재정논집』, 제28집 제2호, 2004, 49-75.(공저자)

"경제교육와 세계화: 세계화와 지식기반 경제사회에서의 경제교육 방향 탐색," 『경제교육연구』, 제11집 제1호, 2004, 1-25. (공저자)

"지방공기업 자산재평가제도의 존폐 논쟁," 『지역개발연구』, 제36권 제1호, 2004, 223-240. (공저자)

"세계화·지식기반사회에 대한 중등학교 사회과 교사들의 경제소양 분석," 『경제교육연구』, 제11집 제2호, 2004, 23-47. (공저자)

“문화산업과 지역경제성장에 관한 실증분석,” 『한국지역경제연구』, 제2권 제2호, 2004, 17-37. (공저자)

“한국경제에 있어서의 시장 메커니즘과 경제교육의 역할,” 『경제연구』, 제23권 제2호, 2005, 27-44. (공저자)

“지역 산업구조의 변화와 R&D투자의 파급효과,” 『한국지역개발학회지』, 제17권 제2호, 2005, 1-26. (공저자)

“21세기 경제교육의 방향 설정을 위한 교사 경제인식 조사,” 『사회과교육연구』, 제12권 제1호, 2005, 303-334. (공저자)

“지식기반사회의 한국경제문화와 경제교육의 역할,” 『경제연구』, 제24권 제3호, 2006, 77-96. (공저자)

“산업구조의 변화와 R&D투자의 산업간 기술흐름 패턴: 한국과 일본 산업의 스필오버효과를 중심으로,” 『한일경상논집』, 제35권, 2006, 29-56. (공저자)

“공공R&D지출과 지역경제의 효과: 광역시 간 비교,” 『국토연구』, 제55권, 2007, 99-114. (공저자)

“지역경제와 이전재원의 후생효과,” 『재정학연구』, 통권 제56권(제1권 제1호), 2008, 211-33. (공저자)

“광역경제권역간 사회간접자본투자의 파급효과 분석,” 『한국지역경제연구』, 제6권 제1호, 2008, 113-44. (공저자)

“지역의 사회간접자본과 생산의 효율성,” 『국토연구』, 제59권, 2008, 103-17. (공저자)

“재정이전과 위험분산,” 『재정학연구』, 통권 제65권(제3권 제2호), 2010, 185-206. (공저자)

“지역성장과 지방재정 간 인과관계: 대구·경북의 사례,” 『경제연구』, 제28권 제3호, 2010, 97-119. (공저자)

“재정과 경제성장 간 인과관계: 중국의 사례,” 『경제연구』, 제29권 제3호), 2011, 97-113. (공저자)

“호남광역경제권 연계협력사업의 방향 탐색,” 『한국지역경제연구』, 제9권 제1호, 2011, 3-19. (공저자)

“전라남도 관광산업의 위성계정 추정,” 『한국지역경제연구』, 제10권 제2호(제22집), 2012, 63- 86. (공저자)

“광주지역 중소기업 구인구직자간 일자리 인식차이 해소방안,” 『지역개발연구』, 제44권 제1호(통권 제58집), 2012, 161-73. (공저자)

“지역 브랜드화 전략의 성공요인과 과제,” 『한국지역경제연구』, 제11권 제1호(제24집), 2013, 111-132. (공저자)

“사회적 기업의 고용창출 결정요인 분석: 대전의 예비 사회적 기업과 사회적 기업의 사례,” 『한국지역경제연구』, 제11권 제2호(제25집), 2013, 3-24. (공저자)

“광주 문화산업클러스터 조성을 위한 평가지표 분석,” 『한국콘텐츠학회 논문지』, 제13권 제11호, 2013.11, 677-689.

“지역경제 활성화를 위한 지역관광브랜드 전략의 성공요인: 일본 교토(京都)의 사례를 중심으로,” 『한국지역경제연구』, 제12권 제1호, 2014, 169-189. (공저자)

“사회적 지출과 지역경제성장의 관계분석,” 『경제연구』, 제32권 제4호, 2014, 213-236.

(공저자)
“부동산산업 활성화를 통한 지역고용 창출: 대전지역 청년층을 대상으로,” 『한국지역경제연구』, 제12권 제3호(제29집), 2014, 157-172. (공저자)
“지역 일자리 목표 달성을 위한 고용창출 만족도 분석,” 『지역개발연구』, 제47권 제1호, 2015, 61-77. (공저자)
“지역 경제변수와 지역 고용성장 간 관계,” 『국토연구』, 제86권(1), 2015, 3-15. (공저자)
“고용보험자료를 이용한 일자리 변동 분석: 광주·전남의 사례,” 『한국지역경제연구』, 제13권 제3호, 2015, 61-86. (공저자)
“가상추출방법을 이용한 고용창출형 선도산업의 고용연관효과” 『한일경상논집』, 제70집, 2016, 199-222. (공저자)
“대전지역 경력단절여성의 취업특성 분석,” 『경제연구』, 제34권 제3호, 2016, 161-186. (공저자)
“지역산업의 기술진보와 고용,” 『국토연구』, 제90권, 2016, 85-97. (공저자)
“임금결정요인 및 성별 임금격차 분석: 지역고용조사를 중심으로,” 『한국지역경제연구』, 제14권 제3호, 2016, 5-20. (공저자)
“지방정부 부채와 지역경제성장 연구,” 『한국지역경제연구』, 제15권 제3호, 2017, 79-91. (공저자)
“일본 사회적 기업의 일자리 창출과 고용확대 효과 연구,” 『인문사회21』, 제9권 제1호, 2018, 781-793. (공저자)
“재일한상기업 소프트뱅크의 글로벌 경영전략과 기업가정신,” 『한일경상논집』, 제81집, 2018, 29-45. (공저자)
“재일동포정책의 회고와 전망 고찰,” 『민족연구』, 통권 72호, 2018, 29-49. (공저자)
“일본의 평생교육정책과 사회적 일자리창출 사례 연구,” 『인문사회21』, 제10권 제1호, 2019, 659-671. (공저자)
“연구개발투자의 지역 간 파급효과와 생산효율성,” 『경제연구』, 제37권 제2호, 2019, 57-77. (공저자)
“자동차산업의 밸류체인(Value Chain) 분석: 광주광역시 사례,” 『한국지역경제연구』, 제17권 제2호(제43집), 2019, 23-48. (공저자)
“사회적경제기업의 인증전환과정상의 특성고찰,” 『인문사회21』, 제10권 제4호, 2019, 615-628. (공저자)
“일자리 미스매치와 성별 임금격차에 따른 사회적 고용정책 방안 고찰,” 『한국과 국제사회』, 제4권 제2호, 2020, 139-160. (공저자)
“전남 철강산업의 전후방 연관구조와 정책적 시사점,” 『광주전남연구』, 제17권 봄호, 2020, 155-169. (공저자)
“창업혁신과 글로벌 기업가정신에 관한 연구: 재일동포기업가 김희수(金熙秀)를 중심으로,” 『한일경상논집』, 제88권, 2020, 4-24. (공저자)
“노동시장에서 일자리 변동과 노동이동에 따른 지역고용정책 고찰,” 『한국과 국제사회』, 제4권 제5호, 2020, 5-32. (공저자)
“파생상품가격이론을 이용한 보험계약의 경제가치 평가모델에 관한 연구,” 『경제연구』,

제38권 제4호, 2020, 145-172. (공저자)

“커뮤니티 케어와 지역 활성화: 일본사례,” 『인문사회21』, 제12권 제1호, 2021.2, 403-416. (공저자)

“재일동포기업 롯데의 글로벌 경영전략과 기업가정신,” 『한일경상논집』, 제92권, 2021.8, 33-42. (공저자)

“기술혁신이 지역경제성장에 미치는 영향 분석: 횡단면 의존성과 지역별 이질성을 고려하여,” 『한국지역경제연구』, 제19권 제2호(제49집), 2021, 125-140. (공저자)

2. 저서 및 역서

사회적경제와 혁신성장, 전남대학교출판문화원, 2021. (공저)

광주·전남 지역경제현황과 지속가능한 발전방향, 전남대학교 지역개발연구소 기획도서 12, 전남대학교출판문화원, 2021. (공저)

Applied Economic Analysis of Information and Risk, Springer Nature, 2020. (공저)

사회적경제와 소셜이노베이션, 전남대학교출판문화원, 2020. (공저)

조직경제학의 입문: 신제도학파 경제학 방법론(Kikuzawa Kenshu, 組織의 經濟學 入門, 유비각, 2016), 전남대학교출판문화원, 2019. (공역)

Applied Analysis of Growth, Trade, and Public Policy, Springer Nature, 2018. (공저)

사회적경제의 정책과 실천, 전남대학교출판문화원, 2018. (공저)

시대정신 시론에 담다, 마인트랩, 2016.

사회적경제와 지역혁신, 전남대학교출판문화원, 2016. (공저)

Human Capital, Agriculture, Trade and Globalization, Sliver Jubilee publication, 2016. (공저)

광주경제지도, 전남대학교 지역개발연구소 기획도서 10, 전남대학교출판부, 2012. (공저)

광주·전남지역의 경제현황과 발전방향, 전남대학교 지역개발연구소 기획도서 9, 지인북스, 2011. (공저)

경제학의 이해, 개정판, 지인 북스, 2010. (공저)

기업이론과 기업의 소유지배구조, 아산재단 연구총서 제 105집, 집문당, 2003. (공저)

기업, 시장, 그리고 법, 전남대학교출판부, 1998(Ronald H. Coase, The Firm, the Market, and the Law, The University of Chicago Press, 1988). (공역)

기업이론: 조직의 경제학적 접근방식, 전남대학교출판부, 2000(Sytse Douma and Hein Schreuder, Economic Approaches to Organization, 2nd ed., Prentice Hall, 1998). (공역)

계약과 조직의 경제학(Yanagawa Noriyuki, 契約과 組織의 經濟學, 동양경제신보사, 2000), 전남대학교출판부, 2003. (공역)

시민성의 조건(Bart van Steenbergen, The condition of citizenship, 1994), 도서출판 협신사, 2004. (공역)

기업경제학(Odagiri Hiroyuki, 企業經濟學, 동양경제신보사, 2000, 전남대학교출판부, 2004. (공역)

지방재정 구조분석, 한국조세연구원, 1998. (공저)

지역경제와 지역산업구조의 개편방향, 아산재단 연구총서, 집문당, 1998. (공저)
시카고학파의 경제학: 자유, 시장, 그리고 정부, 민음사, 1994. (공저)

3. 학술 논문발표

"The Effects of Uncertainty on the Public good: The Case of Nash and Non-Nash Behavior", 제 28차 학술발표대회, 한국국제경제학회, 1991.12.

"The Effects of Uncertain Trade Policies on the Demand for Imports and Welfare", 제28차 학술발표대회, 한국국제경제학회, 1991.12.

"An Asymmetric Information of Factor Productivity and Factor Demand of the Multinational Firm", 제30차 학술발표대회, 한국국제경제학회, 1992.12.

"A Reexamination of The Theory of Labor Supply with Wage Rate Uncertainty", 28th Missouri Valley Economic Association Annual Conference, Saint Louis, Missouri, USA., 1992.02.27-29.

"The Effects of Uncertain Trade Policies on the Demand for Imports and Welfare", Southwestern Economic Association Annual Conference, Austin, USA, 1992 .03.18-21 (공저)

"Interest Rate Uncertainty and Savings: An Empirical Analysis", India-South East Asia Meeting of the Econometric Society, Mumbai, India, 1992.12.19-22. (공저)

"An Asymmetric Information and the Multinational Firms", 69th Western Economic Association International Annual Conference, Lake Tahoe, USA., 1993.06.20-24. (공저)

"An Empirical Study on the Structure of Production and Factor Demand; Gwangju-Chonnam Manufacturing Industry in Korea", International Symposium on City planning, The City Planning Institute of Japan, Kita Kyushu, Japan, 1994.07.19.-24. (공저)

"A Note on Mean-Variance in the Theory of Saving with a Risky Return", 75th Southwestern Social Science Association Annual Conference, Dallas, USA, 1995.03.22.-25. (공저)

"Demand Uncertainty, Multiplicative Cost and the Price and Quality Setting Firm", 32th Missouri Valley Economic Association Annual meeting, Memphis, USA, 1996.03.01.

"Optimal Effluent Taxation for an Oligopoly under Uncertainty," 1996년도 한국국제경제학회 동계학술대회 논문집, 1996.

"Voluntary Public Good Provision under Uncertainty with nash and Non-Nash Behavior", Southern Economic Association 66th Annual Conference, Washington, DC, USA, 1996.11.23.-25. (공저)

"Advanced Science, Industrial Complex and Its Regional Development Effect: The Case of Kwangju Advanced Science and Industrial Complex", International Symposium on Technopolis, Its Vision & Future, Taejon, Korea, 1996.11.19.-21.

"A General Theorem on Comparative Static Effects of Changes in One Risk in the Presence of Another", Southern Economic Association 68th Annual Conference and KAEA(한미경제학회), Baltimore, USA, 1998.11.09. (공저)

"Comparative Statics under Certainty and Behavioral Consequences of Changes in Risk and in Risk Aversion", 1998년도 학술발표대회, 한국계량경제학회, 서울, 1998.11.28. (공저)

"Comparative Statics under Uncertainty: The Case of more than one Choice Variable", Academy of the Economics and Finance 26th Annual Meeting, Little Rock, USA, 1999.02.11. (공저)

"An Expository Note on Comparative Statics Effects of Changes in Uncertainty for Portfolio and Saving Problems", Far Eastern Meeting of the Econometric Society 1999, 1999.07.01. (공저)

"Comparative Statics under Uncertainty in the Case of Two Random Variables and Two choice Varoables: A Mean-Standard Deviation Approach", 1999년도 학술발표대회, 한국계량경제학회, 서울1999.11.27. (공저)

"사이버(Cyber) 금융거래와 금융시장 및 지역경제의 변화", 제7회 경영경제 심포지엄, 광주, 1999.12.08. (공저)

"조세왜곡과 오염배출기업의 최적 조세에 관한 고찰", 2000년도 정기학술대회, 한국환경경제학회, 서울, 2000.04.01. (공저)

"The Effects of Taxation on the Multiproduct Competitive Firm under Uncertainty", 2000년도 제 2차 학술발표대회, 한국공공경제학회, 서울, 2000.11.25.

"기업지배구조의 이론적 틀", 한국국민경제학회/한국경상학회 2001년 추계 공동학술발표대회, 부산, 2001.11.17. (공저)

"Saving and Unemployment Insurance under Unemployment Risk", 2001년도 동계 학술발표대회, 한국국제경제학회, 서울, 2001.12.07.

"한국 광역자치단체의 재정지출 요인분석: 중위투표지모형을 중심으로", 한국국민경제학회/한국경상학회 2003년 춘계 공동학술발표대회, 경산, 2003.05.24. (공저)

"국제경쟁력 강화를 위한 기업지배구조의 이론적 틀", 제18회 일한경제경영국제학술회의, 한일경상학회·동아시아경제경영학회, Miyazaki, Japan, 2003.08.20. (공저)

"Left-Side Relatively Strong Increases in Risk and Their Comparative Statics", 한국경제학회 11차 국제학술대회 논문집, 한국경제학회, 서울, 2004.08.12. (공저)

"The Effects of Uncertainty on the Voluntary Private Provision: The Case of Impure Good", 4th Global Conference on Business & Economics, Oxford, England, 2005.06.27.

"지역산업구조의 변화와 혁신시스템: 광주광역시를 중심으로", 한국국민경제학회/한국경상학회/전남매일 2004년 추계 공동학술발표대회, 광주, 2004.10.16. (공저)

"산업구조의 변화와 R&D 투자의 산업 간 기술흐름 패턴", 제42차 일본지역학회 연차대회, 일본지역학회, 2005.10.09. (공저)

“The Effects of Uncertainty on the Voluntary Private Provision: The Case of Impure Good”, 4th Global Conference on Business & Economics, Oxford, England, 2005.06.27.

“산업구조의 변화와 R&D 투자의 산업 간 기술흐름 패턴”, 제42차 일본지역학회 연차대회, 일본지역학회, 2005.10.09. (공저)

“R&D 스필오버와 산업 간 기술흐름: 한국과 일본의 지식기반산업”, 제21회 한일경제경영 국제학술회의, 한일경상학회·동아시아경제경영학회, 부산, 2006.08.26. (공저)

“R&D 지출과 지역경제의 효과”, 제3회 지역혁신박람회 4개 학회 공동세미나, 한국지역경제학회/한국지역개발학회, 안양, 2006.09.21. (공저)

“The Economic Behavior of Charitable Giving for Quality and Life: Theory of Public Good and Uncertainty”, 2006년도 한국재정학회 추계 정기학술대회, 부산, 2006.10.21.

“도농 협력적 네트워크 구축과 살기 좋은 지역 만들기: 전남 순천시 사례 중심”, 「살기 좋은 지역 만들기 추진과제와 성공전략」, 한국지역경제학회/한국지역개발학회/한국도시행정학회 공동주최, 서울, 2006.10.26. (공저)

“The Comparative Statics of Increases in Risk and the presence of a Corner Solution”, 2006 Japanese Association for Applied Economics Fall Conference, Hiroshima, Japan, 2006.11.25. (공저)

“The Economic Behavior of Uncertainty on Charitable Giving Contributions”, Association for Business and Economics Research 7th Global Conference on Business & Economics, Roma, Italy, 2007.10.13.

“공공 R&D 지출과 지역경제의 효율성”, 2007년도 한국지역경제학회 국제학술세미나(광주·전남지회 창립기념), 광주, 2007.05.11. (공저)

“재정이전과 지역경제: 후생효과 분석”, 한국경제통상학회 2007년 춘계 학술대회, 부산, 2007.06.02. (공저)

“생명산업의 발전과 방향: 광주전남 백신산업을 중심으로”, 한국경제통상학회 2007년 춘계 학술대회, 부산, 2007.06.02. (공저)

“Who Prefers Minimum and Maximum Price Policies?: Trucated Increases in Risk and Linear Payoffs”, 3rd International Conference Asia-Pacific Economic Association, Hong Kong, 2007.07.25. (공저)

“The Effects of Public Infrastructure on Productivity in Korea: A Stochastic Frontier Approach”, The 2nd Joint International Conference, Center for Regional Development, Chonnam National University-China Center for Economic Studies, Fudan University, Gwangju, Korea, November 30, 2007. (공저)

“광역경제권과 호남권 지역발전 전략”, 한국경제통상학회 2008 춘계 정책토론 및 학술대회, 부산, 2008.05. (공저)

“지역의 사회간접자본과 생산의 효율성”, 한국경제통상학회 2008 국제학술대회, 2008.05.14. (공저)

“Public Capital and Production Efficiency in Korea”, in International Symposium for

Regional Economy China, Korea and Japan, 2008, Regional Economic Association-Zhejiang University of China, Hangzhou, China, December 14-16, 2008. (공저)

"광역경제권과 호남권 지역발전전략", 한국경제통상학회 2009년 춘계 학술대회, 부산, 2010.05.31. (공저)

"재정이전의 위험분산효과", 2009 춘계 학술대회 및 정책세미나, 한국경제통상학회, 부산, 2009.06.19. (공저)

"The Effect of Random Damage on the Demand for Insurance", 2009 Japanese Association for Applied Economics Spring Conference, Japan, 2009.06.13. (공저)

"녹색성장과 미래성장동력", 지역발전위원회 2009 지역발전 국제컨퍼런스, 한국지역경제학회, 서울, 2009.07.08. (공저)

"광역권계획 사업의 성격 비교: 한국과 일본의 사례", 한국지역경제학회 2009년 국제학술대회, 전주, 2009.09.24. (공저)

"대형이벤트를 통한 지역경제 활성화 사례: 스포츠 마케팅을 중심으로", 한국경제통상경제학회 2009 추계 학술대회, 여수, 2009.10.30. (공저)

"의생화 모형을 이용한 문화산업의 산업연관분석", 2010 경제학 공동학술대회 한국지역경제학회 추계학술세미나, 서울, 2010. 02. (공저)

"호남광역경제권 전기자동차산업의 마케팅 활성화 전략", 한국경제통상학회 2010년 춘계 학술대회, 전주, 2010. 06. (공저)

"한국과 일본의 광역권 연계산업의 특성 비교", 한국경제통상학회 2010년 춘계 학술대회, 전주, 2010. 06. (공저)

"The Technical Efficiency of Money in the Stochastic Production Model", 2010 Japanese Association for Applied Economics Spring Conference, Fukuoka, Japan, 2010.06.19. (공저)

"The Conjectures in Cournot Duopoly under Cost Uncertainty", 2010 Conference in Asia-Pacific Economic Association, Hong Kong, 2010.07.08. (공저)

"경제성장과 연구개발(R&D) 지출의 역할", 제25회 한일경제경영국제학술회의, 한일경상학회·동아시아경제경영학회, 제주, 2010.08. (공저)

"Economic Growth and the Role of Money in Korea: A Stochastic Frontier Analysis", East Asian Economic Forum 2010, November 4, 2010, Osaka City University. (공저)

"The Causal Relationship between Economic Growth and Public Finance in China", in International Symposium for Regional Economy China, Korea and Japan, 2010, Regional Economic Association-Zhejiang University of China, Wenzhou, China, December 9-11, 2010. (공저)

"호남권 광역권 연계협력사업의 방향 탐색", 한국경제통상학회 2010년 추계 국제학술대회, 대구, 2010.11.19. (공저)

"문화산업의 경제적 파급효과: 한국과 일본의 사례", 한국경제통상학회 2010년 추계 국제학술대회, 대구, 2010.11.19. (공저)

"호남권 바이오의약산업 연계발전 방향", 2011 호남발전포럼, 호남권 광역경제발전위원

회, 전남대학교 지역개발연구소, 광주, 2011.04. (공저)

"Increases in Risk with Multiple Crossing and Their Comparative Statics", in 7th Annual Conference Asia-Pacific Economic Association(APEA 2011), Busan, Korea, June 24-26, 2011. (공저)

"지방정부의 사회복지지출과 지역경제성장", 한국경제통상학회 2011년 추계 국제학술대회, 안동, 2011.10.14. (공저)

"사회복지지출과 국가채무 및 경제성장의 관계", 2012 한국경제학회 공동 학술대회 한국지역경제학회 2013 춘계학술대회, 서울, 2012.02.21. (공저)

"구인구직자 간 인식차이와 일자리 미스매치", 2012 한국경제학회 공동 학술대회 한국지역경제학회 2013 춘계학술대회, 서울, 2012.02.21. (공저)

"The Comparative Statics for Stochastic Dominance Changes under Risk Aversion", 2012 Japanese Association for Applied Economics Spring Conference, Fukuoka, Japan, 2012.06.09. (공저)

"지방교부세와 재정건전성", 한국경제통상학회 2012년 춘계 국제학술대회, 대구, 2012.06.15. (공저)

"지방교부세의 Flypaper Effect에 대한 재검토", 2012년도 한국재정학회 추계 정기학술대회, 여수, 2012.09.08. (공저)

"지역 일자리 정책과 창출", 지역경제 활성화 권역별(호남권) 토론회, 행정안전부/지역발전위원회, 광주, 2012.10.22.

"지역 브랜드화 전략의 성공요인과 과제 - 일본의 사례를 중심으로", 제23회 전북 지역고용포럼 및 일자리 공시제 워크숍, 전라북도 지역고용포럼, 전주, 2012.10.30. (공저)

"역사적 건축물을 이용한 도시브랜드제고와 지역 활성화", 한국지역경제학회 2012년 추계학술대회, 경주, 2012.11. (공저)

"Local Finance and Regional Economic Growth: using Spatial Econometric Model", in International Symposium for Regional Economy China, Korea and Japan, 2012, Regional Economic Association-Zhejiang University of China, Hangzou, China, December 13-15, 2012. (공저)

"지방재정과 지역경제 성장효과", 지역경제 및 지역발전 세미나: 광역경제권 자문위원 포럼, 전남대학교 지역개발연구소, 한국생산성본부, 광주, 2013.01. (공저)

"사회적 지출과 지역경제성장", 2013 한국경제학회 공동 학술대회 한국지역경제학회 2013 춘계학술세미나, 서울, 2013.02.21. (공저)

"사회복지지출이 지역경제성장에 미치는 영향", 한국경제통상경제학회 2013 춘계학술대회, 부산, 2013.05. (공저)

"지역일자리공시제의 성과와 과제: 전남의 사례", 한국지역경제학회 춘계공동학술대회 (2013 사회적기업 광주광역시 지역특화사업), 광주, 2013.06. (공저)

"Point-First Degree Stochastic Dominance Changes and Their Comparative Statics", 2013 Japanese Association for Applied Economics Spring Conference, Kyoto, Japan, 2013.06.15. (공저)

"A Study on measurement of Regional Knowledge Competitiveness Index in Korea using

World Knowledge Competitiveness Index", Korea Regional Economic Association-Zhejiang University of China 2013 Annual International Conference, Changwon City, Korea, July 18-22, 2013. (공저)

"광주지역맞춤형 일자리창출 사업 발전방안", 제37차 광주고용포럼 워크숍, 광주광역시·광주상공회의소, 광주, 2013.09.

"전남 지역일자리 공시제의 추진현황과 향후 방향", 한국경제통상학회 2013년 추계 국제학술대회, 대구 2013.11.01. (공저)

"지역균형발전과 새 정부의 지역행복생활권", 한국경제통상학회 2013년 추계 국제술대회, 대구, 2013.11.01. (공저)

"사회복지지출이 지역경제성장에 미치는 영향: 광역자치단체의 사례", 2013년 한국산업경제학회 추계 학술대회, 한국산업경제학회, 충북, 2013.11.30. (공저)

"지역 브랜드와 지역경제 활성화: 일본의 사례", 한국지역경제학회 추계 학술세미나, 창원, 2013. 12.27. (공저)

"Point-First Degree Stochastic Changes and Their Properties", 12th Eurasia Business and Economics Society, Singapore, 2014.01.10. (공저)

"지방정부의 사회복지지출과 지역경제성장의 관계", 2014년 경제학 공동학술대회, 한국지역경제학회, 서울, 2014.02.12. (공저)

"다중지표-다중원인 모형을 활용한 부동산산업의 고용창출", 한국경제통상학회 2014년 춘계 정기학술대회, 경산, 2014.06.13. (공저)

"위계적 선형사회복지모형을 통한 학업성취도 추정", 한국경제통상학회 2014년 춘계정기학술대회, 경산, 2014.06. (공저)

"Asymmetric Information of Cournot Duopolies under Risk-Taking Behaviors", 2014 Japanese Association for Applied Economics Spring Conference, Tokushima, Japan, 2014.06.21. (공저)

"지역관광브랜드와 지역경제: 일본의 사례", 제30회 전북지역고용포럼/권역별 포럼 및 일자리목표공시제 워크숍, 전라북도 지역고용포럼, 군산, 2014.09.

"지역일자리 목표달성을 위한 지역고용통계의 만족도 분석: 대전·세종·충남의 사례", 한국지역경제학회 추계 학술대회, 서울, 2014.10.24. (공저)

"지역 경제변수 충격의 고용창출 효과", 2014 한국경제통상학회 추계 국제학술대회, 부산, 2014.11.28. (공저)

"고용보험자료를 이용한 일자리 창출과 소멸: 광주·전남의 사례", 2014 한국경제통상학회 추계 국제학술대회, 부산, 2014.11.28. (공저)

"Demand for Finance Assets with Changes in Risk under risk Aversion", 12th Asia Pacific Conference, Beppu, Japan, November 01-02, 2014. (공저)

"Cournot Duopolies with Symmetric Information and Their Risk-Taking Behaviors", 8th Asia-Pacific Business Research Conference, World Business institute, Kuala Lumpur, Malaysia, 2015.02.09. (공저)

"광주지역 고용지표의 변화와 일자리창출정책", 한국지역경제학회 춘계 학술세미나, 서울, 2015.02.24. (공저)

“지역 경제변수와 고용창출 간의 관계 분석”, 2015 한국경제통상학회 춘계학술대회, 부산, 2015.05. (공저)
“도시농업과 로컬푸드”, 한국지역경제학회 2015년 정책세미나, 전주, 2015.06.05. (공저)
“경력단절 여성에 대한 취업결정 추정에 관한 연구: 대전지역 사례 중심으로”, 한국지역경제학회 2015년 지역발전 공감 특강 및 국제학술세미나, 광주, 2015.07.16. (공저)
“지역의 산업 성장과 지역별 생산성 향상 요인”, 한국경제통상학회 2015년 추계 국제학술대회, 대구, 2015.11.27. (공저)
“The Relationship between Local Employment and Regional Economic Growth in Korea”, 18th Asia-Pacific Business and Humanities Conference, World Business institute, Kuala Lumpur, Malaysia, 2016.02.22. (공저)
“지방채무와 지역경제성장의 관계”, 한국경제통상학회 2016년 춘계학술대회, 경산, 2016.06. (공저)
“지역고용정책과 사회적경제의 고용창출: 일본의 사례”, 한국지역경제학회 정책세미나, 한국지역경제학회, 전주, 2016.07.14. (공저)
“The Effect of Regional Total Factor Productivity on Local Employment Growth in Korea”, 2017 Japanese Association for Applied Economics, Kurume, Japan, 2017.06.17. (공저)
“국내외 경제환경과 대나무 관련 시장의 발전”, 2016년 한국대나무 학술대회, 한국대나무발전협회, 담양, 2016.10.07.
“지역고용과 지역경제성장 간의 관계”, 한국경제통상학회 2016년 추계 국제학술대회, 전주, 2016.11.11. (공저)
“한국의 연구개발투자와 생산효율성: 지역패널자료를 이용한 분석”, 2016 경제학 공동학술대회, 한국경제통상학회, 서울, 2017.02.09. (공저)
“광주-전남지역 공약과 남부경제권 전망”, 한국경제통상학회 2017년 춘계 학술대회, 전주, 2017.06.09.
“총요소생산성이 지역고용에 미치는 영향”, 한국경제통상학회 2017년 춘계 학술대회, 전주, 2017.06.09. (공저)
“The Effects of Regional Economic Variables on Local Employment Growth in Korea”, 20th Eurasia Business and Economics Society, Vienna, Austria, 2016.09.29. (공저)
“Regional Policy Variables and Local Employment Growth: Evidence from Korea”, 6th International Conference on Advances in Economics, Social Science and Human behavior Study, Bangkok Thailand, 2017.02.25. (공저)
“지역 조선산업의 대응방안”, 한국경제통상학회 2017 춘계 학술대회, 전주, 2017.06.09. (공저)
“The Effect of Regional Total Factor Productivity on Local Employment Growth in Korea”, 2017 Japanese Association for Applied Economics, Kurume, Japan, 2017.06.17. (공저)
“재일 한국인 민족교육운동과 고교무상화 제도에 관한 연구”, 제 36회 한국일본근대학회 국제학술대회, 일본, 2017.10.21. (공저)

“전남시군 간 지역격차의 변화분석에 관한 연구”, 한국경제통상경제학회 2017년 추계 국제 학술대회, 대구, 2017.11.17. (공저)

“사회적 기업과 지역 일자리 창출: 일본 사회적 기업의 사례”, 2018 한국경제학회 공동 학술대회 한국지역경제학회 춘계학술대회, 춘천, 2018.02.01. (공저)

“전남 시·군 간의 소득격 양태와 요인에 관한 연구”, 한국경제통상학회 2018 춘계 학술대회, 대구, 2018.05.25. (공저)

“지역 주력산업의 발전 정책방안”. 한국경제통상학회 2018 춘계 학술대회, 대구, 2018. 05.25. (공저)

“Local Employment Growth and Regional Economic Growth in Korea”, 2018 동북아시아 경제프럼, 한국경제통상학회, 2018.07.28. (공저)

“지역성별 인금격차에 관한 연구”, 2018 한국지역경제학회·구미시 공동 하계 학술대회, 구미, 2018.08.31. (공저)

“지역노동시장의 구조와 특성에 관한 연구”, 한국경제통상학회·구미시 공동 2018 추계 국제학술대회, 구미, 2018.11.16.-17. (공저)

“전남지역 인력 및 훈련수급 실태 분석”, 공동발표, 한국경제통상학회·구미시 공동 2018 추계 국제학술대회, 구미, 2018.11.16.-17. (공저)

“지역산업의 벌류체인(value chain) 분석: 광주광역시 가전산업의 사례”, 한국경제학회 호남지회 학술 및 정책세미나, 군산, 2018. 12.06. (공저)

“The Effect of Regional Policy Variables on the Demand for Labor in Korea”, Korea Regional Economic Association-Zhejiang University of China 2018 Annual International Conference, Hangzhou, China, December 16-18, 2018. (공저)

“지역정책변수와 지역고용성장”, 국가균형발전위원회 2019 대한민국 국가비전회의, 한국지역경제학회, 전주, 2019.02.12.

“광주 자동차산업 밸류체인(value chain) 분석”, 한국지역경제학회 춘계 학술세미나, 서울, 2019.02.14. (공저)

“전남 철강산업 분석과 정책 방향”, 한국지역경제학회·전남테크노파크 공동 정책세미나, 순천, 2019.02.22. (공저)

“광주형 일자리 정책”, 화성시 일자리위원회 포럼, 한국지역경제학회, 화성, 2019.04.09.

“광주 자동차산업 분석과 정책 방향”, 한국지역경제학회·광주테크노파크 공동 정책세미나, 광주, 2019.05.02.

“Conjecture Behavior of Cournot Duopolies with Asymmetric Information under Uncertainty”, 2017 Japanese Association for Applied Economics, Nagoya, Japan, 2019.06.15. (공저)

“달빛동맹(대구·광주) 상생협력 성과와 방향성 탐색, 공동발표, 한국경제통상학회 2019 하계 정책세미나 및 학술대회, 전주, 2019.6.25.-26. (공저)

“사회적경제 기업 인력 및 훈련수급방안에 연구”, 한국경제통상학회 2019 하계 정책세미나 및 학술대회, 전주, 2019.06.25.-26. (공저)

“지역일자리 창출과 소멸에 관한 연구”, 2019 한중국제세미나, 한국지역경제학회, 청주, 2019.10.10.

"지역일자리의 창출과 소멸: 대전, 세종, 충청권 사례", 한국경제통상학회 2019 추계 국제학술대회, 부산, 2019.11.15.-16. (공저)

"사회적 경제와 사회혁신", 한국제주지역경제학회/제주대학교 정책포럼, 제주, 2020.10.28. (공저)

"담양의 지역발전 방향", 2020 한국대나무 학술대회, 한국대나무발전협회·한국관광학회, 담양, 2020.11.20.

"지방재정지출과 지역경제: 광주·전남의 사례", 한국경제통상학회 2020 추계 국제학술대회, 대구, 2020.12.28.-29. (공저)

"커뮤니티 케어(Community Care)와 지역경제: 일본의 사례", 2021 경제학 공동학술대회, 한국지역경제학회, 2021.02.4.-.5. (공저)

"Urban Regeneration and Regional Activation(도시재생과 지역활성화)", Korea and the World Economy, XIX, The International Conference of the Association of Korean Economic Studies, Busan, 2021.08.26.-27. (공저)

"사회적경제의 제도화와 정책: 한국과 일본의 비교", 한국경제통상학회 2021 추계 국제학술대회, 부산, 2021.11.26.-27. (공저)

4. 연구재단 과제 및 연구보고서(공동)

1991년도 전남대학교 학술진흥재단 학술연구조성비, 1991.04.-1993.03.

지방재정력 및 경제력 측정지표에 관한 실증연구, 1992년 지역개발연구, 한국학술진흥재단 학술연구조성비, 1992.04.-1993.03.

금당쇼핑센타 2단계 건립공사에 따른 교통영향평가, 전남대학교 지역개발연구소, 1993.08.

진도군종합개발계획, 전남대학교 지역개발연구소, 1994.02.

정보화를 통한 광주지역발전계획: 광주첨단과학산업단지의 조성형황과 발전방향, 통신개발연구원, 1994.03.

진도군종합개발계획, 전남대학교 지역개발연구소, 1994.02.

2000년대를 향한 북구발전계획, 전남대학교 지역개발연구소, 1994.05.

정보화를 통한 광주지역발전계획(II): 광주첨단과학산업단지 중장기발전전략, 통신개발연구원, 1995.03.

기업이론과 기업소유지배구조, 1999년도 연구과제, 아산사회복지사업재단, 1999-2000.

정보기술의 전략적 활용, 한국학술진흥재단, 2000.11.

세계화와 지식기반 경제 시대를 위한 경제 교육의 체계화 및 현장 적용에 관한 연구(공동), 2003년도 기초학문육성(KRF-2003-074-BM0011), 2003.05.

보다 나은 삶의 질을 위한 저선기부의 경제: 공공재이론과 불확실성, 2005년도 연구년 교수 지원, 아산사회복지재단, 2005-2006.

함평군 신활력사업 모니터링: 평가 및 발전전략 도출, 전남대학교 지역개발연구소, 2009.03.

함평군 기초생활권 발전계획 수립 연구, 전남대학교 지역개발연구소, 2009.010.

향토자원을 활용한 녹색일자리 창출 연구(장흥군), 전남대학교 지역개발연구소, 2010.12.

광주-대구 상생협력방안 구상 - 산업적 측면을 중심으로 - (책임), 대구경북연구원. 2010.12.

전라남도 지역일자리 목표공시제 컨설팅 지원사업(대표), 전라남도, 2011-2014.
호남광역권 산업의 제 특성 분석과 발전방안(공동), 호남권광역경제발전위원회. 2010.12.
대경권·호남권 시군 연계협력사업 분야 및 과제발굴(공동), 지역발전위원회. 2011.12.
광주·목포 대도시권 활력 증진방안 연구(책임), 지역발전위원회. 2011.12.
전라남도 관광산업의 지역경제파급효과(책임), 전라남도, 2011.12.
광주·전남권 지역발전 구상 연구(책임), 지역발전위원회. 2012.10.
해양관광 광주광역시 개발의 발전방향 연구(책임), 한국산업기술진흥원. 2013.02.
전라남도 지역브랜드 일자리 사업조사 연구(책임), 고용노동부, 2013.05.
연구개발투자의 지역 간 파급효과와 생산효율성, 한국연구재단, 2016.07.-2017.06.
지방정부 부채와 지역경제성장 연구, 전남대학교, 2016.09.-2017.08.
광주광역시 북구 일자리영향평가 연구(책임), 한국지역경제학회. 2016.12.
대불자유무역지역 발전 방안 연구(책임), 한국지역경제산업연구원, 2017.07.
율촌자유무역지역 발전 방안 연구(책임), 한국지역경제산업연구원, 2018.11.